영유아교수방법론

김운삼 김소윤 김재현 양은경 전대성 공저

Teaching Methods in early childhood education

양 성 원

머리말

여러 명의 교사가 교사용 지침서에 있는 똑같은 활동을 영유아들에게 제공한다. 하더라도, 교사 개인의 성향이나 인식, 경험 등에 따라 구체적으로 전개하고 해석하고 접근하는 방법은 다를 수 있다. 사랑과 이해, 수용, 공정, 즐거움, 행복 등 긍정적인 감정으로 접근할 수도 있고, 반대의 감정으로 접근할 수도 있다. 같은 수업활동이라도 교사의 감정과 신념의 차이에 따라 유아들의 느낌은 매우 다를 것이다.

유아들이 즐겁게 배우도록 어떻게 가르쳐야 하는가에 교사들은 지대한 관심을 가지고 있다. 유아교육, 보육 현장교사들이 연수 때마다 찾아다니며 배우고자 했던 것들이 유아가 즐겁게 놀이하는 것같은 상태에서 학습하는 것이었다면, 먼저 교사 자신에 대해 이해하고 분석하여, 장점을 북돋우고, 단점을 받아들이는 일이 선행되어야 할 것이다. 교사 자신이 스스로를 이해해야 유아를 이해할 수 있으며, 이를 바탕으로 바람직한 교육을 전개할 수 있는 것이다. 진정으로 교수학습활동을 즐겁고 행복한 상태에서 전개하기 위해서는 교사 자신이 긍정적인 가치관을 형성하고 그것을 지속시키려는 의지와 신념을 갖추는 것이 매우 중요한 일이다.

영유아기에는 발달에 적합한 프로그램, 실물을 통해 배울 수 있는 직관교육, 다양한 감각적 자극을 제공하는 환경, 영유아들의 창의성 발현을 돕는 개방적인 교육환경, 자연친화적이면서 친사회적인 전문적인 통합교육이 이루어져야 한다. 그리하여 영유아교수학습방법을 배우는 예비교사들이 교육기관에서 영역별 통합교육을 실천할 수 있도록 만든 책이다. 그리고 유아교육은 잘 개발된 교수모형을 그대로 적용할 수도 없을 뿐더러 '교과서'를 가지고 학습하지 않은 영유아의 특수성으로 인해 도대체 영유아를 위한 교수방법이 무엇이고 어디에 초점을 두어야 하는지에 대한 논란이 여전히 계속되고 있다. 이 책은 영유아교수법이 가지는 이러한 어려운 점을 극복하고 좀 더 보완해보고자 하는 관점에서 집필되었으며 무엇보다 교수법의 이론적 설명을 '실제화'시키는데 많은 노력을 기울였다.

1부에서는 교수학습의 의미와 원리, 교수학습이론, 교수학습방법의 유형 등을 중심으로 다루었으며, 2부에서는 영유아 교수학습에서 상호작용에 대해 살펴보았고, 3부에서는 영유아발달 특성과 교수전략에 대해 살펴보았다. 4부 부록은 영유아 교수학습의 실제를 영역별 교수활동으로 나누어 살펴보았다. 또한 대학에서 아동학, 유아교육학, 보육학을 전공하는 학부생이 교재로 사용할 뿐만 아니라 현장의 영유아교육기관에서 유용한 지침서로 사용할 수 있도록 목차를 계획하였다. 끝으로 이 책이 출판을 허락해 주신 양성원 임직원 여러분께도 감사의 말씀을 전한다.

2018년 2월

저자 일동

차례

PART 1 영유아 교수-학습방법의 이해

PART 2 교사와 영유아 상호작용

PART 3 영유아 교수-학습의 운영

PART 4 영유아 교수-학습의 실제

1

PART

영유아 교수-학습방법의 이해

1

CHAPTER

영유아발달과 교수-학습방법

1. 영유아 교수-학습의 정의

1) 영유아 교수-학습의 개념

교육에 있어서 가장 핵심적이며 기본적인 활동은 교수활동이라고 할 수 있는데, 학습공간에서 다양한 특성을 지닌 학습자들을 대상으로 하는 교사의 교수활동은 학습자의 학습 경험에 직·간접적으로 영향을 미치는 중요한 변인이다.

교수활동이란 교실의 수업에서 교사가 분명한 의도를 가지고 하는 일체의 활동으로, 학습자가 학습목표 달성을 돕기 위해서 학습자를 둘러싸고 있는 내·외적 상황을 통제하면서 효율적으로 상호작용을 하기 위한 다양한 방법과 기술을 의미한다(원효헌, 2002). 즉, 교수활동이란 교수-학습에 있어서 가장 핵심적이며 기본적인 활동으로서 교사가 분명한 교육목표와 신념을 가지고 학습에 임하는 것을 의미한다.

교수활동은 수업의 형태로 이루어지므로 수업과 같은 의미로 개념을 정리할 수도 있으나, 수업은 교수활동과 학습활동을 포함하는 포괄적인 의미로 사용되기도 한다. 또한 교사가 교육적 의도를 갖고 영유아에게 영향을 주는 일련의 교사의 모든 행동양식을 말한다(최윤희, 1982).

영유아 교수-학습에 있어서 가장 핵심적이며 기본적인 활동은 교육하고 학습하는 과정이라고 할 수 있는데, 교사와 아동 간의 교육적이며 사회 정서적인 상호교류 활동은 학습의 질을 결정하는 중요한 요소가 된다. 교수-학습방법이 효과적으로 이루어지게 하기 위해서는 교사와 영유아가 지닌 경험요소가 서로 중첩되는 부분이 많아야 하므로, 교육 내용은 영유아의 흥미와 경험 및 호기심 요구를 참고하여 선정할 필요가 있다. 즉, 효과적인 영유아교육을 위해 영유아교사는 모든 교수-학습활동이 영유아를 중심으로 상호교류 활동이 이루어지도록 구성해야 한다고 볼 수 있다.

브레드캠프(Bredekamp, 1992)는 교사의 교수 행동으로 인정하기, 모델 보이기, 촉진하기, 지원하기, 비계설정하기, 함께 구성하기, 시범 보이기, 지시하기의 8가지 유형을 제시한바 있는데, 교육부(2000)의 '유치원 교육활동 지도 자료'에 따르면 영유아 중심교육에서 고려해야 할 교수-학습의 원리는 놀이 중심의 원리, 개별화의 원리, 탐구학습의 원리, 생활 중심의 원리, 통합의 원리 등 다섯 가지를 제시하고 있다.

2) 교수-학습의 철학적 · 심리학적 관점

영유아교육에 있어서 교수-학습방법의 선택에 기반이 되는 철학적 · 심리학적 관점에 대해 살펴보면 다음과 같다.

첫째, 성숙주의 관점은 철학적으로는 루소에게 근원을 두며 심리학적으로는 인간발달이 예정된 패턴대로 전개되어 간다는 다윈과 홀의 이론 및 표준행동발달 기준을 제시한 게젤의 이론에 기반을 둔다. 성숙주의 관점에서의 영유아 교수-학습은 표준행동을 중심으로 영유아교육에 있어서 성숙을 중요한 교육의 요소로 인식한다. 영유아가 심리적으로 성숙이 되어 학습할 준비가 되었을 때, 이에 따른 교수활동과 더불어 교육환경을 제공함으로써 영유아학습이 가능하다는 입장으로서 영유아에게 정서적 · 심리적으로 풍부한 교육환경을 마련함으로써 영유아가 자기표현을 충분히 할 수 있도록 도와주어야 한다는 관점이다.

둘째, 행동주의 입장에서의 교수-학습은 손다이크의 이론에 기초하여 파블로프의 고전적인 조건형성, 스키너의 자극-반응 강화이론으로부터 시작되었다. 행동주의 관점은 학습을 크게 자극에 대한 반응의 관계로 보는 입장으로서, 학습은 학습 주체자의 목적이나 심리적 필요에서 기인하는 것이 아니고 생리적인 충동이나 기계적인 통제에 기인한다고 본다. 즉, 영유아의 학습은 외적 환경의 자극에 의해 이루어지며, 조직적인 반복과 연습, 강화, 논리적 사고 등에 의해 학습이 가능하다고 보는 관점이다.

셋째, 인지주의 이론의 학자로서 부르너, 오슈벨, 피아제 등을 들 수 있는데, 피아제는 인간의 발달은 고정된 것이지만 발달의 속도와 시간은 개인에 따라 상당히 다르며, 영유아의 지적 성장은 개별적으로 환경과의 상호작용에 의한 발달적 과정이라고 보고 있다. 즉, 영유아의 학습은 주로 교수–학습활동을 통해 전수받으며, 어떠한 정보가 감각기관을 통해 뇌에 전달되어 그 정보를 수용하고 조절과 평형의 과정을 거쳐 기억장치에 저장되며 필요시 그 정보를 사용하게 되는 과정으로 보는 관점이다.

넷째, 구성주의 관점은 영유아들이 그들의 경험에 대한 반성(reflection)을 통하여 지식을 구성한다는 가정에 기초하는데, 학습이 이루어지기 전에 교사가 가르칠 내용과 관련된 영유아들의 선 개념을 파악하는 것이 매우 중요하다고 본다. 즉, 영유아 교수–학습에 있어서 영유아가 주변 환경과의 상호작용을 통해 습득한 지식을 내부로 표상하여 자신의 경험적 해석을 통하여 재구성해 가는 과정으로 보는 관점으로서, 영유아를 학습의 능동적 구성자로 보고 있다.

2. 영유아의 발달특성

1) 영아기

수태에서 태내기, 출산과정, 신생아기, 영아기, 유아기, 아동기에 이르는 전 과정은 간단하게 표현할 수 없을 만큼 복잡하며 그 과정 속에서 작용하는 변수 또한 이루 말할 수 없이 다양하다.

(1) 신체발달

신체발달은 영아의 언어, 정서, 인지, 사회성발달에 중대한 영향을 미치게 되므로 영아의 생활에 매우 중요한 의의를 지닌다. 영아기의 신체발달은 신체 건강의 기초 확립에 결정적인 것으로, 이를 토대로 기본적인 감각 운동기능과 신체 조정 능력 등 운동성발달이 진행된다. 영아기의 신체발달은 운동능력의 발달과 직결되며, 운동능력의 발달은 영아로 하여금 주위 환경 속에 있는 여러 가지 사물에 접하고 탐색하며, 경험하는 세계를 더욱 넓혀 갈 수 있도록 돕는다.

영아는 출생 후 몇 개월간은 매일 체중이 늘고 키가 자란다. 체중과 신체적 성장 이외에도 골격과 근육, 중추신경계의 신체 내부적 발달도 급속도로 이루어진다. 영아들의 첫걸음은 12개월경에 시작하며 생후 1년을 전후로 하여 한두 걸음씩 걷기 시작한다. 13~18개월경엔 대근육의 발달과 함께 소근육이 점차 발달하여 엄지와 집게손가락으로 물건을 집을 수 있게 되며, 사물 파악능력이 생긴다.

24개월에 이르면, 영아는 도움 없이 계단을 오르내릴 수 있고, 24~36개월이 되면 놀이터의 미끄럼틀을 타거나, 혼자 달릴 수 있다. 또한, 두 손을 사용하여 물건을 쌓기, 물체끼리 맞추거나 빼기가 가능하다.

36개월이 되면 간단한 퍼즐이나 혼자 지퍼를 올리고 내리는 등의 동작을 할 수 있다. 특히, 24~36개월의 시기에는 신체적 성숙과 함께 대소변 가리기의 과업이 이루어지고, 신체 조절 및 협응능력이 가능해짐에 따라 기본적인 생활습관과 관련된 스스로 먹기, 화장실 가기, 이 닦기, 옷 입고 벗기 등의 일상생활에 필요한 기술의 습득이 이루어지는 기간이다.

(2) 인지발달

출생에서 약 2세까지의 영아들은 감각적 경험과 운동 활동의 관계를 학습함으로써 사물을 이해하려 한다. 이 발달단계를 감각운동기라고 한다. 피아제의 인지발달 단계에 따르면 영아기를 감각운동기(0~2세), 전조작기(2~7세)라고 하였다. 감각운동기와 전조작기의 구체적 내용을 보면 다음과 같다.

① 감각운동기(sensory–motor stage, 0~2세)

기본 감각수단과 운동능력을 통하여 세상에 대한 정보를 수집하고 자신의 존재를 느끼기 시작하는 시기이다. 발달의 처음 단계에서는 시각, 청각 등 감각의 조절과 운동능력의 획득이 집중되며, 사물에 대한 어떤 사전 정보도 없기 때문에 '모방력'을 발전시키게 된다. 또한, 대상이 다른 곳으로 옮겨지더라도 그것이 다른 곳에 존재한다는 사실을 인지하는 '대상영속성(object performance)'의 개념이 획득된다. 후기에 이르면 그 자리에서 모방하는 것이 아니라 일정 시간이 지난 후 자발적으로 재현하는 '지연모방(Deferred imitation)'을 하게 된다.

② 전조작기(preoperational stage, 2~7세)

다양한 언어활동과 신체적 활동을 통하여 경험을 넓히기 시작한다. 하지만 상당 부분 직관적인 부분에 의존하기 때문에 오류 가능성이 상당히 높다. 자신이 가지고 있는 내재적 표상을 여러 형태의 상징으로 표현하기 시작한다. 그리고 보존개념의 획득(conservation)은 사물의 수나 길이, 물질의 면적 등이 형태를 달리하여 제시하여도 그것들의 내용물은 그대로 존재하고 같다는 것을 인식하는 능력으로 논리적 사고의 기초가 된다.

0~2세 영아는 감각운동기로 감각 경험과 운동을 통해 주위환경과의 상호작용을 하면서 세상에 대한 중요한 지식을 얻는 단계이므로 영아기 감각교육이 중요하다고 할 수 있다. 영아기의 인지발달은 시각적, 청각적, 후각적, 촉각적 자극이 필요하며, 특히 언어적 상호작용이 매우 중요한 역할을 한다. 언어는 지적 활동의 중요한 매개체이며, 타인과의 관계형성에 기본이 된다.

영아는 자기중심성에 고착되어 자신 이외의 것들에 대해 인식하지 못하다가 자신의 신체에 익숙해지면, 자신 이외의 환경과 사건에 관심을 갖기 시작하여 어떤 것을 치거나 부딪쳐서 새로운 반응을 만들어 낸다. 19~24개월경에 영아는 유전과 환경에 의해 많은 영향을 받는 시기이므로 직접적으로 가르치기보다는 스스로 탐색할 수 있는 감각운동적 활동을 유도해야 한다.

대략 25~36개월은 궁금증이 급격히 증가하여 영아의 인지발달영역에 많은 변화가 일어나는 시기이다. 신체적인 조절이 가능하여 자립적인 탐색이 활발해진다. 이 시기의 인지발달적 특성은 직접 손을 사용하여 물체를 탐색하고, 결과를 유도하기 위해 의도적인 행동을 하기도 하며 상징적 표상이 가능하여 혼자 노는 가상놀이, 상상놀이가 가능하다.

(3) 언어발달

엄마의 뱃속에서 막 태어난 아기의 첫 언어는 울음이다. 울음은 아기의 유일한 의사전달 표현방법이다. 아기는 배가 고플 때와 기저귀가 불편할 때 등에 울음을 내어 엄마에게 알린다. 일반적으로 생후 1개월이 지나면 울음소리의 음조와 강도에 따라 영아가 배가 고픈 건지 고통스러운지를 알 수 있게 된다. 이러한 울음을 분화된 울음이라 한다.

생후 1~2개월 정도가 되면 쿠잉(cooing)이 나타난다. 이는 젖을 먹고 난 뒤에나 장난감을 쳐다볼 때와 같이 기분이 좋을 때 목을 울려 낮게 내는 소리이며 주로 모음으로만 구성되어 있는 발성이다.

생후 2개월이 지나게 되면 옹알이를 시작한다. 자음과 모음을 합쳐서 내는 소리로 목, 혀, 입술을 움직여서 내는 근육활동의 결과이다. 옹알이는 일종의 음성적인 놀이 또는 연습이다. 8~9개월경에는 성인의 소리를 모방할 수 있게 된다. 성인의 소리를 메아리처럼 그대로 모방한다고 하여 이것을 반향음 내기라고 한다.

10~13개월경에는 첫 단어가 등장하며 한 단어로 말할 수 있게 된다. 영아는 첫 단어가 나타나기 이전에 이미 서너 단어를 이해하고 있는 경우가 많다. 영아의 한 단어로 된 말은 대체적으로 사물과 사건을 지칭하거나 기분의 표현, 요구 등을 나타내는 것으로 경우에 따라 여러 의미를 포함하고 있다.

13~18개월 정도에는 하나의 단어가 가진 의미를 확대시켜 사용하며 타인과 소통하기 위한 언어에 관심을 갖기도 한다. 또한 주위환경, 감정요구를 표현하기 위

해 두 단어를 결합하여 문장을 만들고 노래를 웅얼거리기도 한다.

17~18개월경에는 두 단어를 조합하여 표현할 수 있게 된다. "아, 추워", "엄마, 물" 등의 단어조합으로 문장을 만들어 말한다.

20개월 정도가 되면 영아는 세 단어를 조합하여 자신의 의사를 표현하기 시작하며 주변의 사물과 사람을 명명하는 단어를 급속히 습득하여 18개월경부터 영아가 사용하는 어휘 수는 급속히 증가한다.

25개월부터는 사용 어휘가 급격히 증가한다. 영아는 두세 단어로 구성된 전보식 문장을 사용하며, 문장은 내용을 전달하는 명사, 동사, 형용사로 구성되고 조사, 조동사, 접속사 등은 생략하여 사용한다.

36개월이 되면 명사와 동사를 포함한 문자의 사용이 가능하며, 의문문, 부정문도 사용하는 등 문자의 기본 구조를 습득하게 된다. 한 문장에 평균 4개의 단어를 사용하고 사용하는 단어 수는 약 900개 정도이다. 사용하는 문자의 길이와 어휘 수가 점차 증가하여 기본적인 의사소통이 가능해진다.

(4) 사회성발달

사회성발달에 있어서 영아는 자신의 의사를 표현하는 사회적 표현 행동, 즉 울기, 응시하기, 미소짓기, 옹알이하기, 모방하기 등의 행동을 하여 자신의 호기심이나 욕구를 표시한다. 이러한 표현행동은 점차 발달하여 자신과 친숙한 사람에게는 애착관계를 형성하게 되고, 나아가 성인이나 또래와의 대인관계가 발달됨으로써 점차 사회성이 발달해 간다.

생후 2~3개월 영아는 외부의 자극에는 단순히 반응만 할 뿐 사물의 소리와 사람의 소리를 구별하지 못한다. 사회적 반응이 시작되는 시기는 대개 생후 3개월로 보는데, 아기는 인간과 사물을 구분하게 되며, 이것은 자극에 달리 반응한다. 영아는 대상의 움직임을 쫓아가면서 명확히 보고, 청각으로도 사람과 사물의 소리 구별은 물론 여러 가지 다른 종류의 소리를 구분한다. 이러한 시청각의 발달은 영아의 사회적 학습의 시초라고 볼 수 있다.

영아의 사회적 반응은 최초 양육자에 대한 것으로 시작된다. 양육자는 영아가 대하는 최초의 대상이며, 자신의 욕구를 만족시켜 주는 존재이기 때문이다. 생후 3개월이 되면 영아는 사람의 목소리를 들으면 소리 나는 쪽으로 고개를 돌려 반응한다. 생후 4개월에 들어서면 영아는 양육자와 더욱 강한 정서적 유대감을 나타낸다. 생후 5~6개월부터 영아는 미소와 꾸짖음에 다르게 반응하며, 친근한 목소리와 성난 목소리를 구분할 수 있게 된다.

생후 6개월이 되면 영아의 사회적 행동은 더욱 공격적이 된다. 다른 사람의 머리카락을 잡아당긴다든지 다른 사람의 코나 안경을 움켜잡는 행동을 하며 사람들의 얼굴 모습을 알아보려고 애쓴다. 생후 7~9개월이 되면 영아는 다른 사람의 말하는 소리나 단순한 행동 및 몸짓을 모방하려고 애쓴다.

12개월경부터는 부모의 애착 및 신뢰를 형성하는 시기로 안정적인 애착이 형성될 수 있도록 충분한 신체접촉과 함께하는 시간을 많이 제공해 주는 것이 좋다. 부모와 긍정적으로 형성된 애착관계는 부모에 다한 신뢰도로 이어지며 이런 신뢰를 바탕으로 영아는 또래나 타인과도 신뢰감을 쌓게 된다. 15개월경의 영아들은 성인에게 더욱 관심을 가지게 되며 그들과 함께 있거나 그들의 행동을 모방하려는 강한 욕구를 보인다.

24개월경이 되면 새로운 행동을 탐색, 시도하면서 주변 환경에 대한 흥미가 더욱 증가하게 되고 자율성이 발달한다. 또한, 목욕을 하거나 옷을 갈아입는 것 같은 단순한 활동을 성인들과 함께 협력하여 할 수 있다. 신생아 시기의 외부자극에 대한 수동적 반응과 생존을 위한 의존성은 영아 중기에 들어서면서 자발적이고 탐색적이며 능동적인 행동으로 바뀐다.

25~36개월에 들어서면서 또래를 모방하거나, 또래의 이야기를 따르는 등의 형태로 또래들에게 관심을 보이기 시작한다. 또한 영아는 부모에 대한 동일시과정을 통하여 부모의 가치나 태도를 내면화함으로써 그 사회나 문화집단의 규칙과 규범을 학습하게 된다.

(5) 정서발달

영아들은 대체로 25~36개월까지 부끄러움, 무안함, 자신감 등 대부분의 정서가 분화되고 성인에게 볼 수 있는 거의 모든 정서가 나타난다. 또한 신체적 조절능력을 획득함에 따라 자신이 할 수 있는 행동범위가 넓어지면서 자신감과 자아에 대한 개념이 발달되는 시기이다. 따라서 자신의 느낌을 강력하게 표현하고, 다른 사람에게 자신을 확인시키려는 시도가 증가하며 다른 사람들의 의견이나 느낌과는 상관없이 자신의 의지대로 하려고 고집하기 때문에 자주 갈등상황을 초래한다. 그러므로 이 시기의 영아를 효율적으로 지도하기 위해서 부모와 교사는 이러한 발달적 특성을 이해하고 인내심을 가지고 분명한 한계를 설정하여야 한다.

12개월 정도가 되면 영아의 주변 탐색활동은 좀 더 활발해진다. 또한 기분이나 감정의 표현도 심화된다.

13~18개월경에는 엄마, 아빠, 형제 또는 조부모와의 관계 속에서 정서적 안정감을 얻게 되므로 가족 간의 관계가 매우 중요하다. 때로는 상대방을 때리거나 공격적 행동을 보이기도 하고 말썽을 부리기도 하는 퇴행적 행동을 할 때도 있으므로 영아 자신이 언제나 사랑받고 있다는 생각을 가질 수 있도록 애정표현을 아끼지 말아야 한다.

36개월경이 되면 시각적인 공포가 나타나기 시작하여 개나 고양이 등을 겁내고, 화가 나면 바닥에 뒹구는 등의 격렬한 분노의 감정도 표출한다. 자신의 감정을 솔직하고 구체적으로 표현하고, 좋아하는 일에 호기심이 지속적으로 나타나며, 타인의 감정을 기쁘게 함으로써 자신의 정서 만족을 느낄 수 있게 된다. 정서의 조절과 긍정적 정서의 발달을 위해서 조기에 어머니와의 정서 교환이 매우 중요하다.

〈표 1-1〉 영아기의 다양한 발달특징

영역	발달특징과 양상
신체	• 신장은 생후 1년 동안 1.5배 증가하고 체중은 3배로 증가한다. • 일생을 통해 가장 성장이 빠른 시기이다. • 수면은 첫돌 무렵 18시간 정도이고 2세가 되면 약 12시간을 자게 된다. • 뇌와 신경계의 발달이 빠르게 진행된다. • 운동기능이 발달하여 신체의 이동이 자유로워진다. • 적당한 대소변 훈련이 이루어지면 스스로 배변습관을 기르게 된다.
인지	• 주로 감각과 지각에 의해 정보를 습득한다. • 생후 3개월 정도가 되면 깊이지각을 할 수 있다. • 감각운동기에서 전조작기로 진행되는 시기로 대상영속성이 발달한다. • 기억능력이 발달하여 회상과 재인에 의한 기억전략을 보여 준다. • 습관화, 조건화, 모방을 통해 학습이 일어난다.
언어	• 울음, 옹알이, 모국어의 순으로 단어 시기가 발달한다. • 소근육이 발달하고 문자언어의 기초가 되는 끄적거리고 명명하기가 나타난다. • 한 단어만으로 모든 의사표현을 하는 한 단어 문장을 사용한다. • 두 단어 시기에는 주축문법과 전보문장의 사용이 두드러진다. • 표현언어보다 수용언어가 먼저 발달되어 단순한 지시는 이해할 수 있게 된다.
정서	• 기쁨, 분노, 공포와 같은 기본 정서를 표현한다. • 첫돌 이후부터 거울에 비친 자신을 자기라고 인식하기 시작한다. • 자기인식이 나타난 후 당황, 수치, 죄책감, 질투와 같은 이차정서가 발달한다. • 정서규제능력이 발달하여 20개월 된 영아는 엄마의 표정에 따라 운다. • 영아 자신의 기질적인 특성에 매우 충실하다.
사회성	• 8주가 되면 사람의 얼굴을 식별하는 사회적 미소가 나타난다. • 주 양육자와의 애착이 형성되면서 낯가림이 나타난다. • 15~18개월 정도가 되면 자기주장이 강해진다. • 떼쓰기, 고집부리기, 말 안 듣기 등의 폭발행동이 극도에 이른다. • 혼자놀이가 많이 나타나며 양보와 차례 지키기는 이루어지기 어렵다.

2) 유아기

유아기는 2~ 6세까지로 초등학교에 들어가기 이전의 시기이므로 흔히 취학전기 또는 학령전기라고 부른다. 이때는 뇌의 발달이 거의 끝나고 신체의 양적 성장은 영아기에 비하여 뒤떨어지나 다른 시기보다는 빠르고 지적 발달은 더욱 활발하다. 또한 유아가 스스로 자기 신체를 통제할 수 있게 되는 시기이다. 정신적으로는 많은 변화를 일으켜서 학습, 지각, 추론, 언어 등이 상당히 발달되어 자신과 타인의 구별, 사회화 과정을 통하여 사회에서 통용되는 기본적 행동 양식 및 가치 체계를 내면화하기 시작한다. 이 시기에 특히 뚜렷하게 발달하는 것은 다음과 같다. ① 언어 인지 및 지능의 급속한 발달, ② 여러 기능들의 발달, ③ 성유형이 뚜렷해지고 성적 호기심이 많아지며, ④ 부모의 행동을 동일시하고, ⑤ 초자아(superego) 양심이 형성되며, ⑥ 불안을 해결하기 위한 여러 가지 방어행동들을 들 수 있다. 유아기의 발달양상과 일반적인 특징은 다음과 같다.

(1) 신체발달

신체적으로 가장 중요한 시기라 할 수 있다. 영아기에 이어 신체발달 비율이 가장 왕성할 때이니만큼 영양실조가 없이 균형 있는 고른 영양을 공급해 주어서 신체발달을 효과적으로 조성해 주어야 한다. 신체 비율도 유아기에 비해 전신에 대한 머리의 비율이 작아져서 어른의 신체 비율에 가까워진다. 또한 유아의 운동은 질주, 도약, 기어오르기, 미끄럼 타기, 세발자전거 타기 등이 발달하고 다리 운동이 분화하며, 손이나 손가락 운동의 정확성과 속도가 급속히 발달한다. 유아 말기에는 실외에서 하루해를 다 보내는 흥미를 가지고 놀이를 즐기며 지칠 줄 모르고 뛰어논다.

① 매우 활동적이다

유아는 신체적 성장과 운동기술이 발달함에 따라 자신의 몸을 자유로이 움직일 수 있게 된다. 따라서 호기심과 탐구심이 많은 유아는 잠시도 가만히 있지 못하고 수시로 활동적으로 움직인다. 그러므로 부모나 교사들은 유아들이 자신의 행동을 조절할 수 있도록 도와주어야 한다. 이 시기 유아들은 무리하게 뛰어놀더라도 피곤해하거나 지칠 줄을 모르기 때문에 임의적인 휴식을 통해서 유아의 신진대사를 조절해 줄 필요가 있다.

② 대근육이 먼저 발달하고, 소근육은 천천히 발달한다

3세 이전의 유아는 소근육보다는 대근육을 원활히 사용한다. 따라서 유아에게 제공되는 놀잇감은 나이가 어린 유아일수록 큰 블록과 같이 대근육을 사용할 수 있어야 성취감을 느끼기 쉽다. 반면에 나이가 많은 유아는 소근육이 발달하기 때문에 보다 더 정교하고 세세한 놀잇감을 제공함으로써 유아의 발달을 도울 수 있다. 그러나 발달적 특징에 따라 중심을 다르게 두는 것이니만큼 어느 시기에나 대 · 소근육발달이 고르게 이루어지는 기회는 제공되어야 한다.

③ 신체적으로 미성숙하고 민감한 성장과정에 있다

유아들은 뇌를 보호하는 뼈가 발달과정에 있기 때문에, 특히 뇌에 손상이 가지 않도록 각별한 주의가 필요하다. 그리고 유아는 선천적으로 미숙하기 때문에 신체에 무리가 가지 않도록 정적인 활동과 동적인 활동으로 구성해주는 것이 좋다.

④ 위험을 예측하거나 판단할 수 없다

유아는 위험한 것이 어떤 상황인지에 대한 분별력이 있기는 하지만 돌발적이거나 예측할 수 없는 상황에 있어서는 인식하지 못하므로 항상 위험에 노출되어 있다고 보아야 할 것이다.

- 성장률이 완만해지면서 식욕도 감소함
- 신체의 움직임이 더욱 안정되고 유연해져서 능숙하게 속도를 조절하여 걷거나 뛸 수 있음
- 두 발 모아 점프하기, 균형 잡기, 세발자전거 타기 등을 능숙하게 함
- 숟가락 사용이 능숙해지고 젓가락을 서툴게 잡기 시작함
- 소근육 조절능력이 발달하여 그림 그리기, 쌓기 놀이가 비교적 능숙해짐
- 기본 생활을 위한 신체적 기술이 증진되지만 신발의 왼쪽, 오른쪽을 구별하지는 못하고, 옷을 벗기는 하지만 바르게 입는 것은 어려워함(앞뒤, 위아래 혼동)

- 양손을 사용한 신체적 기술이 증진되어 단추 끼우기, 가위질하기 등이 능숙해짐

⑤ 유아기 머리, 팔, 다리

유아기에 팔과 다리는 가장 빨리 성장한다. 반면에 머리 성장은 훨씬 느린 속도로 이루어지는데, 이는 2세에 이미 두뇌 무게가 어른 크기의 75% 정도에 도달하였기 때문이다. 무거운 머리와 짧은 다리를 가진 아기 모습은 2~5세에 어른의 신체 비율과 매우 비슷하게 변화한다. 2세 아동의 손은 머리 약간 위에 닿는 정도이며 5세 아동은 손을 훨씬 더 높이 쳐들 수 있다. 또한 배불뚝이는 걸음마기 아동들의 전형적인 모습이며, 이는 비교적 짧은 몸통 안에 방광이 앞에 놓여 있고 척추가 앞쪽으로 휘어져 있기 때문이다. 5~6세에 이르러 배불뚝이와 척추 전만은 사라진다.

⑥ 시각

유아기에 시각의 정확성은 현저한 향상을 보인다. 출생 시 약 20/300 정도이었던 시력이 1세에는 20/100으로, 2세에는 20/40으로, 4세에는 '정상'으로 불리는 20/20으로 향상된다. 다시 말하면, 보통 사람들이 300피트에서 볼 수 있는 것을 출생 시에는 20피트 거리에서 제대로 볼 수 있으나, 4세가 되면 보통 사람들이 볼 수 있는 거리에서 사물을 바라볼 수 있다.

⑦ 장애물 및 대소변

2세 아동은 낮 시간에는 대소변을 가릴 수도 있지만, 일반적으로는 어느 정도 실수를 한다. 반면에, 3세가 되면 밤에 대소변을 가릴 수 있으며, 5세에는 대부분 남에게 알리지 않고 아무런 도움 없이 혼자서도 화장실을 다녀올 수 있다. 3세 아동은 장애물을 뛰어넘을 수 있고 균형을 잡을 수 있으며, 5세 아동은 율동에 맞춰 줄넘기를 할 수 있다.

(2) 인지발달

유아들의 인지발달은 유전적 요인과 환경적 요인에 따라 발달되지만, 환경적 경험과 제약 조건에 따라 학습되는 면이 많다.

① 구체적인 사고에서 추상적인 사고로 발달한다

유아는 추상적 사고능력이 부족하므로, 구체적인 사물을 통하여 사물의 성질이나 형태의 관계를 학습해 나갈 수 있다.

② 주관적인 자기 중심의 사고에서 객관적 사고로 발달한다

유아는 주관과 객관이 분화되어 있지 않기 때문에 자기 중심적이라서 객관적 사고를 할 수 없다.

③ 논리적 사고가 부족하다

현실적인 대상과 상상적 대상을 혼동하기도 하고 사물이나 사건과의 관계를 이해하는 데도 논리적이거나 합리적으로 이해하지 못한다.

④ 감각에 의존하여 사물을 인식하는 과정이다

지각은 감각기관을 거쳐서 자극을 그대로 받아들이는 것이 아니라 과거의 경험에 의하여 그 자극은 어떠한 것이라고 해석, 음미해서 의식하게 되는 의식작용을 말한다.

⑤ 개별적 판단에서 전체적인 판단으로 발달한다

나이가 어린 유아들은 여러 자극이 배열되었을 때 자극에 포함된 특징 중에서 특출한 특징에 사로잡혀 그에 따라 사물을 파악하게 되지만 연령이 증가함에 따라 자극 배열의 각 부분을 전부 살피고 이들을 전체로서 조직할 수 있게 된다.

⑥ 상징적 기능이 증가한다

영아기와 유아기의 가장 큰 인지능력의 차이는 유아기는 어떤 사건이나 행동을 상징화시키는 능력이 있다는 것이다.

- 자기 중심적으로 사고하는 시기임
- '왜'라는 질문을 많이 하지만 실제적인 답을 기대하는 것이 아닌 경우가 많음
- 양의 차이와 위, 아래, 뒤, 밑 등의 공간관계를 이해하며 지금, ~하기 전에, ~다음에 등의 시간관계도 부분적으로 이해함
- 많고 적은 차이가 큰 수량의 경우를 이해하기 시작함
- 상징적 기능이 발달하여 사람, 장소, 사건에 대한 상징적인 표현과 사고가 가능함
- 사물을 초보적으로 분류하고 추론하는 능력이 생겨 형태, 색, 모양, 소리에 따라 구분하고 단순한 서열이 가능함
- 구체적 사물이나 행동이 제시되지 않을 때에도 상상하거나 추측하여 행동하는 것이 부분적으로 가능해짐
- 실제와 꿈 또는 환상을 확실히 구분하지 못하여 연극, 인형극 등에 나타나는 등장 인물이나 상황을 실제라고 믿음

(3) 언어발달

유아기의 언어발달은 영아기의 옹알에서 시작하여 언어의 양, 말하는 문형, 발음 등의 발달이 3~4세에 이르러 정점에 달한다.

① 유아가 언어를 구사할 수 있다는 것은 유아의 상징적 능력을 조직화시킬 수 있는 수단의 획득이다. 과거라는 개념을 어렴풋이 이해하며 앞으로 일어날 일에 기대하여 시간상으로 현재에 국한하지 않는다. 상징에 의한 사고는 시간적으로 많은 폭을 갖게 하고 전체를 동시에 파악할 수 있게 된다.

② 유아기의 단어발달은 대부분 대상이나 행위를 지칭하는 이름을 붙이는 것이 주가 된다. 특정한 이름이 곧 특정한 대상을 다른 대상과 구분하는 범주가 되며 그 대상에 대한 개념이 된다.

③ 유아기에는 문장의 길이와 어휘력이 증가하므로 주어와 동사의 일반적인 사용을 탈피하여 점차 부사나 형용사도 사용하게 된다.

④ 유아들의 언어 표현능력은 놀라울 정도로 발달해 있다. 그리고 대부분의 어린이들이 남들 앞에서 말하기를 좋아한다. 따라서 어린이들에게 자유롭게 자기의 생각, 감정, 경험 등을 표현할 수 있는 기회를 만들어 주는 것이 중요하다.

⑤ 유아들의 언어는 자기 중심적이다. 유아들은 언어를 사용하는 데 있어서 자기 나름대로의 규칙을 적용하는 경우가 많다. 예컨대 두 살 반짜리 꼬마가 "아빠, 밥 먹어."라고 말하는 것을 "아빠, 진지 잡수셔요."하는 것이라고 가르쳐 주었더니, 그 다음부터는 "나도 진지 잡수셔요."라고 말을 하는 것과 같은 경우이다.

- 언어에 대한 계속적인 탐구와 실험을 하는 시기로서 말하는 것을 즐기며, 사물의 이름이나 새로운 낱말을 알고 싶어함
- 어휘가 급증하여 이때는 900~1,300개 낱말을 구사하게 됨
- 단순 문장(명사+동사)에서 접속사, 조사 등을 사용한 긴 문장을 말할 수 있음
- 의문문과 부정문을 사용하지만 부정확한 형태가 많음
- 'ㅅ', 'ㄹ' 등은 부정확하게 발음하는 경우가 많음(할머니 → 하머니, 사자 → 따자 등)
- 글자 모양을 식별하기 시작해서 낱자와 낱자처럼 보이는 것을 구분하기 시작함
- 쓰기를 시도하지만 아직은 대부분의 유아가 긁적거리기 형태(선, 원, 세모 등)이며 자기 이름, 친숙한 사물 이름 등을 그리듯이 쓰기 시작함
- 글자 쓰기에 관심이 많은 유아는 실제 글자 형태가 나타남
- 읽기에 관심을 보이지만 그림을 읽어야 하는 것인지 글자를 읽어야 하는 것인지 잘 구별하지 못하고, 책을 보며 의미를 비슷하게 꾸며 말하기 식으로

읽는 경우가 대부분임

- 초보적인 농담이나 수수께끼를 하기도 함
- 글자의 의미에 관심을 갖고 '여기 뭐라고 써 있어요?', '엄마 사랑해요라고 쓸 거예요'와 같이 글자를 써서 어떤 내용을 표현할 수 있다는 것을 이해하고 사용하려고 시도함

(4) 정서발달

브릿지(Bridges)에 의하면 정서는 유아기 동안에 분화하며 비교적 어린 시기에 발달하는 것으로 알려져 있다. 즉, 유아기 동안에 대부분의 정서가 분화, 발달한다는 것이다. 유아의 정서반응은 미숙하고 격렬하나 다음 시기에는 차차 누그러져서 정서적인 안정성을 갖게 된다. 흔히 감정과 정서는 구분해서 사용된다. 감정이란 쾌, 불쾌 차원의 미분화된 흥분상태를 가리키며, 정서란 분노, 공포, 환희와 같이 보다 분화된 상태로서 정서적으로 자극된 상황에 대처하기 위해서 특정한 신체적 변화와 동기화된 행동을 수반하는 것이다.

① 지속시간이 짧다

유아의 정서는 아직 미숙하여 지속시간이 짧고, 정서표현이 변화무쌍하여 갑자기 상반된 반응으로 바뀐다.

② 강렬하다

유아는 사소한 일에 자극을 받아도 정서표현이 강렬하여, 확대시켜 표현함으로써 강한 반응을 나타낸다.

③ 표출 도수가 많다

유아의 정서가 지속시간이 짧은 만큼 표출 도수가 빈번할 수밖에 없다.

④ 불안정하다

유아의 정서 변화가 많다는 것은 불안정하기 때문이다. 또한 유아의 정서가 불안정한 것은 쾌, 불쾌의 양극단 간에 동요가 심하다는 것을 의미한다.

⑤ 그들의 감정을 자유롭게 마음대로 표현하는 경향이 있다

아직 감정의 통제가 잘 되지 않기 때문에 화나는 일이 있으면 자주 그대로 터뜨려 버리기도 한다. 유아기 어린이들에게는 언짢은 감정이라도 그대로 자유롭게 표현할 수 있도록 내버려 두는 것도 좋다. 그래야만 자신의 감정을 이해하고, 또 조절할 수 있는 힘을 길러갈 수 있기 때문이다.

(5) 사회성발달

유아기의 사회성은 비사회적 단계에서 사회적 단계로 발달하는 시기이다. 자기를 타인에게 적응시키고, 여러 어린이들과 집단을 형성하여 소꿉장난 같은 놀이를 통하여 여러 가지 행동발달이 이루어지는 시기이기도 하다. 유아는 유아 특유의 자기중심성이 있어서 모든 면에서 자기가 제일이라는 생각으로 다른 어린이들과 어울려 대인관계를 가진다. 그러는 가운데 자기를 이해하고 인간으로서의 능력을 인식하며, 협동하고 양보하는 등의 사회성이 길러진다. 또한 유아기가 끝날 무렵에 유아는 남성과 여성 간 신체의 차이를 알게 되며 자신의 성에 관한 관심을 가지게 된다.

- 3세경에는 혼자 놀이를 많이 하고, 상호작용이 많지는 않으나 같은 또래와 함께 놀이하는 빈도가 점차 증가함
- 같은 또래 간의 놀이 시에 자신의 감정이나 생각을 적절한 언어로 표현하기보다는 행동으로 표현하는 경우가 많음
- 성구별 없이 놀이하지만 점차 동성 또래에 대한 접근이 빈번해짐
- 차례 지키기 등의 규칙을 학습하기 시작함

- 성인의 칭찬과 승인에 민감하게 반응하여 행동함
- 3세경에는 사회적으로 용납되는 행동과 그렇지 않은 행동을 식별하기 시작하고 행동을 조절하기도 함
- 상상력이 풍부해져 일상의 상황을 극화하기 좋아하고 이를 위해 상징물을 사용하는 것이 증가함
- 2~3명이 상호작용하는 소집단의 놀이가 가능해짐
- 3세경에는 복잡한 규칙을 따라야 하는 편 게임은 어려움
- 4세경에는 같은 또래와의 상호작용이 활발해져서 함께 어울려 놀이하는 병행 놀이와 연합 놀이가 가능해짐

〈표 1-2〉 유아기의 다양한 발달특징

영역	발달특징과 양상
신체	• 영아기만큼은 아니지만 신장과 체중이 꾸준히 증가한다. • 신체 비율이 변화하여 하체가 길어지고 전체적으로 호리호리해진다. • 뇌와 신경계의 발달이 빠르며 뇌의 편측성이 나타나기 시작한다. • 운동기능이 발달하여 걷기와 뛰기, 계단 오르내리기가 가능해진다. • 소근육이 발달하여 가위질이나 그림 그리기가 정교해진다. • 활동량이 증가하는 시기이다.
인지	• 전 개념적 사고인 상징적 · 자기중심적 · 물활론적인 사고의 특징을 보인다. • 직관적 사고로 인하여 보존개념이 형성되어 있지 않은 특징을 보인다. • 분류능력과 서열화능력이 발달한다. • 기억용량과 전략이 발달하여 시연, 조직화, 정교화, 인출전략을 사용할 수 있다. • 메타인지능력이 발달하여 사고와 능력에 관한 지식을 갖게 된다.
언어	• 어휘 수가 급격하게 증가하면서 문장의 사용이 능숙해진다. • 과잉확대 · 축소현상을 보이기는 하나 단어의 의미에 대한 이해가 증가한다. • 세 단어 문장의 시기가 되면 문법적 형태소를 사용하기 시작한다. • 단문을 접속사로 연결시켜 복문의 사용이 증가한다. • 의사소통기술이 발달하여 효율적으로 자신의 생각을 표현한다. • 문자언어능력이 발달하여 초보적인 읽기, 쓰기가 가능해진다.
정서	• 동생이 생기게 되면 불안감이나 질투심이 유발되기도 한다. • 장난감을 얻기 위한 목적 공격성이 많이 나타난다. • 정서이해능력이 발달되나 아직 사람들이 감추고 있는 정서는 파악하지 못한다. • 정서규제능력이 발달하여 부정적인 정서를 숨길 줄 알게 된다.

영역	발달특징과 양상
사회성	• 사회적 반경이 넓어짐에 따라 부모의 영향력에 비해 또래 집단의 비중이 커지기 시작한다. • 사회적 놀이가 발달함에 따라 자신의 의견을 주장하고 다른 사람의 의견을 받아들이는 경험을 하게 된다. • 유아기에는 주도성과 자아존중감이 발달하여 실제 자신의 능력을 과대평가하는 경향이 있다.

3. 효율적 교수-학습조건

1) 교사의 조건

교사는 가르치는 일에 소명의식을 가져야 한다. 사람을 가르치고 키우는 일이야말로 세상의 그 어떤 직업보다도 즐겁고 보람된 일로 생각해야 한다. 소명의식을 가지고 임하면 영유아의 성장과 발달을 기쁜 마음으로 지켜보고 그들을 가르치는 일에 열의를 보이게 마련이다. 교사의 과다한 일방적 열의는 자칫 영유아에게 교수 압력으로 비쳐질 수 있음을 유념해야 한다.

교사는 수용적 자세를 가지고 영유아를 대해야 한다. 영유아는 개인마다 유전적으로 타고난 자질이 다르고 발달의 속도가 느리다. 그러므로 교사는 영유아의 개인차를 인정하고 영유아 상태의 적합한 개별교육을 할 수 있는 마음의 여유와 안정된 정서와 인내심을 지니고 있어야 한다. 성급한 교사는 영유아의 내적 변화에 따른 인지발달을 지켜볼 여유가 없기 때문에 조급하게 학습을 강요할 수 있다.

2) 영유아의 조건

학습이 제대로 이루어지려면 영유아의 발달적 요구와 발달수준에 적합한 자극이 있어야 한다. 미국유아교육학회(NAEYC)의 제안처럼 영유아 학습을 위해 영유아의 발달적 요구에 부응하는 자극으로서 발달수준에 적합한 것을 제공해야 한다. 영유아가 신체적으로나 인지적으로 외부 자극을 받아들여 감당할 능력을 갖추었을 때 그 수준에 적절한 자극을 주어야 한다.

3) 환경의 조건

영유아의 학습에는 환경적 요인이 영향을 미친다. 학습을 지원하는 가정환경의 요인으로는 학습교구와 같은 물리적 요소 이외에 부모의 인성, 영유아와의 관계 및 성취기대 등 부모환경요소가 있다.

(1) 가정의 물리적 환경과 학습교구

영유아의 성장에 도움이 되는 가정의 물리적 환경은 환기가 잘되고 적절한 밝기의 조명과 온도가 필요하다. 또한 지적 자극이 되도록 하는 장난감과 그림책 등의 교구가 필요하다. 어린 시기에 교구들이 제공하는 지적 자극은 다른 어떤 발달시기에서보다 강하게 받아들여질 수 있기 때문이다.

(2) 가정의 심리적 환경

영유아의 발달과 학습에 가정의 물리적 환경요소도 중요하지만 심리적 환경요소는 더 중요하다. 가정의 심리적 환경요소는 주로 부모의 온화한 인성과 영유아의 발달수준에 맞는 성취기대를 들 수 있다. 영유아의 발달수준에 못 미치는 성취가 기대된다면 영유아는 별 스트레스나 어려움 없이 부모의 기대를 충족시킬 수 있다. 그러나 부모의 성취기대가 영유아의 발달수준을 넘어서는 것이라면 영유아는 심리적 스트레스를 경험하고 좌절감을 가지게 될 것이다. 그러므로 부모의 성취기대는 영유아의 발달수준에 적합한 것이어야 한다.

(3) 형제

영유아와 나이가 비슷한 형제가 있을 때 영유아는 발달과 학습에 도움을 받을 수 있다. 동생은 형의 사고와 언행의 영향을 많이 받는다. 또한 위아래 형제가 있을 경우에 영유아는 더 많은 자극을 받을 수 있다. 자기보다 나이가 많은 형에게 스스로 동생으로서 학생의 노릇을 하는 동시에 동생에게 교사의 역할을 한다.

(4) 영유아의 호기심과 탐구욕

학습이 이루어지려면 영유아의 호기심과 탐구욕이 무엇보다 필요하다. 태어날 때부터 새로운 사물이나 현상에 대해서 호기심이 강한 영유아가 있고 그렇지 않은 영유아도 있다. 호기심과 탐구욕의 개인차가 영유아의 학습에 영향을 미친다.

2

CHAPTER

영유아 교수-학습의 원리

1. 영유아 교수–학습의 기본 가정

1) 교수–학습방법의 중요성

교수–학습의 목적에 따른 목표를 설정하고 나면 목표에 따른 교수–학습 내용 및 활동 선정과 조직이 이루어진다. 이는 교육 시설에서 영유아의 교육을 담당하는 교사 및 종사자들이 영유아발달에 대한 학습의 원리 등에 대한 전문적인 지식을 가지고 영유아들의 다양한 경험을 제공하기 위하여 보육활동 전반에 대한 체계적인 계획을 수립하기 위한 설계도를 작성한 것과도 같다. 그러나 실제 교육 시설에서 영유아를 대상으로 교육을 한다는 것은 이와 같은 설계도에 기초하여 교육활동, 즉 교수–학습활동이 이루어진다는 것을 의미한다.

실제 현장에서 일어나는 장면을 생각해보면 영유아와 교사 간에 일어나는 교수–학습과정을 가장 먼저 떠올릴 것이다. 이는 교수–학습이 가장 기본적이고 핵심적인 것으로 영유아와 교사 간에 일어나는 가르치며 배우는 과정이기 때문이다.

교수(teaching)활동이란 영유아가 알고 있어야 할 지식과 정보를 효과적으로 습득할 수 있도록 교육활동 및 교수환경을 계획하고 이끌어 가는 일련의 과정이라 할 수 있다. 또한 학습(learning)은 유아에게 제공되는 활동에 대한 경험 결과 일어나는 비교적 지속적인 행동의 변화라고 정의할 수 있다. 즉, 교수는 가르치는 활동과정이며 학습은 배우는 과정에 관한 활동이다. 교육활동을 전개하는 과정에서 교수–학습활동은 독립적으로 이루어지지 않으며 상호작용적 성격을 띠게 된다. 일반적으로 가르치는 주체를 교사로, 배우는 주체를 영유아라고 할 때 교사와 영유아 간의 사회 정서적이고 교육적인 상호작용은 교육의 질을 결정하는 중요한 요소가 된다.

그러므로 교사는 교육의 목표와 내용에 근거한 교육활동, 즉 교수–학습활동을 효과적으로 제공함으로써 교육의 질을 높일 수 있다. 교사는 발달과 교육에 대한 이론을 근거로 하여 영유아의 개별적 성향, 능력 등을 잘 판단하여 이에 적합한 교수–학습방법을 사용하고 상호작용할 수 있어야 하는 것이다. 특히, 교육 실제에서 교사는 영유아의 흥미, 요구, 발달 수준 및 학급 형태 등을 고려하여 적절한 교수–학습방법을 선택하고 활용할 수 있어야 하는 것이다.

2) 영유아 교수–학습방법의 기본 원리

영유아들을 위한 교육활동이 효과적으로 이루어지려면 교사는 유아의 발달과 학습의 기본 원리를 전제로 영유아 중심의 교수–학습과정이 이루어지도록 해야 한다. 영유아 교수–학습방법의 기본 원리로는 놀이 중심의 원리, 개별화의 원리, 탐구학습의 원리, 생활 중심의 원리, 통합의 원리로 나누어 볼 수 있다(이원영 · 이영자 · 주영희, 1991).

(1) 놀이 중심의 원리

영유아는 성인과 달리 놀이를 통해 학습한다. 즉, 유아의 학습에서 놀이는 학습 그 자체라고 할 수 있으며 유아는 놀이를 하면서 주변의 구체적인 사물을 탐색하고 상황을 이해하는 지식, 태도, 기술 등을 발달시키게 된다.

실제로 많은 보육 현장에서는 많은 활동들이 놀이의 형태로 제공되고 있다. 그러나 놀이활동이 교육적이기 위해서는 영유아 스스로 놀이활동을 구성하고 계획하는 데 적극적으로 참여하고 이들의 놀이를 돕기 위한 교사의 격려와 안내가 필요하다.

교육과정에서 교사는 교육목표와 내용에 의해 계획된 놀이활동을 제시하고 다양하게 제시된 놀이 자료와 사물이 포함된 활동에 영유아가 자연스럽게 몰두하도록 지도한다. 영유아시설에서 일어나는 활동들은 놀이 속에서 통합되어 자연스럽게 유아가 몰입하도록 구성하여야 한다. 영유아를 위한 교육활동이 놀이활동을 통해 이루어지도록 하는 것이 영유아의 흥미와 자발성을 이끌며 발달을 도와주는 교수–학습의 원리이다.

(2) 개별화의 원리

개별화 원리에 의한 학습은 영유아들이 교육목표에 도달할 수 있도록 각 영유아의 흥미 및 이해 정도에 따라 학습활동을 선정하여, 유아의 학습 속도에 맞게 제시하는 방법이다. 개별화 학습은 모든 영유아가 흥미, 활동에 대한 이해 및 참여도, 자발성 등이 다르기 때문에 매우 효과적인 방법이다. 영유아들의 흥미와 능력, 그리고 사전 경험을 알아보기 위해 교사는 놀이활동을 잘 관찰하여야 한다. 관찰 및 진단 평가를 실시한 후에 모든 활동을 다양한 놀이 형태로 준비하여 능력에 맞게 제시한다. 이 과정에서 교사는 유아에게 의도한 학습이 잘 이루어졌는지 알아보기 위해 활동 시 적절히 질문하거나 영유아의 반응을 관찰하여 영유아가 흥미 있게 놀도록 해준다.

개별화 학습을 위해 교사는 각 영유아의 발달상태에 따라 지도할 수 있는 다양한 자료와 활동을 제시한다. 이때 제시하는 활동들은 가능한 한 단계적으로 구성하여 어떤 활동을 성공적으로 끝내면 보다 높은 단계의 학습활동으로 진행하도록 한다. 교사는 각 단계의 발달이 자연스럽고 원활히 이루어지도록 개별적으로 상호작용한다.

(3) 탐구학습의 원리

영유아들은 능동적 학습자로 자신이 스스로 탐색하고 자신의 감각을 이용해 주변의 사물이나 현상을 직접 경험함으로써 물리적, 사회적 및 논리 · 수학적 지식을 얻는다. 즉, 스스로 탐구하는 과정을 통해 학습이 이루어진다.

탐구학습을 통해 영유아들은 질문하는 능력, 자료와 정보를 분석하는 능력, 문제의 해결을 위해 스스로 해결방법을 발견하는 능력 등이 발달하게 된다. 그러므로 보육활동에서 교사는 영유아에게 다양한 경험을 할 수 있는 풍부한 기회를 제공하고 유아가 관찰하고 실험해 보도록 격려하며 자신의 생각이나 호기심을 창의적으로 전개하도록 도와야 한다. 이를 위해 교사는 사회적 현상이나 개념에 대한 지식을 탐구할 수 있는 다양한 실제 상황을 관찰할 기회를 풍부하게 제공해야 한다.

(4) 생활 중심의 원리

영유아들을 위한 교수-학습활동은 실제 생활 환경 및 경험을 통해 사물에 대한 지식과 태도, 다양한 기술을 학습하도록 하는 생활 중심의 원리를 가지고 있어야 한다. 유아의 실제 생활에서 일어나는 흥미와 관심, 요구, 질문 등이 교육의 시작이되는 것이다.

생활 중심의 교수-학습을 위해서 교사는 영유아 주변에서 일어나는 일, 매일의 생활과 연관된 체험들을 통해 보육 활동을 전개하는 것이 바람직하다. 예를 들어 유아의 가정, 유치원, 친구들과의 경험, 지역 사회 내의 여러 직업 및 기관들, 계절과 관계된 현상들, 풍습, 국가와의 관계 등 모든 내용이 중요한 요소가 된다.

소꿉놀이 하는 유아

(5) 통합의 원리

통합의 원리는 영역별 보육 내용, 활동영역, 보육시설과 지역사회가 서로 분리되지 않고 연결되어 다루어지는 것이다. 내용 영역 간의 통합은 예를 들어 표준보육과정에서 영유아의 전인발달을 위해 기본생활, 신체운동, 사회관계, 의사소통, 자연탐구, 예술경험영역의 보육 내용들이 하나의 교육활동에 통합되는 것이다. 활동영역 간의 통합은 여러 활동영역들이 영유아가 계획한 활동들에 의해 서로 연결되어 통합되는 것을 뜻하며, 예를 들어 언어와 미술활동의 통합활동이다. 교육시설과 지역사회의 통합은 견학이나 자원 인사를 초청하여 어린이집과 유치원 안팎의 경험이 통합되는 것을 뜻하며, 예를 들어 보건소 견학 등이 있다.

교육내용을 통합적으로 다루기 위해 보육시설에서는 주제를 중심으로 활동영역별로 연결되는 활동을 계획하고 구성하고 있다.

2. 영유아 교수–학습의 원리

1) 자발적 활동

학습계획이 아무리 잘 진행된다 할지라도 생활경험의 주체가 영유아 자신의 자발적인 활동이어야 교육의 효과를 얻을 수 있다. 영유아의 자발적인 활동은 교사의 동기유발방법에 따라 다른 반응을 야기한다. 동기유발방법으로 환경구성이 매우 중요한데, 환경구성은 영유아로 하여금 자발적인 활동을 하도록 동기를 유발시키고 흥미를 지속시키며 활동에 참여하도록 하는 등의 역할을 담당하게 되므로 학습 선정에 있어 환경구성은 영유아로 하여금 자발적으로 생각하고 자유롭게 활동할 수 있게 한다.

2) 흥미

흥미의 원리란 활동목표를 달성하기 위한 활동 내용에 흥미를 가지도록 해야 한다는 것을 의미한다. 흥미를 가진다는 것은 영유아가 어떤 활동이나 대상에 대해 더 많은 관심과 주의를 가지고 열중하는 데서 심리적 만족을 느끼는 것을 의미한다. 따라서 생활 중심적인 요소가 강할수록 영유아들이 접해 보았거나 알고 있는 것일 가능성이 높으므로 학습 선정에 있어 영유아가 훨씬 더 흥미를 가지고 접근할 수 있도록 해야 한다.

3) 실험

영유아는 실물 경험을 통해 사실을 익히며 주변의 여러 사물을 통해 자연스럽게 자신을 표현하려는 욕구를 지닌다. 실험을 통하여 그 사물의 특성, 기능, 활용법 등을 알게 되므로 야외학습이나 직접 가서 보고 듣고, 느끼고 만질 수 있는 경험을 갖게 해야 한다. 이에 미술활동시간이나 각 교육학습을 선정할 시 영유아의 흥미를 유발할 수 있는 교육 내용을 선정하여야 한다. 그리고 모든 학습활동의 선정에 있어 각 영유아들의 발달 단계에 적절해야 한다.

4) 개별화

학습이란 개인의 능력을 최대한으로 발휘시켜 생활에 잘 적응하도록 하는 것이다. 이는 활동 속에서 개인을 존중하고 특성을 살려주어야 함을 의미한다. 영유아들을 잘 수용하고 있는 학급은 각각 개성이 다양한 영유아들이 모여서 학급을 형성하고 있다는 것을 늘 기억해야 하며 각 영유아의 개성을 존중해 주어야 한다. 따라서 교사는 각 영유아들의 성격, 능력의 차이에 따른 적절한 학습을 선정하여 유의미한 방법으로 다르게 학습을 진행하여야 한다.

5) 사회화

학급에서는 개별지도와 집단지도 모두가 중요하고 필요하다. 유아교육기관에서 영유아 스스로 집단생활의 중요성을 인식하고 서로 협력하는 사회생활을 할 수 있는 공동체의식을 형성할 수 있는 기회가 주어져야 한다. 이에 일과, 주간학습 계획에 있어 가족의 일원으로서, 한 영유아로서, 더 나아가 국민으로서 긍지와 자부심을 갖게 하는 공동체 의식을 함양할 수 있는 학습 내용이 포함되도록 학습 선정을 하여야 할 것이다.

6) 통합

유아교육은 통합성을 지향하므로 영유아의 지식이나 기능의 어느 한쪽이 지나치게 발달하는 불균형을 초래하는 학습보다 모든 영역이 다양하게 골고루 발달할 수 있도록 하는 통합학습을 바람직한 교육으로 보고 있다. 즉, 교사는 영유아교육기관에서 운영되는 모든 학습활동이 영유아들의 신체, 사회, 정서, 인지, 언어적인 측면과 조화를 이루면서 통합적 발달이 이루어질 수 있도록 학습을 선정하여 계획하고 실행해야 한다.

7) 체험

놀이는 영유아에게 있어 삶 그 자체이며 학습의 본질이라고 할 수 있다. 영유아는 놀이활동을 통해 주변 사물을 체험하고 상황을 이해하며 기술이나 사물, 지식 등을 습득하게 된다. 즉, 영유아가 직접 경험하면서 확실한 지식을 알게 되고 실천적으로 응용할 수 있게 된다는 것이다.

따라서 교사는 실내 · 외에서의 놀이를 통한 여러 활동들 속에서 영유아들이 많은 것을 직접 체험할 수 있도록 학습을 선정하고 계획하여야 한다. 예를 들면, 실내의 경우 미술활동시간에 나무, 잎, 열매, 꽃, 흙 등의 자연물을 가지고 만들기도 하고 그림도 그리는 기회를 가질 수 있는 학습을 선정하여 진행하는 것도 좋은 예라 할 수 있다. 이에 교사는 영유아들의 발달수준에 적합한 놀이 중심의 체험학습을 다양하게 준비하는 것이 중요하다.

8) 우연성

우연성의 원리란 도발적인 사건이나 경험을 통해 필요한 정보나 기능을 알게 되는 원리를 말한다. 영유아는 교사의 의도적 · 계획적 활동보다 즉흥적이거나 일시적인 사건 등에 더 많은 관심과 호기심을 보인다. 영유아의 사고특성은 논리적 · 인과적인 사고보다 직관적이고 비약적인 사고특성을 가지고 있으므로 돌발적이거나 우발적 사건 등을 통해 더 큰 영향을 받게 된다. 이에 교사는 학습을 선정함에 있어 이런 우연성의 원리가 적용될 수 있는 학습을 선정해야 한다. 영유아가 만화를 좋아하고 상상놀이를 좋아하며 마술게임을 즐거워하는 이유가 바로 여기에 있다.

3. 영유아를 위한 교수-학습방법

교육활동에 적합한 교사의 교수-학습방법은 다음과 같이 제시할 수 있다.

1) 자기표현

영유아가 자연적인 발달이나 의도적인 교수-학습의 결과로 얻게 된 느낌과 생각을 다양한 활동 형태로 표현하는 것이다. 자기표현의 방식으로는 역할놀이, 게임, 신체표현 등의 행동적 표현과 그리기, 만들기 등의 조형적 표현, 생각과 느낌을 말로 표현하는 것 등의 언어적 표현이 있다.

2) 토의하기

영유아들이 어떠한 주제나 갈등 상황에 대해 서로 의견을 나누고 여러 의견들 사이에서 유사점이나 차이점을 살펴보며 궁극적으로 상황을 어떻게 해결할지 논의해 보는 과정이다.

3) 문제해결

학습자와 교사가 함께 문제 상황에 대해 원인과 해결방안을 모색해보는 방법이다. 영유아의 신체나 정서, 대인관계 및 물리적 문제에 대해 문제가 무엇인지 정의내리고 문제해결과 관련된 정보 수집, 해결방안의 선정 및 적용, 해결방법에 대한 장단점의 평가 및 새로운 방법의 재적용을 통해 문제해결이 이루어진다.

4) 추론하기

가설적 딜레마나 상황에 대해 상황 속의 주인공이 어떻게 해야 할까?와, 왜 그렇게 해야 하는가를 이야기하도록 한다.

5) 모델링

영유아에게 영향력이 있는 부모, 친구, 교사, 매체 속의 인물 행동을 관찰하여 개념, 지식, 태도, 기술을 익힐 때 동기유발체제로 사용되나 교사의 기계적인 시범이나 영유아가 단순히 모방하는 데서 그치지 않도록 해야 한다.

6) 설명

영유아의 주의를 끌만한 시청각 자료, 구체적 사례, 다양한 관련 자료를 사용하여 일반적 원리를 구체적 사례에 적용하여 개념의 구조를 형성하도록 설명하는 방법이다.

4. 영유아 교수-학습에서 상호작용의 중요성

1) 교사와 영유아의 상호작용의 의의

유아기는 발달특성상 성인에 대한 의존도가 매우 높은 시기이다. 특히, 유아교육기관에서 이루어지는 효율적인 교사-유아 상호작용은 유아의 인지발달뿐 아니라 자존감과 효능감 그리고 자기 통제력 등에 많은 영향을 미친다.

상호작용은 교사-유아 사이에서 이루어지는 '대화'를 의미하며 대화에는 언어적이고 비언어적인 부분을 모두 포함한다. 즉, 교사가 사용하는 언어뿐 아니라 교사의 표정, 몸짓, 눈빛 등이 유아와의 상호작용에서 중요한 내용이 된다. 유아의 문제행동 지도에서 교사의 분명하고 애정 어린 훈육은 친밀한 관계를 바탕으로 한 효율적인 의사소통 기술에서 시작된다.

2) 교사와 영유아의 상호작용의 주요요인

교사가 유아의 부적응행동을 변화시키기 위해 기관의 환경도 정비하고 유아발달과 상담에 대한 다양한 이론에서 유용한 기법들을 충분히 숙지하고 있다고 해도 유아와 효율적으로 대화하기는 그리 쉬운 일이 아니다. 신임교사의 경우에는 유아발달과 문제행동에 대한 통합적인 이해가 부족하고 지식을 기술로 전환하는 데 시간이 충분하지 않았기 때문일 수도 있고 경력교사의 경우에는 교사 개인의 성향이나 재교육의 부족으로 몇 가지의 상호작용 유형에 익숙해져 있기 때문일 수도 있다. 교사-유아 상호작용에서 교사는 '민감하고 반응적인', '따뜻하고 애정적인'이라는 부분에 대해 주의해야 할 필요가 있다.

교사나 부모들이 유아의 문제행동을 다룰 때 호소하는 어려움 중에 하나가 '잘해주면 더 버릇이 없어진다'는 것이다. 교사나 부모들은 잘못된 행동에 대해 절대

수용할 수 없다면서 단호하고 엄격한 방법으로 유아를 훈육해야 한다고 주장한다.

유아가 부적절한 문제행동을 유발할 때 어떻게 하면 교사가 사용하는 언어 및 비언어적 상호작용이 수용적이고 반응적이 될 수 있을까? 교사는 '수용'의 의미와 한계를 가지고 있어야 한다. 교사들은 유아들에게 "네가 친구를 때리지 않으면 선생님도 네게 화내지 않을 거야. 선생님이 널 얼마나 예뻐하는데… 앞으로는 그러지 않아야 선생님이 사랑해 줄 거야."라고 하면서 유아의 행동을 먼저 통제하려고 한다. 부적절한 행동을 한다는 것은 현재 충족되지 않은 욕구로 인해 자신의 감정이 방해받고 있다는 것을 의미한다.

우리는 그러한 행동을 문제행동이라고 부르지만 유아의 입장에서는 가장 정상적인 행동일지도 모른다. 왜냐하면 인간의 욕구충족에 대한 동기는 거의 본능적이라고 할 수 있으며 만족되지 않은 상태에서 유아는 자신의 욕구충족을 지연시키거나 다른 것으로 대체하는 데 있어 한계를 가지고 있기 때문이다. 그러므로 행동에 대한 통제보다 마음의 수용이 더 먼저 일어나야 한다.

3) 보육과정에서 요구되는 바람직한 교사와 영유아의 상호작용

유아교사가 현장에서 수행해야 하는 다양한 역할 중 가장 중요한 것은 유아와의 상호작용이다. 유아의 인간발달에 대한 유전론과 환경론, 그리고 상호작용론의 입장에 대한 논쟁은 끊임없는 것이며 유아교육기관에 따라 어떤 발달이론에 근거해서 교육과정을 운영하든지 교사의 역할에 대한 중요성은 모두 동일할 것이다. 유아기가 발달의 특성상 성인에 대한 의존도가 매우 높은 시기임을 감안할 때 교사의 언어적 8의 질이 교육의 질을 결정한다고 해도 과언이 아니다.

특히, 활동참여상에서 나타나는 문제는 혼자놀이만 하거나 배회하는 등 활동에 잘 참여하지 않는 경우이다. 이런 유아들의 특성은 특별히 주변 친구들을 괴롭히거나 집단활동을 방해할 만큼 공격적이지 않기 때문에 교사의 관심을 상대적으로 덜 받게 될 수 있다. 흔히, 교실에서 있는지 없는지 모를 만큼 얌전한 아이들은 교사들이 특별히 신경 쓰지 않는 경우가 많기 때문이다. 물론 친구들을 방해하고 이상한 소리를 내거나 주위가 산만하여 활동 참여 상의 문제를 가지고 있는 유아들도 있다.

수업시간에 지적을 받기는 하지만 공격적이거나 울음이 많은 아이들에 비해 교사는 적극적인 개입의 필요성을 덜 느끼게 된다. 유아의 연령에 따라 혼자놀이나 방관자적 놀이가 필요한 단계일 수도 있다. 하지만 그들도 교사와의 상호작용은 즐거워한다. 병행놀이가 놀이의 중심이 되는 만 3세 정도의 유아들은 교사와의 병행놀이를 좋아하고 교사의 놀이하는 모습이 모델이 될 수 있다.

활동참여에 어려움을 겪고 있는 친구들에게 교사는 어떤 상호작용을 하고 있는지 살펴보자. “친구들과 놀아야지. 교실에 재미있는 놀잇감이 얼마나 많은데 이렇게 혼자 돌아다니니. 어떤 놀이가 하고 싶어? 함께 놀고 싶은 친구가 있니?” 교사는 유아와 상호작용하고 있지만 유아의 놀이모습을 관찰하고 지시하려고만 하지 유아와 함께 놀이를 진행하고 있지는 못하다. 또한 교실활동에 참여하지 않음으로써 교사의 개인적인 관심이 집중되고 있으므로 유아에게는 꽤나 매력적인 강화제의 역할을 하고 있다.

첫째, 선생님이나 친구들의 놀이를 관찰할 수 있는 기회를 충분히 제공한다. 필요하다면 교사가 유아와 함께 다른 친구들이 어떤 활동을 하고 있는지 관찰할 수 있다. 역할놀이에는 어떤 놀잇감들이 있는지, 친구들은 언어영역에서 어떤 게임을 하고 있는지, 쌓기 놀이 영역에 있는 친구들이 찻길을 만들고 있는데, 너라면 어떤 모양의 블록으로 만들고 싶은지, 과학영역에 있는 관찰도구들을 가지고 할 수 있는 것들은 무엇이 있는지 등에 대해 유아와 며칠 동안 시간을 보낼 수 있다.

둘째, 유아에게 필요한 것이 사회적 기술인지, 언어적 표현인지, 대 · 소근육의 훈련이나 감각기관의 활용인지 파악해야 한다. 흥미영역으로 교실을 구성하고 유아의 흥미와 요구에 따라 자발적인 선택에 의해 수업이 진행된다고는 하나 현실적으로 교실을 운영하다보면 전체 유아에게 동일한 활동을 의무적으로 강요하게 될 때가 발생한다. 손가락 근육이 충분히 발달하지 않은 상태에서는 가위나, 붓, 펜 등을 잡는 것이 힘이 든다. 만 4세 이상의 교실이라면 대부분의 유아가 충분히 성공할 수 있는 활동이지만 경우에 따라서는 그런 활동들이 자신의 능력 밖에 있을 수 있다는 것을 고려해야 한다.

셋째, 활동에 참여하지 않는 유아가 친구들의 놀이활동을 충분히 관찰했고 놀이활동에 호기심을 보이게 되면 유아가 흥미를 보이는 영역에서 친구들과 놀이에 참여하겠는지 묻는다. 만일 원한다면 놀이의 일원이 되어 참여할 수 있도록 역할을 만들어 주고 필요하다면 주변 사물을 이용하여 필요한 도구를 만들어 줄 수도 있다. 만일 한 대뿐인 자전거를 두고 친구들이 서로 타고 싶어하는 모습을 지켜보다가 자전거 타기를 원한다면 교사는 자전거 한 대를 이용해서 할 수 있는 역할을 제공함으로써 문제의 유아뿐 아니라 모든 친구들에게 상황, 역할, 사물의 가작화를 확대시킴으로써 인지발달을 확장시켜 줄 수 있다. 자전거 한 대를 가지고 할 수 있는 놀이는 너무도 많다. 자전거 수리센터, 자동차라는 가정 하에 세차장이나 주유소 놀이 등을 한다면 많은 유아들이 자전거를 타기보다는 바퀴를 고치고, 공기를 주입하고, 기름을 주유하고 세차하는 역할을 더 좋아할 것이다. 어쩌면 자전거 한 대로 한 반 유아들이 모두 한 가지 이상의 역할을 맡아야 하는 상황이 올 수도 있다.

넷째, 유아 스스로 놀이에 참여하고 진행할 수 있을 때 교사는 유아와 함께 있는 시간을 줄여나간다. 경우에 따라 교사가 곁을 떠나면 놀이를 그대로 중단하고 매달리는 경우도 생긴다. 시간을 두고 짧은 간격으로 유아 곁에서 떠나는 것이 필요하다. “퍼즐을 맞추고 있으면 미술영역의 친구를 도와주고 금방 올게.”라고 말하고 반드시 짧은 시간 후에 다시 와서 유아의 퍼즐 맞추는 것을 격려해 주어야 한다. “와! 자동차가 됐구나. 훌륭한데, 넌 어떠니?” 유아에게 활동을 끝냈을 때의 기쁨과 성취감을 갖도록 도와주고 또 다른 영역의 친구들을 도와주고 올 것을 약속한 뒤 자리를 뜬다. 이 정도가 되기까지 몇 주가 걸릴지 모르지만, 교사는 유아에게 활동에 적극적으로 참여하고 친구들과 사회적 상호작용하는 방법을 가르치고 있다는 점을 기억해야 한다.

3

CHAPTER

교수-학습의 기초가 되는 교육이념

유아의 발달과 학습과 대한 심리학 이론은 초기 유아심리학의 선구자인 로크(Locke)와 루소(Rousseau)로부터 그 전통이 내려왔으며 현대 유아교육 프로그램의 구성에 가장 많은 영향을 미치고 있다.

EPIE(Educational Products Information Exchange), 성숙적 · 자연적(Maturational-Nativist), 포괄적 · 상호작용적(Comprehensive-Interactional) 견해로 구분하였는데, 이러한 분류의 기초는 유전학적 구성, 개별적 · 환경적 영향력 및 천성과 교육의 상호작용 등에 대한 관계적 강조점에 따른 것이다. 헤드 스타트(Head Start) 운동 이후 개발된 수많은 유아교육 프로그램들은 각각 독특한 이론적 개념과 목표를 가지고 있으나 크게 나누어 보면 위의 세 가지 견해를 기초하여 분류될 수 있다.

1. 성숙주의

1) 의미

성숙주의 이론은 루소(Rousseau), 프뢰벨(Freobel), 프로이드(Freud), 게젤(Gesell) 등의 심리학적 이론을 기초로 하고 있다. 발달은 내부구조가 성숙된 결과이며 환경이 영향을 줄 수는 있으나 발달을 초래하지는 않는다고 본다. 유아들 간의 발달속도, 행동의 차이는 환경이나 경험이 아니라 유전 형질이 다르기 때문이며, 학습동기는 성숙적 준비도 수준과 조화를 이룬다고 본다. 대표적 프로그램으로는 뱅크 스트리트(Bank Street) 프로그램, 와이카르트(Weikart)의 단원 중심 프로그램, 님니히의 반응교육 프로그램, 닐(Neill)의 섬머 힐(Summer Hill) 프로그램 등이 있다.

성숙주의 이론에 기초한 프로그램에서는 유아가 자신의 학습에 적극적으로 참여하여 자발적인 학습을 하도록 도와줌으로써 전인아동으로서의 성숙을 목표로 한다. 학습은 유아들이 흥미영역에서 자유롭게 선택한 여러 가지 교구와의 구체적이고 다양한 직접 경험을 통해 이루어지므로 유아의 흥미와 발달단계에 맞는 자료를 제공해야 한다.

또한 유아의 내적 학습동기를 고양하므로 자발적 · 능동적인 탐색, 관찰, 표현을 강조한다. 일과 활동계획은 대략적이고 균형 있는 시간구성으로 유아의 욕구를 고려하면서도 활동적 · 비활동적, 집단 · 개별, 지시적 · 비지시적 활동 사이에 균형이 있다. 개별 · 소집단 활동을 통해 유아 스스로의 직접 활동을 강조하므로 구조화 정도는 낮은 편이다. 교사는 유아를 이해하고 수용하는 태도로서 상호 신뢰하는 분위기를 조성해야 하고, 유아-유아, 유아-교구 간 상호작용의 중재자 역할을 하는데, 특히 유아-유아 간 상호작용을 중요시한다. 유아의 활동에 대한 교사의 개입 · 교정은 최소한으로 이루어져야 한다.

2) 성숙주의 이론에 따른 교사의 역할

영유아의 발달과 학습은 외적 요소가 아닌 자신의 내적 계획에 따라 이루어지기 때문에 영유아 스스로 자신의 가능성을 발전시켜 나갈 수 있도록 최소한의 개입을 해야 하며, 발달수준과 적합한 경험과 환경을 제공해야 한다. 수용자, 안내자, 촉진자로서의 보육교사가 되어야 한다. 따라서 교사는 발달수준에 적합하지 않은 경험이나 특정한 학습을 강요하기보다는, 영유아가 자유롭게 학습활동을 선택하도록 지원하는 역할을 해야 한다.

영유아의 성숙수준으로 볼 때 소근육이 강조되는 활동보다는 대근육활동에 기초한 활동을 계획한다. 영유아 교육시설에서 활동을 계획할 때 교실 안에서의 작업하는 시간보다는 실외놀이 활동시간을 많이 제공하고 교실 내에서도 신체활동이 활발히 이루어지도록 보육과정을 편성한다. 교사의 역할은 영유아가 가지고 있는 가능성을 최대한 계발하도록 돕는 일이며, 성인의 관점이나 사고를 주입시키는 것이 아니라, 최소한의 개입을 통해 영유아가 스스로 성장하고 발달하도록 도와주는 것이다.

2. 행동주의

1) 의미

행동주의 이론은 로크(Locke), 손다이크(Thorndike), 홀(Hall), 현대에 와서는 스키너(Skinner)의 자극-반응 강화이론으로부터 나온 것이다(이기숙, 1984). 유아를 지식이나 내적 구조가 없는 수동적인 학습자로 가정하고 발달은 학습이 축적된 것으로 본다. 또한, 유전 · 성숙보다는 경험이 준비도나 능력을 위해 중요한 요소라고 본다. 모든 지식은 외부환경에 존재하므로 복잡한 사고가 형성될 때까지 점차적으로 전달되어야 하고 학습동기도 유기체의 외부로부터 오기 때문에 강화 · 모델링이 중요하다. 이와 같이 환경이 발달에 주도적 역할을 하는 것으로 보는데, 대표적인 프로그램으로는 학파 중심의 DISTAR 프로그램, 행동 분석 프로그램, 초등교육 프로그램(Primary Education Approach) 등이 있다.

김용숙(2008)은 로크 등의 경험주의 전통을 배경으로, 왓슨에서 비롯되어 스키너에서 완성된 행동주의를 배경으로 한 교육이론이다. 행동주의자들은 유전(성숙)적 요인의 의미를 최소화시키고 오직 기계론적 조건과 이론으로 유아의 행동 변용을 설명한다. 스티너 등은 상과 벌을 전제로 한 강화이론으로 인간행동의 계획적 변화를 주장한다. 따라서 유아의 행동발달은 강화계획에 의거하여 미래지향적인 행동형을 만들어가며 바람직하지 않은 행동은 수정하고(행동수정 이론) 바람직한 행동은 정형화시켜 간다.

따라서 유아의 자아개념, 유전적 소질, 내적 사고과정 등에 대해서는 관심을 갖지 않는다. 행동주의의 입장에서는 외적으로 관찰 가능한 인간의 행동만이 의미있는 것으로 본다. 그러므로 유아의 행동변용은 외적 환경을 적절하게 조성함으로써 바람직한 행동으로 이끌어 가는 것이기 때문에 교사가 주도하는(지시적) 반복적인 훈련이나 전이는 교육의 중요한 수단이 된다. 행동주의 프로그램들의 특징은 전통적으로 학문이나 기술의 습득과 학교에서의 성공에 초점을 두고 언어적 체험을 통해 지적 발달을 촉진하는 것으로 되어 있다. 그러면서도 어떤 프로그램은 유아의 사회적 기술이나 외국어, 음악적 기술, 운동 기술 등의 습득을 강조하기도 한다고 했다.

이기숙(1984)은 행동주의 이론에 기초한 프로그램들은 의사전달, 사고기술 및 학문적 기초형성을 목표로 한다. 학습전개를 보면 교과를 지식의 근원으로 단순화·순서화시키고, 점진적 발달을 위해 미리 계획하여, 세부적 목표를 강조한다. 학습활동은 단일 활동을 중심으로 읽기·쓰기·셈하기를 위한 개념과 규칙을 지시적·반복적 교수형태로 가르치는데, 정확한 언어 사용과 논리적 문장훈련은 인지적 발달을 위한 중요한 수단, 방법으로 간주하여 대부분의 교수는 언어로 한다. 일과활동계획 및 운영은 교수에 중점을 둔 시간구성으로 각 활동의 단위는 15~20분 정도이다.

유아의 준비도, 능력, 수준에 따라 또는 유아의 상태, 물리적 환경, 활동의 종류에 따라 융통성은 있으나 일정한 계획에 따른 획일적 일과의 운영이므로 구조화의 정도가 아주 높다고 볼 수 있다. 교사의 역할은 강화·조절·모델링을 통해 바람직한 학습과 행동이 일어나도록 지도·교정·훈련하는 것이며, 유아-교사의 상호작용을 중요시한다고 하였다.

2) 행동주의 이론에 따른 교사의 역할

행동주의에 기초한 보육과정에서는 영유아기에 필요한 습관 및 행동 형성을 중요한 목표 중 하나로 보고 있다. 이에 교사는 행동주의 이론에서 강조하는 강화, 보상, 모방 및 관찰, 반복학습 등의 방법을 통해 영유아기에 형성해야 할 기초생활습관을 비롯하여 협동하기, 나누기와 같은 바람직한 행동 형성에 대한 교육적 접근이 이루어질 수 있도록 한다. 행동주의 이론은 유아의 바람직한 행동에 대한 강화를 줌으로써 바람직한 행동의 빈도를 높이고, 바람직하지 않은 행동이나 실수를 줄이는 데 관심을 두고 있다. 따라서 교사는 영유아의 적응행도의 빈도를 높이기 위해 직접적인 교수, 구체적인 보상 그리고 칭찬과 같은 사회적인 인정 등의 방법을 활용해야 한다. 교사는 영유아의 긍정적인 행동 조성과 학습을 위해 강화할 방법을 정확하게 인식해야 한다. 영유아의 학습에 있어 교사는 훌륭한 모델링이 되어야 한다. 교사들은 본보기를 보여 줌으로써 교육한다는 사실을 알고 있지만, 모델링의 중요성을 간과하는 경향이 있다.

영유아는 의미 있는 사람의 행동을 관찰하고 모방함으로써 새로운 행동을 획득하기 때문에 교사는 영유아가 관찰을 통해 모방할 수 있는 모범적이고 긍정적인 모델 역할을 해야 한다. 이렇듯 교육의 결정권자로서의 교사의 역할이 강조된다. 행동주의 이론에서는 영유아의 마음을 백지(白紙)로 보고, 영유아에게 어떤 외적 강화가 주어지느냐에 따라 발달 양상이 좌우된다고 주장한다. 따라서 교육과정을 계획하고 구성하는 역할을 담당하는 보육교사 역할의 중요성이 무엇보다도 강조된다. 이에 교사는 영유아의 보육 내용에 대한 결정과 책임을 져야 하며, 교육과정과 프로그램의 적절한 구조화를 통해 바람직한 학습 결과를 가져올 수 있는 가장 효율적 방법을 모색해야 한다.

3. 상호작용주의

1) 의미

상호작용적 관점은 블룸(Bloom), 피아제(Piaget)의 인지발달이론에 의한 것이다. 발달은 환경과의 계속적인 상호작용의 결과이므로 유전과 환경을 모두 중요시한다. 흥미와 지속적 참여도는 바람직한 인지적 연결을 보여 준다고 가정한다. 대표적인 프로그램으로는 몬테소리(Montessori) 프로그램, 영국의 개방학교 프로그램, 인지 중심 프로그램, 시러큐스(Syracuse)의 반응교육 프로그램 등이 있다.

상호작용적 관점에서는 유아의 인지구조발달과 사회 · 정서적 성숙을 통한 전인격적 성장을 목표로 한다. 어떤 특정한 지식, 학문적 기능, 행동의 습득은 장기적인 발달에 영향을 주지 않는다고 보고 중요시하지 않으며, 분류 · 순서 짓기 · 일반화 등의 활동을 통해 질서와 관계를 발견하도록 한다. 또한 모든 지식의 기초가 되는 인지구조는 물리적 · 사회적 현상에 대한 총체적이고 일반적인 경험을 통해 이루어지므로 모든 종류의 경험을 강조한다. 일과활동계획은 유아의 독립적 활동의 발달을 강조하는 개방적 시간표(Open Time Schaduling)로 운영된다.

또한 다양한 선택권을 가지고 흥미 있는 세계의 현상에 지속적인 탐구를 하도록 인습적 놀이시간이나 교과시간, 휴식시간 등에 의해 방해받지 않게 한다. 교사는 유아–유아, 유아–교구 간 상호작용을 원활히 할 수 있도록 촉진, 격려해주고, 유아가 환경을 조절하고 문제해결을 하도록 도와주어야 하며, 유아의 의사결정 및 선택에 대하여 책임감을 갖도록 격려해야 한다. 교사의 개입은 특정한 목적이 있을 때 개별 · 소집단에게 제공된다.

이상과 같이 유아교육 프로그램들은 발달과 학습에 대한 세 견해에 기초하여 자기 목표, 학습전개, 일과활동계획 및 운영, 교사의 역할 등을 결정하고 있다. 그런데 각 유형에 따라 교수 · 학습의 형태와 강조점이 다르기는 하나, 전체적으로 집단의 형태에서 개별, 소집단으로 활동이 이루어지고 있음을 알 수 있다.

또한 행동적 · 환경적 견해에 기초한 프로그램을 제외하고는 유아의 흥미와 요구에 따른 내적 동기를 중요시하여 일과활동계획 및 운영에서 능동적 · 자발적인 활동의 계획, 선택을 할 수 있도록 의사결정의 기회를 주고 있고, 구체적인 교구를 비롯하여 주어진 모든 환경이 유아들의 학습경험과 탐구활동의 매개체가 되고 있으며, 이를 통해 각 유아들이 개인적인 의미를 찾도록 하고 있음을 알 수 있다. 이는 유아의 내적 동기 유발과 흥미를 존중하고 능동적 참여를 강조함으로써 자율적인 사고능력과 창의성을 기를 수 있고, 자신의 능력을 최대한으로 개발하는 데 도움을 주므로 교육목표의 달성에 보다 효과적이기 때문이라고 본다.

2) 상호작용주의 이론에 따른 교사의 역할

사회적 발달과 사회적 기술 획득의 시작은 2세 정도부터 시작된다. 12개월에 사회적 발달과 사회적 기술의 획득 시기에 돌입하는데, 이 시기가 되면 걷기 활동이 능숙해지면서 운동능력발달이 능숙하고 정교해지는 과정에 있고, 자신이 의도하는 것의 탐색에 접근이 용이하며 타인과의 접촉 또한, 용이해진다. 적극적인 신체적 움직임과 탐색이 활발해지면서 사회적 관계가 확대되어 자연스럽게 또래와 성인과의 접촉을 통해 상호작용을 도모하면서 사회적 관계형성을 가져오며 정서조절 및 발산을 통해 세상에 적응해 나갈 능력이 발달하게 되는 것이다. 따라서 신체활동을 통해 움직이고자 하는 욕구를 발산시켜주고, 여러 상황에 대처하는 경험을 통해서 자신을 조절할 수 있는 능력을 성장시켜야 할 것이다.

신체활동은 또래와의 상호작용 기회와 성공적 경험을 통한 정서적 만족감을 제공함으로써 사회정서적 적응을 위해 필수적이다. 2세에는 점차 운동능력이 증진됨에 따라 신체활동을 경험하며 또래와 어울려 규칙을 지켜 놀이를 하게 되는데, 이러한 과정에서 자연스럽게 걷기가 시작되고 사회성이 증진된다. 또한 신체활동을 통하여 자신의 감정을 표출하고, 성인과 또래와의 상호작용을 통하여 친밀감을 형성하게 되어 정서발달을 꾀할 수 있다. 즉, 신체활동을 통해 운동능력발달과 더불어 또래와의 접촉이 빈번하며 성인, 또래와의 상호작용을 통해 사회정서발달의 기틀을 마련할 수 있다.

유아는 놀이를 하면서 끊임없이 움직이는데, 이는 단순히 움직이는 것이 아니다. 유아는 놀이를 하면서 느끼고, 생각하고 움직이며 운동경험을 통해 자신의 행동을 바꾼다. 이처럼 신체활동을 모든 움직임으로 정의하였을 때 놀이와 신체활동은 관련이 있다고 볼 수 있다. 유아는 유아교육기관에서 에너지 소비의 대부분을 신체활동놀이에 사용하고 있다. 이것은 유아의 신체활동이 놀이로서 나타남을 짐작할 수 있다. 그렇기 때문에 교사는 유아의 신체활동을 이해하기 위해 놀이상황에서의 신체활동에 대한 이해가 선행되어야 할 것이다.

4. 구성주의

1) 의미

유아교육과정에 관한 이론은 크게 철학적 이론과 발달이론에 바탕을 둔 심리적 이론에 기초를 두고 있다. 그중 구정수의 유아교육 이론은 철학적으로 진보주의 철학, 심리적으로는 상호작용론에 바탕을 두고 있다(양옥승 외, 2002).

진보주의 철학은 듀이의 사상에 기초하며 피아제, 몬테소리, 콜버그, 카미 등의 사상과 같은 맥을 이루고 있다. 진보주의 관점에서는 인간의 사고와 행동은 물리적 · 사회적 환경과 주체적인 인간과의 부단한 상호작용에 의해 영향을 받는다고 하며 이 사상은 유아들의 흥미에 기초한 자유놀이활동과 흥미영역, 일상생활과 관련된 여러 가지 활동, 지역사회와의 연계를 위한 헌장 견학 등을 유아교육과정에 도입하는 계기를 마련하였다(이원주, 2002).

상호작용론은 피아제, 듀이, 콜버그, 카미, 와이카트 등의 이론에 기초하며 유아의 독특성, 능동성, 자발성, 창의성에 초점을 두고 있으며, 교사나 성인에 의해 마련된 인적 · 물적 환경과 유아와의 상호작용을 통해 전인적 발달을 지향하는 것으로 연령보다 적절한 경험을 발달의 필수요소로 보고 유아의 개별적 행동을 통한 내적인 인지구조의 계속적인 변형, 사회적 · 물리적 환경과의 상호작용을 통하여 계속해서 인지구조를 재구조화하는 것을 목표로 한다.

진보주의 철학과 상호작용론에 바탕을 둔 구성주의의 관점에서는 한 사물이나, 현상에 대해 서로 다른 의미와 견해를 가지고 있음을 인정하며 학습에 있어서도 주어진 지식들을 수동적으로 획득하는 것이 아니라 자신의 기존의 학습을 바탕으로 경험에 비추어 해석하고 새로운 지식을 창출, 습득해 나간다고 본다. 즉, 이는 학습은 학습자 개개인에게 초점이 맞추어져야 하고, 그들의 생활 중심에서 이루어져야 한다는 것을 암시하며 학습은 학습자 스스로에 의해 능동적으로 구성된다는 것을 핵심으로 한다.

구성주의 교육은 학생들의 학습과 이해에 초점을 맞춘 교수 접근법을 제시하며 최근 국내외 교육학계에 유행이 되고 있는 유아교육의 구성주의적 접근은 이러한 교육적 유행에 앞서 1980년대부터 유아교육자들에게 친숙해져 왔으며 피아제 이론에 기초한 이론의 주류를 이루고 있다(김선영, 2001).

1980년 이후부터 구성주의 유아교육 이론은 피아제 이론의 구성적 측면을 강조하여 해석함으로써 교육적 목적을 도덕적 자율화, 탈중심화, 새로운 구성을 하게 하는 목적적 활동을 솔선하게 하는 것에 두게 되 있다. 구체적으로 유아의 인지적, 도덕적, 사회·정서적인 영역에의 발달을 통한 인성의 충분한 발달과 생득성의 발달에 목표를 두고 있다고 할 수 있다.

피아제 이론의 유아교육에 대한 적용으로 널리 알려진 카미는 피아제이론에서 도출되는 교수-학습 원리를 다음 3가지로 제시하였다.

첫째, 지식은 유아 자신으로부터의 구성이므로 학습은 유아의 능동적인 과정이어야만 한다.

둘째, 유아들은 타 유아와의 상호작용을 통하여 자기 중심적 견해에서 벗어날 수 있으므로 유아의 지적 발달을 위해서는 유아 간의 사회적 상호작용은 유아와 교사와의 상호작용만큼 중요하다.

셋째, 지적 발달은 언어보다는 실제적인 경험에 우선적으로 기초하므로 교사의 일은 적절한 시간에 적절한 질문을 하여 유아가 자신의 지식을 구성할 수 있도록, 학습자가 무엇을 이미 알고 있는지 그리고 어떻게 추론하는지를 알아내는 것이다.

이러한 교수-학습 원리는 드브리어스와 콜버그에 의해서도 제시되고 있는데 구성주의 유아교육은 유아의 지식 구성에 초점을 맞추므로 유아의 사고와 사고의 발달에 대한 지식에 근거하여 유아의 자발적 노력을 북돋워주는 것을 잊지 말아야 하고, 유아는 흥미로 인한 동기화를 통해 학습함을 인지하여야 하며, 유아의 지식의 원천과 행동을 위한 추론의 원천으로서 자신의 행위와 타인과의 상호작용이 반드시 있어야 하므로 자율성이 강조되어야 한다고 하였다.

2) 구성주의 이론에 따른 교사의 역할

현재 우리나라에서 구성주의에 관한 대부분의 관심은 인식론적 틀에는 변화가 없으면서 구성주의를 단지 교수전략, 교수법으로만 받아들이려는 태도에 속하고 있다. 하지만 구성주의는 교수법이 결코 아니다. 그것은 인식론에 대한 이론이다. '구성주의'라는 용어가 나타내듯이, 구성주의는 무엇인가를 구성하는 이론이다. 이때 '무엇인가'에 해당하는 것은 바로 '지식'으로서, 지식의 구성, 지식의 형성과 습득을 의미한다. 그렇기 때문에 구성주의는 인식론적 이론이다. 일단 구성주의적 인식론에 이해가 전제되어야만 그 이후에 전개되는 질문들, 곧 왜 수업은 학습자 중심적으로 전개되어야 하는가? 왜 교사들은 학습자들에게 확산적 사고를 요구하는 질문을 해야 하는가? 왜 소그룹학습활동이 중요한가? 등에 대한 설명이 의미있게 받아들여질 수 있다. 기존에 받아들여지던 이원론적 입장에서 탈피하여, 구성주의의 인식론에서는 총체주의적 입장을 취한다. 슈미트의 표현을 따르면, 구성주의는 "진리의 소유에 기인하는 오만함을 박탈"하고 대신 "이 세계를 파악하는 어떤 길이 실행 가능한지, 유용한지, 영향력이 있는지"를 자문하는 이론이다.

구성주의적 관점에서 보면 학습은 학습자들이 자신이 위치한 물리적 · 사회적 세계와 능동적으로 상호작용하는 해석적, 순환적, 구성적인 의미 만들기의 과정이다. 학습은 지식의 단순한 획득과 재생산과정이 아니라 능동적인 구성적 과정이며, 인지적 과정일 뿐만 아니라 사회적 · 문화적 과정이다. 요컨대, 주어진 상황에서의 개인의 주관적 경험과 사회적 상호작용을 통한 의미구성이 곧 학습이다. 지식의 구성이 반드시 외부 세계와 대응되는 것이 아니라, 학습자가 직접 외부 세계에 대한 의미를 구성한다는 점에서 그야말로 적극적이고 능동적인 학습자관을 택하고 있다.

학습자들은 마치 빈 그릇과 같아서 그 속에 무언가를 담아 채우기만 하면 되는 것이 아니라, 맥락에 적합한 의미를 탐색, 추구하는 능동적인 유기체이다. 따라서 교수-학습의 중심은 당연히 구성의 주체인 학습자에게 있다. 무게 중심만 학습자에게 있는 것이 아니라, 자신의 세계를 직접 구성할 수 있는 재량이 학습자에게 주어진다. 공부 내지 학습하는 삶의 주체가 바로 학습자들인 것이다. 무엇을 학습할 것인지를 결정하는 것은 교사가 아니라, 학생 자신의 목적과 기대에 달려 있다. 자신에게 의미 있는 삶을 살 수 있도록 도와주어야 한다. 교사가 설정한 목적이나 목표도 나름대로 도움이 되긴 하지만, 그것만으로는 바라는 학습이 이루어지리라는 것을 보증할 수 없다. 학습자가 수업목적을 자신의 것으로 이해하고 받아들이지 않는다면, 학습에 큰 영향을 미치지 못하기 때문이다.

교사는 유아들에게 다양한 활동과 자료 중에서 선택할 수 있는 기회를 제공함을 명심해야 한다. 구성주의 이론에 적합한 학습방법을 실천할 때 교사가 해야 할 역할은 다음과 같다.

첫째, 유아교사가 교육현장에서 유아를 지도할 때, 관심을 기울여 지켜나가야 할 수업 운영의 유의점은 다음과 같다. 항상 구체적인 목적을 가지고(어떤 개념형성을 위한, 태도형성을 위한 기능을 발전시키기 위한) 유아의 활동을 계획한다. 각 활동을 위한 가장 적절한 장소를 선택하여 활동을 위한 자료들을 적절하게 제시, 배치한다. 활동을 위한 자료는 유아 개인에게 충분하게 골고루 혜택이 가도록 준비한다.

그리고 유아들이 볼 수 있는 곳에 자료들을 놓아둔다. 자유선택활동시간에 교사는 한 곳에 머물러 있지 말고 유아들의 활동에 각각 적절한 도움과 칭찬을 해준다. 도움을 줄 때는 유아들의 요청에 대해서만 도움을 주고, 요청도 유아가 할 수 있다고 생각되면 어떻게 하는지의 방법을 제시하고 유아가 스스로 해내도록 지도한다. 칭찬을 할 때도 유아가 무엇을 칭찬받고 있는지를 정확하게 알고 그 칭찬을 받을 수 있게 한다. 그러므로 항상 칭찬은 행동에 대한 것이어야 한다(열심히, 끝까지, 성실히, 협력, 창의성 등에 대한 칭찬을 하도록 한다).

둘째, 유아들을 다른 아이와 비교해서는 안 된다. 각각의 개인차가 있음을 지각하고 각각의 능력에 대해 꼭 알맞은 칭찬을 해준다(유아기는 신체, 정서, 인지, 언어, 사회성 발달 등이 현저히 다르다).

셋째, 교사의 태도는 분명해야 한다. 항상 따뜻하고 명랑하게 대하면서 유아들이 꼭 따라야 하는 규율에 대해서는 매우 단호하게 대해야 한다. 이러한 점에 있어서 교사의 행동이 우유부단해서는 안 된다. 그리고 유아의 호기심을 자극하는 활동에 필요한 시청각 자료를 정리하여 밖으로 내보이지 않게 바구니, 상자, 주머니, 보자기 속에 준비해 둔다.

넷째, 모여 앉을 때 유아들이 모두 교사를 잘 볼 수 있게 자리를 정하고, 또 교사는 각 유아들에게 시선을 골고루 주는 위치에 앉는다. 유아들은 교사와 시선이 마주치면 더욱 집중하고 또 흥미도 지속된다(눈의 마주침은 서로의 관심을 나타내는 한 방법이다. 보지 않는다는 것은 관심이 없다는 뜻이다). 교사는 유아와 마주 앉아 활동을 시작하기 이전에 모든 유아의 주의를 집중시키고, 유아와 이야기할 때 유아의 눈높이에서 눈을 바라보고 이야기할 수 있어야 한다. 유아는 교사의 시선이 마주치지 않을 때는 딴 행동을 한다. 교사의 관심 밖에 자신이 있다고 생각한다.

다섯째, 교사는 유아의 이름을 정확히 알고 필요한 때는 항상 유아의 이름을 부르면서 모든 일을 진행시켜 나가야 한다. 유아에게 질문을 할 때, 심부름이나 지시를 할 때, 칭찬이나 야단을 칠 때, 도움을 줄 때도 이름을 부른다. 그리고 기준을 세운 후 교사는 명확하고 상세한 지시를 한다. 즉, 교사가 바라는 유아들의 행동이나 활동이 어떤 것인지를 이야기하고 그것을 이해하고 할 수 있도록 하는 기준을 세우는 것이다.

여섯째, 가끔 교사는 유아들의 주의를 교사에게 집중시키기 위해서 유아를 바라보거나 유아가 대답할 수 있는 질문을 한다든지, 유아가 따를 수 있는 지시를 한다. 교사가 기대하는 행동을 유아가 했을 때는 칭찬을 한다. 긍정적 강화로 웃거나 잘했다고 말해 주거나, 등을 두들겨 주거나, 유아의 이름을 불러준다. 이는 교사의 관심을 유아에게 전하는 방법이 된다.

일곱째, 유아에게 제시되는 활동에 관해서는 최선을 다해야 한다. 그리고 유아들에게 시도하려고 하는 활동은 가능한 한 놀이접근법을 사용한다. 교사는 활동이 끝나야 한다고 생각되는 때를 결정한다. 활동의 중지 시기는 활동에 대한 흥미가 남아 있을 때 한다. 왜냐하면 한번 한 활동이라도 다음에 그 활동을 다시해보기를 원하게 하기 위해서이다. 한번 할 때 유아들이 진력이 날 때까지 하면 그 활동에 대해 유아들로 하여금 지겨운 인상을 준다. 끝내는 시기는 활동의 중간이나 한참 열을 올리고 놀이에 집중하고 있을 때는 지난 후이어야 한다. 유아들의 놀이가 무르익어 가는 도중에 놀이를 끝내면, 유아들의 심리상태에 적절하지 않을 뿐만 아니라 다음 활동의 진행에 방해를 받는다. 교사가 활동을 끝낼 것을 결정하면 사용했던 자료를 정리하고 다음의 활동을 미리 알려 준다.

그리고 알려 준 다음의 활동준비를 시킨다. 율동을 한다면 넓은 공간을 준비한다든지, 동화를 듣는다면 의자를 준비하거나 혹은 조용한 자리에 앉는다든지, 게임을 한다면 그것에 적절한 장소와 준비물을 준비하게 한다.

교사는 계획한 활동 외에 여분의 활동을 준비하고 있어야 한다. 계획대로 활동이 진행되지 않거나, 계획한 모든 활동이 끝났으나 시간이 많이 남는다든지 할 때 유용하게 활용할 수 있게 하기 위해서 필요하다. 항상 빠듯하게 계획하지 말고 넉넉하게 준비하는 것이 교사의 마음에도 안정감이 있다. 한 가지 활동을 하다가 그 활동이 유아들에게 어렵거나 수비거나 할 때도 준비해 둔 다른 활동으로 즉시 대처할 수 있는 이점이 있다.

2

PART

교사와 영유아 상호작용

4

CHAPTER

영유아 교수-학습모델

1. 직접교수모델

1) 설명법

설명법은 사전에 교사가 계획한 학습과정에 따라 영유아에게 직접 관련 지식을 설명하는 방식으로 진행되는 교수–학습방법이다. 설명법에서 교사는 영유아에게 특정 지식을 설명해주고 활동이 끝날 때쯤 다시 교사가 관련 지식을 요약정리해주는 것으로 마무리하기 때문에 설명법은 교사 중심적 교수학습방법이라고 볼 수 있다. 설명법을 진행하기 위해서는 교사의 설명을 듣는 영유아가 일정 이상의 인지발달을 이룬 상태인지 확인해야 하는데, 이는 교사의 설명을 듣는 영유아의 인지수준이 낮을 경우 교사의 설명을 전혀 이해하지 못할 수 있기 때문이다. 따라서 일반적으로 설명법은 교육현장에서 자주 사용되는 교수학습방법은 아니라고 볼 수 있다.

설명법의 장점은 다음과 같다.

첫째, 교사는 비교적 짧은 시간에 많은 아이들을 대상으로 한꺼번에 많은 지식을 전달할 수 있다.

둘째, 설명법은 지식의 전달이 매우 용이하고 교재의 내용을 보완해 준다는 장점이 있다.

셋째, 교사는 아이들이 필수적으로 교육받아야 할 내용을 세밀하게 전달시킬 수 있다.

설명법의 단점은 다음과 같다.

첫째, 영유아는 교사가 말하는 속도에 따라 학습을 해야 되기 때문에, 속도를 따라가지 못하는 영유아는 학습활동에 지장을 받을 수밖에 없다.

둘째, 교사는 영유아의 개별적 욕구에 부응한 교육을 진행할 수 없다.

셋째, 영유아는 토의할 기회나 질문할 기회를 쉽게 포착하지 못하게 되어 사고하는 데 한계가 있을 수 있다.

넷째, 설명법은 교사 중심 교수학습방법이기 때문에 영유아는 학습 내용을 잘 이해하지 못하거나 학습과정에 집중하지 못할 수 있다.

설명법은 교사 중심 교수학습방법이기 때문에 집중력이 부족하고 인지수준이 낮은 영유아를 대상으로 활용하기에는 장점보다 단점이 많다. 따라서 교육현장에서는 설명법 활용을 주로 하기보다는 보조적 역할로 활용한다.

2) 개념학습법

개념학습법이란 귀납적 교수학습방법으로서 영유아의 개념형성과 이해를 돕고 가설검증의 기회를 통해 아이들의 분석적 사고역량을 돕는 방법이라고 볼 수 있다. 개념학습법에서는 가능하면 영유아로 하여금 직접 만져보거나 경험할 수 있는 구체적인 기회를 제공하길 권장하고 있고, 이미 조직된 형태의 개념을 아이들에게 제시하기보다는 예시를 제시하고 영유아가 스스로 규칙을 찾아내도록 해야 한다. 개념학습법에 의한 교수학습방법의 예시는 다음과 같다.

〈탐구영역〉
여러분, 지금 여러 도형 중에서 차이점을 알 수 있나요?
이것은 원에 속할까요? 아니면 네모에 속할까요?
어떤 도형이 원에 속할까요?
왜 그렇게 생각하나요?

개념학습법시 교사는 영유아의 정보처리과정을 도와줄 수 있어야 하고, 분류나 변별기능을 가르침으로써 영유아의 개념학습이 온전히 진행될 수 있도록 해야 한다. 영유아의 개념형성이나 획득은 활동과정에서 새롭게 경험하는 활동의 일부분이 되어야 한다. 영유아로 하여금 생각할 기회를 제공하고 경험할 기회를 제공하는 이른바 영유아 중심 교수학습방법이라는 부분에서 보육현장에서는 개념학습법을 중심으로 교수학습을 진행할 필요가 있다고 생각한다.

2. 간접교수모델

1) 탐구학습법

탐구식 문제해결법은 교사가 아이들이 흥미 있어 할 만한 주제를 선정해주고, 교사의 지도에 따라 아이들이 가설을 세운 다음 그러한 가설을 입증하는 과정을 통해 지식을 습득하게 되는 교수학습방법을 의미한다. 교사는 탐구식 문제해결법에 있어 영유아의 능력에 따라 조사하기나 수집하기와 같은 활동 내용을 구별하여 제시해 줄 수 있어야 한다.

탐구할 내용이 너무 많지 않고, 아이 스스로 탐구를 완수할 수 있는 난이도로 계획하고 탐구 주제는 해결방법도 함께 제시해 줄 수 있어야 한다. 또한 이후 학습과정과의 연계를 주안점에 두고 탐구활동이 진행될 수 있도록 해야 한다.

탐구식 문제해결법은 프로젝트 접근법과 흡사한 점이 많다고 생각하며, 유아들이 주가 되어 학습과정을 완수한다는 점에서 그 활용가치가 매우 큰 교수학습방법이다.

2) 문제해결학습법

문제의 정의를 살펴보면 문제(problem)는 하나의 목표에 다다르기 위한 과정에서 장애물이 존재하는 상황으로 어려움, 긴장상태, 혼란, 의혹을 일으키는 실제적인 상태를 말한다. 유아가 해결하려는 목표나 결론이며, 유아가 목표를 성취할 수 없을 때 경험하는 갈등의 형태이기도 하다. 즉, 문제는 갈등이나 혼란을 일으키지만 목표를 성취하기 위한 출발점으로 이해할 수 있다. 이러한 측면에서 문제해결(problem solving)은 여러 가지 문제에 대하여 실행 가능한 해결방안(solution)을 찾아가는 과정이다. 유아들은 문제를 해결하기 위하여 다양한 사고와 개별성이 요구되며, 문제의 유형에 따라 창의적인 문제, 귀납적 문제, 판단 문제, 추리 문제 등으로 분류하여 해결방안을 모색할 수 있다.

문제해결법은 지식에 기반을 두고 있다. 외부에서 볼 때, 교육의 주요한 목적은 조직화된 지식을 축적하는 것이 되어야 한다. 비록 단순히 지식만으로 문제해결 기술을 보장할 수는 없지만, 문제해결은 충분한 지식 기반이 없이는 불가능하다. 따라서 지식을 제공하려는 수업은 빠를수록 좋다. 물론 학습자의 연령에 맞는 이해 수준의 지식으로부터 시작해야 한다.

문제해결과정은 조건-행위 쌍으로 되어 있는 산출체계에 의해 대부분 적절히 표상된다. 선언적 지식은 절차들로 전환될 필요가 있다. 산출 세트의 개발과 사용은 문제의 특별한 표상과 목표상태가 학생들을 위해 모형화될 필요가 있다는 것을 의미한다.

일반적으로 여러 학자들에 의해 다음과 같이 6가지 방법으로 제시될 수 있다.

1단계는 문제가 무엇인가를 파악하여 명료하게 해야 하고, 학습 상황에 따라 교사는 그 학습에서 다루기에 적합한 문제들을 만들기도 해야 하는 '문제의 인식' 단계이다.

2단계는 문제에 수반되거나 관계되는 요인들을 파악하기 위해서, 그리고 의문에 대한 답을 찾기 위해, 어떤 영역에는 무슨 정보가 필요한지 알 수 있는 관련 자료를 수집해야 하는 '자료 수집' 단계이다.

3단계는 문제해결을 위해 인지된 요인들의 정보를 효율적으로 획득하기 위해 심화된 질문과 토의를 통해서 학급이 이미 소유하고 있는 정보를 파악하는 '자료의 비교, 검토' 단계이다.

4단계는 문제해결을 위해 수집한 정보의 사용법을 지도함으로써 문제해결이 가능한 방안을 찾는 '문제해결방안 검토' 단계이다.

5단계는 임의해결방안 또는 대체방안을 선택하는 '문제해결방안 선택' 단계이다.

마지막 단계는 제안된 해결방안을 유아가 시험해 보고, 그 결과를 평가하여야 하고 실제 상황에서 적용, 시험해보는 '시험 및 결과 평가' 단계이다.

문제해결에 포함되는 수행과정에는 선형적이지도 않고, 항상 순차적인 방법으로 진행되는 것도 아니며, 그것들은 상호작용적이고 나선형이며 점진적인 변화에 의해서 그리고 통찰의 번뜩이는 것에 의해서 진행이 이루어진다. 즉, 문제를 해결하는 과정은 유아들이 지속적으로 사고하고 손으로 행하는 활동 사이의 상호작용이라고 본다. 문제해결학습법의 특징은 다음과 같다.

첫째, 비구조적 문제(Ill-structured Problems)로 학교에서 다루어지는 문제는 구조적인 문제들로서, 유아들은 문제가 무엇인지 알고 있으며 정답이 주어졌을 때 그것이 정답이라는 것도 안다. 그러나 비구조적 문제는 구조적 문제해결과는 달리 문제를 찾아내고 필요한 정보를 검증하며 실행계획을 세우는 과정을 필요로 하는 것이다.

둘째, 실제성(Authenticity)은 문제 중심 학습환경에서 문제는 실제 생활과 관련된 문제가 제시된다. 유아들에게 세부적이고 아주 구체적인 맥락의 문제가 주어지면 주제에 대한 정의를 내리고, 가설을 설정하며, 자료를 찾고 경험하며, 해결안을 개발하고, 문제해결과정의 효과성에 대하여 평가한다.

셋째, 자기 주도적 학습(Self-direction)은 소집단 또는 학급 전체 집단으로 학습하기 위하여 유아들은 정보를 찾고 학습하기 위한 책임 분담을 하며, 문제해결과정과 전략을 통하여 자신들에게 맞는 방법을 선택해야만 한다.

넷째, 협동학습(Cooperative teaming)은 집단으로 문제를 해결해 가는 과정에서의 갈등은 개인적 사고를 개발하는 데 도움이 되고, 차이점이 발생했을 때 유아들은 각자의 관점에서 정당화하고 협력하게 되며 이러한 과정을 통해 오개념을 찾아내고 바람직한 해결안을 도출하게 된다.

3) 협동학습법

협동학습이란 집단상황에서 집단구성원들 간의 긍정적인 상호의존을 바탕으로 하여 동일한 학습목표를 향해 구성원들이 함께 활동하는 학습방법이다. 소집단학습이 일반적인 강의를 통해 이루어지는 학습보다 효과적이며 학습 내용을 오래 기억하게 하는 데 도움이 된다.

집단구성원들 간의 토의 및 서로의 생각에 대한 평가와 명료화가 이루어지기 때문에 비판적 사고가 촉진된다. 협동학습은 학습 내용을 배우는 것 뿐 아니라 집단구성원들 간의 우정, 책임감, 존중의 중요성을 깨닫게 하기도 하며 개별적인 학습보다 성공적인 학습결과를 얻을 가능성이 높아 학습동기 유발에도 유리하다.

협동학습은 집단구성원들 간의 직접적인 면대면 상호작용이 있어야 하며 집단은 주어진 학습과제 수행을 촉진할 수 있어야 한다. 협동학습이 제대로 이루어지려면 구성원들이 대인관계와 집단에서의 관계를 원만하게 유지하는 데 필요한 사회적 기술을 가지고 있어야 한다.

협동학습을 하는 상황에서 집단은 함께 일하고 구성원들끼리 서로 지원하며 공동의 목표를 가지고 일을 분담하고, 교구 · 교재나 정보를 구성원들과 공유해야 한다. 협동학습을 할 때 집단구성원 개개인은 모두 주어진 학습과제를 충분히 파악하고 자신이 맡은 역할을 충실히 하여 집단에 대한 책임감을 다해야 한다. 협동학습을 하는 소집단 구성원들은 학습과정과 결과를 함께 되돌아보고 서로 의견을 나누며 함께 평가해야 한다. 협동학습의 실행순서는 다음과 같다.

① **학습에 대한 안내** : 유아들에게 학습 내용을 안내하고 어떤 순서에 의해 어떤 활동을 할 것인지 알려준다. 이 단계에서 교사는 학급 전체를 대상으로 직접 설명하거나 다양한 교수매체를 활용하여 정확하게 내용을 전달하고 유아들이 학습활동에 흥미를 갖고 동기를 유발하도록 한다.

② **소집단활동** : 소집단은 4~6명의 아동으로 구성하는데, 성별, 성격, 인지적 능력 등을 고려하여 다양한 구성원으로 이루어지도록 한다. 그 다음에는 구성원끼리 역할을 정하게 한다.

③ **평가** : 학습결과물을 발표하는 기회를 준다. 교사는 유아들의 학습활동 결과에 대한 보상을 해 주고 전시영역에 결과물을 게시한다.

영유아를 대상으로 하는 협동학습은 우선 또래와 함께 자유로운 신체활동을 할 수 있다는 점에서 의의가 있다. 친구와 이야기를 하고 얼굴을 맞대고 주제에 대한 생각을 나눠볼 수 있다는 점에서 또래와의 관계 향상에 도움을 준다. 또한 구성원인 또래끼리 탐구와 토론을 통한 학습과정에서 영유아들이 능동적으로 깊이 참여하도록 해주며, 집단의 사고를 통해 문제를 해결함으로써 상호작용을 할 수 있다.

영유아들은 공동의 목표를 위해 마음과 힘을 합쳐 목표를 달성하려 할 것이고 이러한 활동을 습득함으로써 집단활동에 대한 사회성을 길러줄 수 있다. 모둠활동으로 인해 자기 혼자만의 생각이 아닌 또래의 대화에 귀를 기울이고 배려심을 갖게 해주는 것이다. 교사는 수업을 시작하기 전, 모둠활동에 대한 주의사항을 미리 고지한다. 평가 시 교사는 편파적이지 않으며, 수업 전반에 걸친 종합적인 평가를 하여야 한다. 평가가 마지막에만 이루어지는 것이 아니라, 영유아들의 전체활동을 관찰한 뒤 이루어져야 한다.

특별한 점이 있다면 기록을 하고, 궁금한 점이 있으면 질문을 하여야 할 것이다. 창의적인 아이디어가 도출되었는지, 내용이 짜임새가 있는지, 모둠원 모두가 적극적으로 참여했는지 여부를 유의사항으로 보면서 평가하면 좋을 것이다. 교사는 아동에게 완벽한 결과물을 얻는 것보다 협동학습과정에 의미가 있음을 상기시켜주고 모둠별 완성작품을 전시하여 모둠의 결속력을 다져주고 칭찬과 격려를 아끼지 않는다면 영유아들의 모둠원 활동이 즐겁고 원만하게 마무리될 수 있으리라 생각한다.

3. 프로젝트 접근법

1) 프로젝트 접근법의 개념

프로젝트란(project)란 "생각한다", "연구한다", "구상한다" 등의 다양한 의미로 쓰인다. 이런 의미에서 따온 프로젝트법은 구체적으로 실현하고 형상화하기 위하여 자기 스스로가 계획을 세워 수행하는 활동을 말한다.

다시 말해, 학습결과로서 광범위하고 다양한 학습활동이 기대되며 해당 학습 주제와 관련된 일련의 여러 단일 과제를 실시하여 교수-학습활동을 이끌어 가는 학습방법이라고 할 수 있다. 프로젝트 접근법의 특징은 다음과 같다.

첫째, 종래의 주입식 교수를 배격하고 어린이들의 자발적이고 능동적인 학습활동을 촉구한다. 전통적 학습법에서는 학습 내용 선정 시 교사의 생각에 아동들이 흥미 있어 할 것이라고 판단되는 주제나 단원을 선정하지만, 프로젝트 학습법에서는 학습 내용의 선정에 아동들이 함께 참여하게 된다.

둘째, 유아 자신의 계획, 프로젝트, 문제해결의 실천을 거쳐서 지식과 경험을 종합적으로 획득한다. 아동들이 자신의 호기심과 흥미가 충족될 때까지 관심 있는 활동에 몰입, 학습할 수 있고, 계속적인 심화학습이 이루어질 수 있다.

셋째, 실제의 생산이나 생활 활동을 자연환경 속에서 전개시킨다. 실생활과 밀접하게 관련되어 보다 유의미한 학습이 이루어질 수 있다.

이렇게, 프로젝트 학습법이 단지 특정 교육과정이나 교수법을 지칭하는 것이 아니라 교사와 아동의 공동 주도하에 목적, 계획, 실행, 평가의 단계를 거치는 활동과정이라고 할 수 있다. 또한 목적을 달성하기 위하여 자원을 통한 탐구, 표현 활동, 교사의 설명, 전문가 초빙 및 면담, 현장 견학, 관찰 및 실험 등 여러 가지 방법들이 복합적으로 활용된다고 볼 수 있다.

2) 프로젝트 접근법의 실행

(1) 킬패트릭의 프로젝트 학습 모형

① 목적의 단계

학습문제를 선택하고 학습목표를 확인하는 단계로서 프로젝트 학습에서의 가장 기초적인 단계이다. 학습자의 흥미를 환기시키는 것이 중요하며 기존 지식과 기능을 살펴서 학교교육계획과 관련성이 있도록 준비해야 한다.

② 계획의 단계

학습자 자신들이 토론하고 또 학습할 사항과 학습을 전개시켜 가는 순서를 확인해서 문제해결에 대한 의문을 갖지 않도록 면밀한 계획을 세워야 한다. 가장 중요한 점은 작업이 정확하게 해결되도록 해야 하며, 또 문제해결이 다음 문제로 발전해 갈 수 있도록 지도해야 한다.

③ 수행의 단계

학습자들이 가장 흥미를 느끼고 가장 활발하게 활동하는 단계이다. 교사는 학생들의 친절한 조력자가 되어 프로젝트의 해결에 필요한 재료를 가능한 많이 이용하도록 배려해야 하며, 작업의 곤란으로 인하여 좌절하지 않도록 개별적인 지도가 필요하다.

④ 평가의 단계

완성된 작업에 대하여 그 가치를 평가하는 것을 목적으로 하는 단계이다. 교사의 평가는 일방적으로 평가하는 태도를 버리고 적절한 조언을 통해 어린이가 자기의 작품을 객관적으로 평가할 수 있도록 지도해야 한다.

2) 캐츠와 차드의 프로젝트 학습모형

① 준비 단계

교사의 주제 선정이 필요하다. 올바른 과정을 통한 주제 선정 후 교사는 그 주제에 대하여 가지고 있는 일반적인 지식을 기초로 하여 주제에 관한 여러 가지 생각이나 아이디어를 통해 주제망을 구성해야 한다.

② 시작 단계

학생들의 개인적인 경험을 회상하게 함으로써 개인적 기억을 묘사하게 할 수 있도록 하고 서로의 경험을 공유하고 나누는 단계이다.

③ 전개 단계

전개 단계는 현장 견학을 위한 준비, 현장 견학, 견학 후 활동, 전문가와의 만남으로 이루어진다.

④ 마무리 단계

아동들이 프로젝트 전 과정을 통해 성취하거나 도달한 결과 또는 결론을 다른 사람들에게 제시하고 의견을 교환하는 단계이다.

5

CHAPTER

영유아 교수-학습에서 교사의 역할

1. 교사의 역할

1) 상호작용자로서의 역할

교사는 영유아들과 언어적 · 비언어적 상호작용을 한다. 영유아에게 정보를 제공해 주고, 개별적인 질문을 하고, 가르침을 제공하는 등의 언어적 상호작용과, 미소짓고, 쓰다듬고, 눈맞춤을 하고, 안아주고, 유아들의 눈높이에 맞추기 위해 무릎을 굽히거나 앉는 등의 비언어적인 상호작용을 통해 영유아들을 존중해주고 애정을 표현해 주어야 한다.

2) 양육자 및 지도자로서의 역할

영유아는 부모의 따뜻한 보살핌을 받을 권리가 있는 존재이다. 부모를 대신하여 영유아를 돌보는 시설에서는 영유아에게 무엇보다도 우선 부모와 같은 따뜻한 보살핌을 주어야 한다.

3) 교수자로서의 역할

(1) 계획자 및 조직자

교사는 영유아와 함께할 활동을 계획하고 조직해야 한다. 또한 일과의 환경을 조직하지 않는다면 그날은 무계획적인 일상을 보내게 되어 영유아의 발달을 촉진하기 어렵다.

(2) 운영자

교사는 학급의 운영자다. 교사는 학급을 융통성 있게 운영할 필요가 있다. 기계적이고 엄격한 교실 운영은 영유아에게 바람직하지 않다. 교사는 활동주제에 맞추어 교실의 환경영역구성 변화를 주거나 상황에 따라 시간을 탄력적으로 운영해야 한다.

(3) 평가자

영유아에 대해 정확한 이해를 해야 적절한 교육계획을 작성하고 영유아의 전인적 발달을 도울 수 있다. 교사는 영유아의 발달 정도를 평가할 수 있는 눈을 지녀야 한다(개인 관찰일지를 쓰고 보낸다).

(4) 관찰자 및 기록자

영유아를 보육할 때 아이들 개개인의 특성을 알고 욕구에 반응하기 위해서는 영유아를 자세히 관찰해야 한다.

(5) 강화자 및 지지자

영유아가 바람직한 행동을 발달시키도록 도우려면 영유아가 적절한 행동을 했을 때 칭찬을 하면 된다. 교사가 말로 가르치기보다는 영유아가 몸으로 직접 체험을 통해 교사가 하는 것을 보고 배우도록 하는 것이 바람직하다.

4) 교류자로서의 역할

영유아의 전인적 발달을 도모하려면 부모 및 지역사회와 협력해야 한다. 영유아는 부모 및 지역사회환경과 분리되어 존재하지 않기 때문이다. 교사는 영유아를 보다 잘 이해하기 위해 부모와 원활한 의사소통을 하고 그를 통해 신뢰를 쌓아 영유아의 전인적 발달을 도와야 한다. 지역사회의 협력과 지원은 교육에 매우 유용하다. 가까운 의료기관, 사회복지기관, 경찰서, 소방서의 협조를 통해 영유아의 건강, 안전관리뿐 아니라 보다 생생한 교육활동이 이루어질 수 있다.

2. 교사의 교수활동

1) 비지시적 교수활동

영유아교사의 교수활동은 교사의 지시 정도와 수준에 따라 비지시적 · 중재적 · 지시적 교수활동으로 구분할 수 있으며, 교수활동 구분에 있어 교사의 영유아에 대한 인정하기, 모델 보이기, 조성 및 지지, 비계 설정과 함께 구성하기, 지시하기 정도의 차이로 구분하게 되는 것이다. 한편, 영유아들은 연령에 따라 주변인들의 말을 이해하는 정도나, 자신의 주장을 굽히지 않는 경향의 정도가 다르다. 따라서 상황별 그리고 연령에 따라 지시적 혹은 비지시적으로 교육활동에 임함에 있어 영유아를 교육하고, 협동적 상호의존성을 구조화해야 한다.

비지시적 교수활동은 영유아에게 관심을 보이고, 영유아가 능동적으로 활동할 수 있도록 긍정적 격려와 배려를 하는 교수활동이라 할 수 있다. 이때 교사의 태도가 긍정적이지 않거나 명확하지 않으면 영유아는 학습에 있어 참여도가 떨어질 수 있다. 비지시적 교수활동에 있어 교사는 직접적이지 않고, 자연스럽게 학습과정을 이끌어 나가게 되며, 영유아에게 꼭 필요하다고 생각되는 내용에 대하여 조언하거나 안내를 하게 된다.

(1) 모델 보이기

인사를 잘하지 않는 영유아가 있다면, 직접적으로 인사를 잘하도록 가르치는 것이 아니라, 교사가 다른 교사나 학부모들에게 인사하는 모습을 지속적으로 보여줌으로서 영유아에게 인사하는 법을 가르칠 수 있다.

(2) 인정하기

교사는 종이접기에 계속 실패하는 영유아의 종이를 대신하여 접어주는 것이 아닌, 종이접기를 잘하는 모습을 보여 주고 따라하게 함으로써 영유아가 종이접기에 성공할 수 있도록 배려할 수 있다. 이때 교사는 영유아에 대한 인정하기 기술을 활용하여 영유아의 동기를 향상시킬 수 있다.

(3) 촉진하기

자전거 타기를 실패하는 영유아를 나무라지 않고, 넘어질 수 있는 상황에서 교사는 영유아가 타고 있는 자전거를 뒤에서 잡아줌으로써 영유아가 자전거를 잘 탈 수 있도록 촉진시킬 수 있다.

2) 중재적 교수활동

중재적 교수활동에는 지원하기와 비계 설정하기, 함께 구성하기 등이 대표적인 중재적 교수활동 유형이라 할 수 있다. 중재적 교수활동에서 교사는 영유아가 적극적으로 활동할 수 있도록 교사가 분명한 도움을 제공하게 되며 구체적 사례는 다음과 같다.

(1) 지원하기

종이접기를 계속 실패하는 영유아의 종이접기를 대신해주면서, 영유아가 종이접기에 대하여 충분히 익숙해질 때까지 기다리게 된다.

(2) 비계 설정하기

영유아가 한두 단어로 구성된 단어를 읽거나 쓸 줄 안다고 할 때, 교사는 세 단어로 구성된 단어를 읽거가 쓰게끔 지도할 수 있다. 이때 교사는 영유아에 대하여 충분한 개념설명과 함께 어떻게 쓰는지 구체적으로 지도하게 되며, 영유아의 읽기 및 쓰기 역량이 증가됨으로써 구체적인 지도와 도움을 줄이게 되는 것이다.

(3) 함께 구성하기

자연탐구영역에 있어 영유아와 함께 동 · 식물을 관찰하고 관찰사항을 함께 기록하게 되는 것이다.

3) 지시적 교수활동

지시적 교수활동에는 시범 보이기와 지시하기 등이 있으며, 본 활동유형에서 교사는 영유아의 학습과정에 적극적으로 참여하면서 전 과정을 주도적으로 이끌어 나가게 된다.

(1) 시범 보이기

문학적 사고 증진을 위한 읽기 및 쓰기 활동에 있어 교사가 주가 되어 단어를 읽고 쓰는 활동을 진행하고, 영유아는 교사의 활동을 관찰하면서 따라할 수 있게 되는 것이다.

예술영역활동에 있어 교사는 찰흙을 직접 빚고 또 예술작품을 직접 만들게 된다. 이때 영유아는 교사의 작품활동을 관찰하면서 어떻게 찰흙으로 모형을 만들어 가는지 이해하게 된다.

(2) 지시하기

영유아의 일상생활습관 형성을 위하여 교사는 식사 전에 반드시 세수를 하고 손을 씻도록 구체적이고 명시적으로 지시할 수 있다. 이를 바탕으로 영유아는 일상생활습관 형성에 있어 시행착오 없이 구체적으로 올바른 습관을 형성할 수 있게 된다.

3. 영아기 교사의 역할

영아반 교사의 역할은 영아가 3~6세 아의 발달과는 매우 다른 양상을 보임으로 인해 유아반 교사에 비해 보살핌의 역할이 많이 부여된다. 우선적으로 교사의 역할은 영아의 요구에 민감하게 반응하는 것에 있으며, 이를 위해서는 영아의 울음소리, 영아가 보이는 각종 신호와 단서에 대한 식별능력이 있어야 한다. 즉, 영아가 피곤하거나 배고파할 때, 지루해 할 때 등을 예측할 수 있어야 하며 영아의 비언어적인 표현에도 민감해야 한다. 또한 부드럽게 안아주고, 쓰다듬어 주는 등 영아에 대한 신체적 접촉을 아끼지 말아야 한다.

영아기는 그 어떤 발달의 시기보다도 모든 영역에서 기초가 형성되는 시기로 이때 이루어진 신체, 사회, 정서, 인지발달이 일생을 좌우한다고 볼 수 있다. 영아들의 연령에 따라 개인차를 인정하고 영아발달에 있어 풍부한 지식을 교사는 가지고 있어야 한다. 이 시기의 교사는 아침에 출근해서 퇴근할 때까지 하루 종일 어린 영아들과 교육뿐만 아니라 안전한 보호를 위해 집중해야 하며, 긴장해야 하는 매우 힘든 생활로 다른 연령을 맡는 교사와는 달리 더 많은 인내심과 보살핌을 요구하고 있다. 수업을 진행해 나가는 기술의 테크닉보다 영아를 엄마의 마음으로 애정어린 사랑으로 돌보는 수용적인 태도를 갖도록 해야 한다. 영아는 감각기관을 통해 탐색과 관찰을 하거나 성인 또는 또래의 다른 유아와 상호작용함으로써 세상을 경험하고 학습해 나간다. 즉, 영아발달에는 영아가 의지하고 의존하는 부모와 교사가 결정적인 역할을 하는 것이다. 특히, 영아반 교사의 역할은 따뜻한 태도로 교사로서의 전문가적 행동이 함께 아울러 통합될 수 있을 때 가장 바람직한 역할이 창출될 수 있을 것이다.

첫째, 영아기가 정서발달과 신체발달의 가장 중요한 시기라고 보고 교사는 부모를 대신해 영아와 안정된 애착을 형성하도록 노력하며, 급속한 신체 성장과 발달을 돕기 위해 영아와의 신체적 · 정신적인 상호작용이 이루어져야 한다. 영아기야말로 부모와의 애착형성이 무엇보다 중요하므로 영아반 교사는 사랑과 부모와 같은 마음을 담아 어린아이들을 돌보아야 하는 것이 영아기를 담당하고 있는 교사의 역할이라고 할 수 있겠다.

둘째, 영아기에는 발달상의 개인차가 뚜렷한 시기이므로 교사는 영아들의 개별적인 특성들을 고려하여야 한다. 따라서 집단의 계획표에 영아를 맞추려 하기보다는 영아 개개인의 발달속도와 기질 등을 고려해 최대한 개별적인 보육과 교육을 하는 것이 바람직하다.

셋째, 영아기에도 많은 것을 배울 수 있는 능력이 있음을 인식하고 가정과 같이 따뜻한 분위기에서 효과적인 물리적 환경을 배치하고 스스로 학습경험을 선택해 볼 수 있는 기회를 주는 것이 중요하다. 흔히 '영아들이 무엇을 할 수 있을까?'라는 인식을 대다수의 사람들이 하고 있다. 하지만 영아들도 주어진 환경 안에서 배울 수 있는 기회를 제공받아야 하며 스스로 학습할 수 있도록 교사가 그것을 인지하고 유아들에게 적합한 환경이 제공하여야 한다.

넷째, 영아의 언어능력이 미숙하여 의사표현에 한계가 있으므로 교사는 부모와 원활하고 긴밀한 의사소통이 이루어져야 한다. 특히, 영아의 문제행동을 지도할 때에는 부모와 교사 간에 충분한 의사소통을 통해 일관되고 협력적인 노력이 이루어져야 한다. 이는 부모와 교사와의 상호교류가 원만히 이루어져 영아의 발달을 도와야 하는 것 또한 영아기 교사의 역할이기 때문이다.

4. 유아기 교사의 역할

유아기에는 스스로 무엇을 하려는 욕구가 강하고, 인지적인 성장이 극대화되며 다양한 사회적 기술들을 습득하고 획득하게 되는 시기이다. 따라서 유아들의 자아존중감을 높여주고, 자조기술을 익힐 수 있도록 도와주어야 한다. 유아반 교사는 유아에게 현재 삶을 살아가는 데 필요한 지식이 무엇인지 유아들의 수준에 맞추어 배우고 익힐 수 있도록 해야 하며, 이러한 지식들을 정확하게 파악하여 효과적으로 전달해 주어야 한다. 주도성의 시기에 접어든 유아들은 스스로 탐색과 관찰을 통해서 무엇인가를 획득할 때 만족감과 성취감을 얻는다.

유아반 교사는 학습자의 안내자 · 촉진자의 역할을 해야 하는 것이다. 유아를 담당하는 교사는 유아의 신체적 · 사회적 · 인지적 발달들을 촉진시키고, 다양한 활동을 통하여 자신의 흥미에 따른 활동을 선택할 수 있도록 이끌어 주어야 하며 가급적이면 또래 및 다른 사람과 협동적인 활동을 해 나갈 수 있도록 많은 기회를 제공해 주어야 한다. 특히, 탐색 욕구가 강한 시기여서 교사가 정답을 알려주기보다는 유아 스스로 답을 찾아갈 수 있도록 친밀하면서도 개방적인 질문을 통하여 학습동기를 북돋아주는 역할에 서야 한다. 유아반 교사의 주요 역할을 설명하면 다음과 같다.

첫째, 유아의 전인적인 발달을 위해 다양한 놀이와 활동이 통합적으로 이루어지도록 유아의 활동에서 적절한 개입과 의사소통을 하는 상호작용자의 역할을 한다. 따라서 유아반 교사는 관찰자로서 유아의 발달과정과 학습, 또래와의 상호작용 등을 살펴보고 적절한 피드백을 해주는 역할이 필요하다.

둘째, 유아기의 학습이 자발적이고 능동적인 놀이를 통해 이루어질 수 있도록 유아반 교사는 놀이에 적합한 환경을 구성하고 필요한 자료를 제공해 주어 도움이 필요한 적절한 시점에 개입하여 놀이를 확장시켜주는 등 놀이 촉진자의 역할을 해야 한다.

셋째, 또래를 비롯한 사회적 관계가 형성되는 시기로 또래집단을 통해 자신이 속한 사회에서 통용되는 다양한 표출의 사회적 규범을 배우면서 사회화되고, 인간관계를 맺고 유지하는 데 필요한 사회적 기술을 터득하도록 도와주는 역할을 해야 한다. 유아기야말로 또래와의 원만한 관계형성을 학습하여 점차 사회화되는 과정을 습득하고 긍정적이며 다른 사람과 더불어 살아가는 연습을 해 유능한 사회의 구성원으로 발전할 수 있기 때문이다.

넷째, 정서발달에 대해 불안정하고 빈번한 정서표출을 가지고 있는 유아기는 교사의 역할로 유아의 정서표현을 발달적인 특성으로 수용해 주며, 가능한 한 자신의 정서를 보다 바람직한 방법으로 표현함과 동시에 다른 사람의 정서표현을 인식하도록 지원해주는 역할을 해야 한다.

다섯째, 하루 중 많은 시간을 교육·보육시설에서 보내는 유아에게 다른 사람들과 함께 살아가는 데 필요한 기본적인 사회규범을 익히고 생활 속에서 실천하며, 그것을 습관화할 수 있도록 일상생활에서 요구되는 기본적인 태도를 지도하는 역할 또한 필요하다.

마지막으로 유아의 발달수준이나 개인적인 요구를 파악하기 위해서 보육교사는 항상 유아의 건강상태, 행동, 생각, 느낌 등을 세심하게 관찰하고 기록하여 상호작용을 하는 등 유아반 교사는 자신의 편견이나 선입견이 배제된 관찰자 및 평가자로서의 역할을 해야 한다.

6

CHAPTER

학습환경구성

1. 학습환경의 의의

교육의 목적을 달성시키는 데 있어서 무엇보다도 중요하고 효과적인 수단은 교육환경의 구성이라 할 수 있다. 환경은 영유아의 주변을 둘러싼 모든 요소들의 총체로서 발달과 성장에 큰 영향을 끼친다. 환경은 대체로 사회적 환경, 물리적 환경, 자연환경의 세 가지로 구분되며, 환경과 인간과의 상호작용과정을 사회적 측면, 공간적 측면, 서비스 측면으로 구분하기도 한다.

즉, 환경은 영유아가 생활하고 일하는 생태학적 공간임을 시사하고 있으며 보육시설의 공간도 이러한 다양성과 변화가 반영되어야 한다. 실내 · 외 환경구성은 시설의 선택과 구성 · 배열, 교구의 선택 등을 고려해야 한다. 영유아기 교육의 특성은 아동을 단지 붙들어 앉혀 가르친다고 성장 · 교육될 수는 없다는 것이다. 그들이 생활하는 환경 속의 인적 · 물적 조건이 잘 구비되는 것이 가장 중요한 점이다.

특히, 가장 적절한 시설 및 설비 · 교구가 갖추어진 영유아교육의 물리적 환경은 인적 요인과 더불어 아동발달과 영유아교육의 질을 결정짓는 중요한 변인이 된다. 즉, 영유아교육의 시설 · 설비환경은 넓은 의미로 교육 프로그램에 영향을 미치는 여러 변인을 총칭하는 것이며, 영유아교육과정에서의 환경이란 효과적인 교육과정 운영 및 아동의 발달을 촉진시키는 최적의 환경구성을 의미한다.

2. 영아를 위한 환경구성

1) 환경구성의 원리

영아는 직접적인 체험, 시행착오, 반복과 모방을 통해 학습을 한다. 영아의 놀이와 활발한 탐색을 촉진시키고 다양한 경험을 제공함은 물론 영아의 발달적 특성과 기본적인 욕구를 고려하는 환경구성이 계획되어야 한다. 우선, 실내 교육환경의 구성 원리는 영아의 발달특성상 영아의 생리적 욕구에 기초하며 영아가 새롭게 습득한 기술을 연습하고 운동능력을 발휘하여 도전해 보도록 하며, 이런 과정을 통해 자신의 능력을 향상시키고 성취감을 가질 수 있도록 영아의 신체와 능력에 적합한 환경을 제공한다. 그리고 영아를 위한 환경구성에서 가장 기본적으로 고려해야 하는 것은 건강 및 안전에 대한 배려이다.

신체적으로 약하고 오랜 시간 동안 또래의 많은 영아와 접촉하기 때문에 건강한 환경을 위한 청결 및 위생관리가 무엇보다 중요하다. 또한 이 시기의 영아는 신체 균형이 불완전하고 성인에게 의존하면서도 독립적인 의욕이 강하므로 안전한 환경을 마련해 준다. 특히, 영아는 여러 가지 물건이나 놀잇감을 만져보고 던져보며 한 가지 활동에 집중하는 시간이 짧은 탐색활동이 활발히 이루어진다. 영아의 이와 같은 탐색활동을 충족시켜주기 위해서는 풍부한 감각활동과 놀잇감을 제공해 주어 영아가 주변세계를 탐색하고 즐길 수 있어야 한다.

실외 교육환경의 구성 원리로 실외놀이 경험과 개방된 공간, 신선한 공기, 따사로운 햇볕은 영아의 발달과 건강에 필수적인 요소뿐 아니라 영아의 탐색과 학습이 활발하게 일어날 수 있도록 하는 데 있어 중요한 요소이다. 실외 환경은 실내 환경 구성에서와 같이 영아의 발달적 특성, 움직임, 탐색활동, 안전성을 기초로 구성하며 실외에서 경험할 수 있는 자연성, 개방성, 다양성의 요소를 포함시켜서 구성해야 한다. 구체적으로는 영아의 신체크기와 능력에 적합한 놀이기구와 환경을 제공한다. 영유아 간의 신체크기 차이를 고려한 놀이기구를 선택하고 단순히 영유아들을 위한 시설을 축소, 적용하기보다는 다목적인 움직임과 감각활동에 기초한 환경 구성이 되도록 한다. 영아의 신체 유연성과 이동성을 위해 걷고, 뛰고, 달려 볼 수 있는 기회와 공간을 마련해 주며 자연적인 자료를 통해 감각적 탐색활동을 경험할 수 있도록 놀이시설을 통합해서 제공한다.

한편, 영아들을 위한 실외놀이시설은 유아들을 위한 실외놀이 공간과 분리하여 배치하거나 공간이 협소한 경우에는 이용시간의 차이를 두고 사용하며 실외놀이 시설은 용도와 특징, 다른 시설물과의 관계, 동선과 안전거리 등을 고려하여 배치하고 추락의 위험이 있는 놀이시설 주변의 바닥은 충격을 흡수할 수 있도록 표면처리를 한다. 그리고 다양한 놀이의 유형들이 영아들의 발달수준과 연결되어 적절하게 나타날 수 있도록 구성되어야 한다. 동적인 놀이와 정적인 놀이를 위한 공간을 제공하고 개방적인 활동과 폐쇄적인 활동이 이루어질 수 있도록 하며 영아 개인의 사적 공간과 여러 사람들이 모여 활동할 수 있는 사회적 공간을 함께 제공해 준다. 또 영아가 위 · 아래, 안팎, 오른쪽 · 왼쪽, 깊이, 방향 등과 같은 공간개념을 배울 수 있도록 공간을 구성해 준다.

2) 실내 환경구성

실내 교육환경의 영역별 특성은 네 가지로 구분할 수 있다. 식사 및 간식영역은 놀이영역이나 기저귀 갈이, 낮잠영역과 분리하여 배치하는 것이 위생적인 측면에서 바람직하며 영아의 가정에서 보내 온 개인의 그릇과 음식을 보관하고 데울 수 있는 음식준비 장소가 마련되어 있는 것이 좋다. 식사 및 간식영역에는 편안한 의자나 영아용 식탁, 일일 수유 및 이유식 시간표를 마련한다.

낮잠영역은 영아들의 생리적인 리듬을 고려하여 영아가 원할 때 잘 수 있도록 조용하고 편안한 장소에 별도의 분리된 공간을 마련해 주며, 종일반을 운영하는 경우에는 영아용 침대를 마련하고 면이나 부드러운 천으로 만든 깔개를 준비하는 것이 좋다. 커튼이나 블라인드 등의 차단장치 등을 설치하여 외부로부터 빛을 조절해 줌으로써 아늑한 분위기를 조성해 준다. 기저귀 갈이영역은 영아의 매일 일상생활 중의 하나이므로 교사는 영유아와의 개별적인 상호작용의 기회로서 인식해야 하며 영아가 이 시간을 즐겁고 편안하게 느낄 수 있도록 정서적인 면을 고려한다.

기저귀 갈이 영역은 교사가 전 교실을 관찰할 수 있는 곳에 배치하는 것이 바람직하며 씻기와 담기 등의 위생처리가 가능한 싱크대와 벽면에는 안전거울을, 수납

장에는 딸랑이, 마라카스 등의 손잡이가 달린 놀잇감과 가족사진, 천장에는 영아 눈높이의 모빌을 함께 제시한다. 영아들을 위한 조용하고 편안한 영역에는 쿠션, 푹신푹신한 의자, 바닥에는 카펫을 깔아놓고 영아의 눈높이 벽면에는 가족가진, 봉제인형, 그림 등과 같이 정서적 안정감을 줄 수 있는 물건 등을 배치한다.

영아들을 위한 탐색영역은 눈과 손의 협응력을 기를 수 있는 다양한 자료와 감각운동놀이를 할 수 있는 조작적 놀잇감 등을 영아의 흥미와 발달수준에 맞게 제공한다. 신체발달이 빠른 영아기에는 대근육활동이 이루어질 수 있는 개방적이고 넓은 대근육영역이 필요하다. 특히, 이 영역은 영아들의 움직임이 많으므로 안전에 유의해야 한다. 낮은 오르기 기구, 미끄럼틀, 낮고 폭이 넓은 계단 등을 설치하고 바닥의 소재로는 충격흡수용 카펫, 고무, 스펀지, 매트를 사용하도록 한다.

3) 실외 환경구성

실외 교육환경은 실내 환경의 구성요소와 함께 실외 놀이장에서 경험할 수 있는 개방성과 자연성의 요소를 함께 고려하여 실외놀이환경에 포함시켜야 한다. 영아를 위한 실외놀이환경은 동적 영역과 정적인 영역을 균형 있게 배치하여야 하며 정적 영역이 동적 영역의 활동으로 인해 방해받지 않도록 낮은 관목이나 울타리를 이용한 경계를 지어준다.

영아의 경우에는 특히 실외에서 편안히 쉬거나 동 · 식물을 관찰하고 미술활동이나 책보기를 할 수 있는 조용하고 편안한 공간을 마련한다. 나무그늘이나 간이천막, 정자 등을 이용하여 의자, 벤치, 돗자리, 여러 가지 책을 비치하여 조용한 음악을 들을 수 있는 공간적인 배려를 한다. 영아의 도전성을 고려한 대근육영역은 기어오르고, 매달리고, 미끄럼틀이나 자전거를 타고 뛰어내리는 활동 등이 실외라는 개방된 공간에서 주변의 소음에 방해받지 않고 진행될 수 있는 곳에서의 중요성을 갖는다.

대근육영역은 용도와 특징, 다른 시설물과의 관계, 동선과 안전거리 등을 고려하여 고정시설을 설치하며 놀이시설 주변의 바닥은 충격을 흡수할 수 있는 처리가 되어 있고 추락의 위험도 방지할 수 있는 장소로서 그네, 미끄럼틀, 기어오르기 기구, 복합놀이시설 등을 설치한다.

영아기에는 실내에서도 탐색활동이 이루어지지만 실외에서도 탐색활동을 계획하여 실외환경의 개방성과 자연성을 포함시킬 수 있는 탐색환경을 구성한다. 영아기는 오감을 통해 주변을 탐색하고 사물을 인식하는 시기이므로 영아에게 있어 감각활동은 매우 중요한 놀이활동 중에 하나이다.

그러므로 다양한 감각을 활발하게 사용할 수 있도록 리본테이프, 바람개비, 비누방울놀이, 나무, 흙, 꽃 냄새 맡기, 물그림 활동 등을 계획해주며, 식물 기르기와 동물 사육, 물 · 모래놀이 등을 할 수 있는 자연탐색영역을 구성하여 영아들이 다양한 촉감을 경험하고 모양의 변형이 가능한 창의적인 활동을 할 수 있도록 한다.

영아를 위한 실외놀이환경은 실내에서의 극놀이보다 넓은 장소에서 모래, 물, 풀, 꽃 등의 소재와 자료를 가지고 다양한 극놀이가 이루어질 수 있다는 점에서 실외의 소꿉놀이영역은 활성화되어야 하며 반드시 구성되어야 할 영역이다. 실외에서도 극놀이가 활발히 이루어질 수 있도록 파라솔, 야외용 텐트, 실외놀이집, 테이블, 의자 등을 제공해 준다.

3. 유아를 위한 환경구성

1) 환경구성의 원리

유아교육기관은 다른 기관이나 건물과 독립하여 모든 설비나 교구를 갖추는 것이 좋고, 건물은 되도록 단층으로 하며 활동하기에 충분한 실내 · 실외 공간이 있어야 한다. 또한 유아의 성장 · 발달 원리에 입각하여 환경을 계획하고 충분하고 다양한 공간을 마련하여 자유롭게 주위환경을 탐색해 보도록 하며, 너무 복잡하거나 쉽게 싫증나지 않도록 해야 한다. 유아가 많은 시간을 보내게 되는 교실 내 교구장의 배치를 다양한 형태로 계획하는 것도 바람직한 방법이며 출입문을 2개 이상 만들어 자유롭게 바깥으로 드나들 수 있게 하는 것이 좋다. 그리고 최대한의 건강과 안전을 기하여 창의적인 환경을 구성하고 이동이 가능한 설비와 기구를 이용함으로써 다양한 구성과 융통성 있는 환경을 구성해야 한다. 프로스트에 의하면 교실 내부의 설비구성은 건조하고 조용한 곳, 활동적이고 건조한 곳, 조용하고 물이 있는 곳, 활동적이고 물이 있는 곳의 네 가지 공간구성으로 구분된다.

첫째, 건조하고 조용한 곳은 책보기, 듣기, 이야기 나누기, 동화, 쓰기, 게임과 소집단활동을 위한 곳으로 구성되고 있다.

둘째, 활동적인 곳은 대근육활동, 쌓기 놀이, 목공놀이, 역할놀이, 음률활동 등을 계획하는 것으로 구성되며 물이 있고 조용한 곳은 요리하기, 간식 먹기, 가위로 오리고 풀로 붙이기, 점토 만지기 등의 미술활동을 계획하는 곳으로 구성되고 있다.

셋째, 물이 있고 활동적인 곳은 실외 활동과 물놀이, 모래 놀이, 손 씻는 곳, 물감그림 그리기, 물을 사용하는 과학실험 등을 계획하는 곳으로 구성한다.

한편, 훌륭한 실외 시설은 놀이와 사회화를 격려해 준다, 실외 공간을 구성할 때 전체 실외 공간 크기의 약 1/3은 정적 활동영역으로 배당하고, 그 나머지 영역은 테라스와 동적 활동영역으로 배당해야 한다. 결과적으로 실외 놀이공간 구성에 있어서는 기본 원리는 정적인 영역과 동적인 영역, 통로에 대한 고려라고 할 수 있다.

2) 실내 환경구성

실내 놀이환경구성 영역별 특성은 다음과 같다.

첫째, 언어영역은 유아들이 조용한 가운데 밝고 따뜻하며 안정된 분위기 속에서 집중할 수 있도록 배려해야 한다. 바닥에 카펫을 깔고 낮고 편안한 의자를 따로 마련해 주며 바닥에 푹신한 깔개나 쿠션 등을 두어 아늑한 분위기를 느낄 수 있게 한다.

둘째, 조작놀이영역은 주로 소근육발달, 수개념, 모양과 크기개념, 언어발달을 도와줄 수 있는 교구와 인지적 사고를 도와줄 수 있는 그룹 게임을 마련한다. 조작놀이영역은 언어영역, 수놀이영역, 과학영역 가까이에 있는 조용한 공간이 적절하다. 교구는 낮은 교구장에 종류별로 진열해 놓음으로써 유아들이 언제나 손쉽게 이용할 수 있도록 해주고, 바닥에 카펫을 깔아 앉아서도 활동할 수 있도록 한다.

셋째, 쌓기 놀이영역에서 유아들은 손으로 블록을 조작하는 과정을 통해 눈과 손의 협응력, 시·지각적 인식, 대·소근육의 협응력 등의 신체발달을 이루게 된다. 쌓기놀이 영역은 활동적이고 건조한 곳에 위치하는 것이 좋으며 주로 역할놀이영역 옆에 위치하게 된다. 쌓기 놀이영역에 유닛 블록, 공간 블록, 종이벽돌 블록, 우레탄 블록, 조그만 동물이나 인형, 자동차나 배와 같은 운송기관, 교통신호와 표지판, 관련된 책과 화보 등 보조 자료를 같이 주어 놀이를 질적으로 확장할 수 있다.

넷째, 역할놀이영역에서는 유아가 자신의 경험과 희망, 요구를 바탕으로 주제에 따라 자유롭게 놀이를 구성하면서 내면적 욕구를 표현하고 부정적 감정을 발산하여 정서적인 안정을 찾을 수 있다. 역할놀이영역은 움직임이 많고 활동이 다양하여 동적인 놀이영역과 인접하여 배치하는 것이 좋다. 특히, 쌓기 놀이영역과 가까이 두어 필요하면 언제든지 영역이 통합되어 놀이가 확장될 수 있도록 한다. 유아가 성인의 여러 가지 역할과 행동을 모방할 수 있도록 여러 종류의 직업과 관련된 복장이나 소도구를 마련해 주는 것이 좋다.

다섯째, 조형활동영역에서 유아는 그림물감, 크레용, 밀가루 점토, 종이 상자와 같은 다양한 매체를 가지고 활용하면서 사물의 색·선·형태·질감을 탐색한다. 따라서 바닥은 물이나 물감이 흘렀을 때 쉽게 닦을 수 있는 재질로 된 것이 적당하고 종이수건이나 마른 수건·스펀지 등을 준비해 두고 수시로 물기를 제거하여 바닥의 물기 때문에 미끄러지지 않도록 해야 한다. 완성된 작품을 말릴 수 있는 건조대와 전시 책상 등도 함께 마련해 준다.

여섯째, 음률활동영역에서는 음악과 함께 유아가 율동하고 자유롭게 몸을 움직여 볼 수 있다. 음률활동은 유아가 정서적 감정과 감각기능을 발달시키고 언어와 창의성 및 사회성을 발달시킬 수 있는 기회를 제공한다. 음률활동영역에서는 마룻바닥이나 카펫을 까는 것이 좋으며 유아가 소리를 정확히 변별할 수 있으면서도 소음이 다른 인접영역을 방해하지 않도록 역할놀이영역 가까이에 배치한다.

일곱째, 수놀이영역은 언어, 조작, 과학영역 가까이 두는 것이 좋고 밝고 조용하며 안정된 공간이어야 한다. 게임판이나 교구를 바닥에 놓고 사용할 수 있도록 바닥에 카펫이나 깔개를 깔고 낮은 책상을 마련해 준다.

여덟째, 과학영역에서는 생물과 무생물, 여러 물질과 자연현상을 관찰하고 탐구하면서 과학개념 형성을 위한 다양한 발견학습이 이루어진다. 과학영역은 햇빛이 잘 들고 조용하며 물의 공급이 쉽고 안정된 공간에 배치한다. 전기기구나 실험기구를 안전하게 사용할 수 있도록 유아들의 왕래가 많지 않은 장소가 적당하다. 살아 있는 동·식물도 준비해 주고 여러 가지 유아들이 만지고 두들기고 발견할 수 있는 탐색적인 환경을 마련한다.

아홉째, 컴퓨터 활동은 유아의 인지발달, 언어, 수학적 능력 및 사회·정서적 발달에 긍정적인 영향을 줄 수 있다. 컴퓨터 영역은 전원을 위해 콘센트가 있는 벽면을 중심으로 조용한 영역과 소음이 많은 영역의 중간에 배치하도록 한다.

3) 실외 환경구성

실외 놀이환경구성 영역별 특성은 다음과 같다.

첫째, 신체영역에서는 다른 영역보다 공간을 많이 차지하므로 다른 영역과의 조화를 고려하고 조용한 영역과 떨어지도록 배치한다. 특히, 놀이를 통해 사회적 상호작용과 협동놀이가 잘 일어날 수 있도록 조장한다.

둘째, 역할놀이영역은 모래영역과 가깝고 그늘진 곳에 배치하며 작은 놀이집이나 의자를 마련하여 극화놀이가 확장될 수 있도록 한다.

셋째, 탐구영역에서는 다양한 동·식물 환경 속에서 물체의 성질에 흥미를 가지고 자연의 변화를 보고, 만지고, 듣고, 느끼는 과정을 통해 유아의 정서발달 및 인지발달에 긍정적인 영향을 주게 된다. 동물 사육장은 햇빛이 잘 들고 바람이 잘 통하여 배수가 잘 되고 물과 사료 공급이 쉬운 곳에 설치한다.

넷째, 작업영역에서는 그림을 그릴 수 있는 재료와 다양한 크기의 적목, 작업용 테이블과 목공놀이 기구를 마련해 준다.

다섯째, 이동 구역에서 통로는 넓은 곡선의 길을 만들어 주위를 돌 수 있게 한다. 가능하면 비탈이나 언덕을 두어 변화를 주도록 한다.

7

CHAPTER

영유아 교육 프로그램과 교수활동

1. 레지오 에밀리아 접근법

1) 역사적 배경

레지오 에밀리아는 이탈리아 에밀리아 주의 레지오라는 지명이다. 이곳은 기원전 2세기경에 로마인들에 의해 세워졌으며, 사회주의적 성향이 강한 도시로 아동복지와 사회보장제도가 잘 되어 있는 이탈리아의 부유한 지역이었다(임현혜, 2003).

1945년 제2차 세계대전이 끝나고 천주교에 의해 독점되어 오던 교육이 국민들의 교육적 요구가 증가하면서 진보주의에 입각한 생활교육을 실시하였고 교육의 주도권도 중앙정부에서 지방정부로 이관하게 되었다. 이 무렵에 교사들은 교육개혁의 필요성을 주장하였다. 이와 동시에 부모 공동 조합 형태의 학교를 설립하고자 하는 자발적 시도가 이루어졌다. 그중 레지오 에밀리아시는 여성이 중심이 되어 부서진 탱크, 말, 트럭을 팔아 부모협동학교를 설립하였다(김은희, 2001). 여기에 감동한 개혁적 교육 실천가 말라구치(Malaguzzi)는 부모협동학교를 시립학교체제로 전환 시켰고, 1963년에 진보적인 유치원을 개원하기에 이르렀다. 이 유치원에서 최초로 적용된 교육과정의 하나가 바로 레지오 접근법이다(임상도, 2000).

1970년대는 4개월~3세의 유아를 위한 영유아센터를 설립함으로써 교육서비스의 조직망을 형성하기 시작했다. 학교는 부모들의 요구에 따라 시간을 연장하여 탁아의 욕구도 충족시켜줌으로써 아동복지의 발전을 가져오고 성인 가족에 대한 사회복지 차원의 욕구와 아동이 양질의 교육을 받아야 한다는 가치가 통합되어 현재 수준의 유아교육체제를 형성하였다(홍경란, 2008).

1980년 중반기는 시교육기관이 가장 발달한 시기였지만 필요로 하는 부모들이 모두 시립기관을 이용할 수 있었던 것은 아니었다. 이렇게 수용에 시립교육기관을 더 확장하고 운영해야 할 필요성을 느끼게 되었고, 1987년에는 몇몇 사회사업관이 시와 특별 협약하여 영유아센터나 유아학교의 교육행정과 협력하는 부모협력 영유아센터가 문을 열었다(김하진, 2011). 이 지역에서는 인간 간의 사회적 관계형성과 의사소통을 중요시하고 있으므로 유아들 또래 · 교사 · 역사 · 사회문화적 환경과의 관계 속에 소속되어 있는 것으로 본다. 따라서 어느 누구도 유아에 대한 문제 해결에 독점권을 가질 수 없음을 인식하여 부모뿐만 아니라 지역 주민이 상호 긴밀한 관계를 가지고 학교활동 및 교육적 의사 결정에 개입한다.

그리고 레지오 에밀리아는 이탈리아 특유의 아름다움과 미학에 대한 깊은 인식을 가지고 있어 주변 환경에는 어디든 청결과 심미적 질서가 있으며, 위대한 미술 작품과 건축물을 볼 수 있다. 이러한 문화적 전통은 학교의 물리적 환경에 반영되어 심미적 즐거움을 주는 형태와 색을 갖춘 건물, 가구, 설비, 3차원적인 공간 조직, 자연물과 빛의 활용, 유리벽, 아뜰리에 등이 반응적인 환경을 이루며 유아의 상징적 표상을 통한 학습활동을 자극한다(오문자, 1995).

2) 레지오 에밀리아 접근법의 교육목적

레지오 에밀리아 접근법은 유아를 또래나 성인, 사회문화적 환경과의 관계로부터 동기 유발되며 학습하는 풍부한 잠재력과 권리를 가진 주체로 보는 관점에 기초하고, 레지오 에밀리아 접근법의 교육목적은 표현적, 의사소통적, 인지적인 언어를 통합하여 유아 스스로 사고하는 힘을 구축해 갈 수 있는 '총체적인 어린이(whole child)'를 길러 내는 것이다(안영주, 1997). 이처럼 재통합된(re-integrated) 유아는 하나의 고립된 탐구자가 아니라, 주변 다른 사람의 도움을 필요로 한다고 믿는다. 그러나 언제나 유아를 주체로 본다(Edwards, Gandini & Forman, 1993).

구체적으로 아동의 복지와 가족의 사회적 요구 지원, 최상의 환경에서 발달을 지원받을 권리, 능력 있는 개인으로서의 자율성 및 자기표현력 신장과 동시에 아동의 모든 표현적, 의사소통적, 상징적, 인지적, 윤리적, 은유적, 논리적, 상상적, 관계적 언어발달을 통한 통합된 어린이를 길러내는 것이다(Gandini & Edwards, 1998; 지옥정, 1998c에서 재인용). 즉, 레지오 에밀리아 접근법의 목적은 유아교육의 궁극적 목적처럼 각 아동의 성장 발전과 바람직한 사회구현에 있는 것이라 할 수 있다.

3) 레지오 에밀리아 접근법의 특징

레지오 에밀리아 교육의 주창자인 말라구치는 레지오 교육을 "상호작용, 구성적 특징, 강력한 관계성, 협력정신의 중요성, 그리고 개별적이면서도 집단이 함께 하는 탐구활동"이라고 주장하며 학교의 목표를 모든 표현, 의사소통, 인지적 언어를 재검토하고 통합하여 자기 스스로 생각하고 선택하는 힘을 구축할 수 있는 통합된 아동을 만드는 것이라 하였다. 또한 학교교육이 언어와 비언어적 학습으로 분리되어 있으며 전통적 교육이 흔히 언어적 학습을 강요하고 있으나 레지오에서는 이 두 가지 학습 모두가 통합되어 같이 짜여 있고, 언어를 통한 내용이 논리-수학적 모형의 인지구조적 학습을 통해 미적 수준이 더해지는 것으로 밝히고 있다(서영숙 · 서지영, 2002).

(1) 잠재력이 있고 유능한 아동의 이미지

레지오 에밀리아 접근법은 잠재성을 지닌 유능하면서도 강한 아동관을 설정하고 있다. 유능한 어린이는 타인과 상호작용이 원만하고, 뚜렷한 정체성의 형성과 현상에 대한 자신의 지식을 구성하는 어린이를 말한다. 이러한 어린이는 스스로 가치를 소유하고 있고 또 가치를 창출해 내는 어린이이다. 아동은 자발적으로 학습하려는 욕구를 소유하고 있어서 잠재력, 유연성, 성장 욕구, 호기심, 지식 습득과 다른 사람과 관계를 맺고 상호작용하는 데 적극적이다. 이러한 욕구를 타고난 그들의 권리로 인정하는 것으로서 교실, 지역사회, 문화와의 조화와 상호교류를 통해 자기완성을 추구하는 활동적이고 유능한 주인공으로 개인적 · 역사적 · 문화적 정체성과 의사소통자로서의 능력과 권리를 가지고 있다고 보고 있다(서영숙 · 서지영, 2002).

말라구치는 어린이들은 능동적으로 활동하고 생각하는 방법과 의지를 본래 타고났다고 한다. 레지오 에밀리아 참여자들은 윤리적, 가치적으로 보수적이거나 중립적인 입장이기보다는 진보적인 입장에서 선택하고 책임지며 헌신하는 삶을 거쳐 왔다. 그것은 정치, 교육, 삶의 장에서 서로 배반하지 않고 일관성을 유지해 왔음을 의미한다. 그래서 그들은 교육을 발전시키기 위해, 보다 나은 사회를 위해 노력하는 국가 및 지역사회와 시민사회와의 관계를 중요시한다. 또한 유아들은 유전적으로 이미 사회화하기, 의사소통하기, 기억하기, 변형하기 그리고 이해하는 방법을 배우기에 적합하게 타고 났다는 것이다(오종숙, 2003).

아동은 의사소통능력을 가지고 교실, 지역사회, 문화와의 조화와 상호교류를 통해 자기완성을 추구하는 활동적이고 유능한 주인공으로서 개인적, 역사적, 문화적 정체성과 의사 소통자로서 능력과 권리를 가지고 있다(Edward, 1995). 즉, 다른 아동이나 교사, 부모 등과의 의사소통과 관계형성, 물리적 세계와의 관계 그리고 아동 자신의 역사, 그가 속한 세계의 사회적 · 문화적 환경과 관계를 맺고 있는 개체로서의 아동을 강조한다(Rinaldi, 1998).

아동은 성인이 생각하는 것보다 훨씬 더 다양하게, 더 잘 표현할 수 있음을 보여준다. 레지오 접근법에서 아동은 단순히 문자 언어만이 아니라 온갖 종류의 표현적, 대화적, 상징적, 인지적, 윤리적, 은유적, 상상적, 관계적 상징 등 수백 가지의 언어로 자신의 감정과 생각을 탐색하고 표현하도록 허용하는 것을 중요하게 여긴다. 특히, 프로젝트를 통해 얻은 정보와 아이디어를 여러 가지 도색 매체를 통해 표현하도록 한다.

유아에 대해 가지고 있는 이미지는 교육 철학과 실제의 중심으로 여기며 강하고, 유능하고, 풍부한 유아 이미지를 가지고 있다. 유아를 단순한 욕구권리를 지닌 독특한 주체로 사고하는 존재이며, 유아들은 학습에 적극적이고 즉각적으로 참여하는 능력을 가지고 태어났기 때문에 진지하게 다루어야 하고 유아들의 사고는 들어줄 가치가 있음을 인식하고 함께 탐구해야 한다. 따라서 강하고 유능한 유아 이미지에는 적절한 교육체제에 대한 모든 원리가 들어 있다(김은희, 2004).

그러므로 레지오 에밀리아의 아동은 권리를 가진 존재로서 끊임없이 자신의 정체성을 찾고 독특성과 차이점에 대해 존중받으며, 사회가 부여한 어린이의 권리를 인정받는다. 또한 성인은 유아를 어른의 종속물이나 교육의 대상이 아닌 그 존재 자체로 인정하고 또래 간의 관계와 상호작용을 중요하게 여기며, 상호협력과 협상, 상호교육의 가치를 살리는 활동을 전개하고 유아의 의견을 경청하며 많은 선택의 기회를 주어야 한다. 그래서 아동이 여러 활동에 더 적극적으로 참여할 수 있도록 아동에게 귀를 기울여야 한다.

(2) 참여를 통한 관계의 교육과 커뮤니케이션을 통한 협동

어린이는 개인보다는 서로 관계를 맺고, 모든 대상이 함께 공유하는 공동체 중심의 교육을 지향하도록 지도한다. 여기서 관계란 생태적 관계망 속에서 서로가 서로에게 영향을 주고 영향을 받는 생명력 있게 만들어지는 교육을 의미한다. 물론 참여 및 관계에 따른 갈등도 있을 수 있다. 레지오 에밀리아 접근법에서는 사회인지적 갈등요인을 학습의 중요한 기제로 보기 때문에 교사는 유아들 간의 갈등을 억제하기보다 발전적 토의나 새로운 학습의 계기로 활용한다.

유아들은 또래뿐만 아니라 유아와 성인 간 그리고 환경적 맥락에서 사회적 상호작용이 이루어질 수 있는 학습상황을 의도적으로 계획하여 제시한다. 유아들은 또래 간 상호작용에 참여하여 상징적 · 언어적 의사소통을 통해 서로 간 불일치와 일치를 경험하고, 협상해 나가는 과정에서 유아 자신에 대한 정체감을 강화하며 개인과 또래 집단의 자율성을 증진시키고 학교에 대한 자신감과 소속감을 갖게 된다(김창숙, 2009). 상호작용에는 다음과 같은 여러 가지 장점이 있다.

첫째, 무엇을 어떻게 묘사할 것인가를 결정한다. 프로젝트에 참여하는 사람끼리 어떻게 협동하고 생각이 다르면 어떻게 해결할 것인지에 관한 결정 등과 같은 도전할 만한 일에 대한 집중이다.

둘째, 교사 아동 모두 공동 관심사에 집중되어 있으므로 교사 또한 이 프로젝트에 집중한다. 따라서 레지오 프로젝트는 성인과 어린이뿐만 아니라 어린이 상호 간에 대화다운 대화를 할 수 있다(Edwards, 1995). 성공적인 교육의 핵심은 상호호혜,

교환과 대화이다(Forman, 1993)라는 신념에 기초하여 문제-환경과 문제-해결경험은 성인들과 유아들 사이에서 뿐만 아니라 유아들 간에도 확장된 대화를 할 수 있도록 알맞은 맥락을 제공한다(Kate, 1993). 이러한 맥락 안에서 유아들은 협력과 의사교환이 보다 자주 일어나며 보다 자극을 제공해 주고 보다 쉽게 일어나게 해 준다.

따라서 유아들이 스스로 혹은 친구들과 함께 습득한 지식은, 교사로 하여금 교육적 전략과 과정의 근거로 삼고 있는 생각과 행동의 조직에 중요한 역할을 하게 된다. 이러한 과정들은 유아 혼자서 작업해서는 이룰 수 없는 문제해결을 하도록 해준다(Malaguzzi, 1993). 또래 간의 상이한 견해를 서로 접하게 함으로써 사회인지적 갈등을 야기시키기 위하여 공동 작업을 많이 장려하고 공동의 문제해결상황을 의도적으로 제시하기도 한다. 또래 간 뿐만 아니라 성인과 아동간의 사회적 상호작용을 매우 중요한 학습 수단으로 보며, 그 상황에서 성인의 역할은 지식의 일방적 전달자가 아니고 아동의 근접발단영역 내에서 비계(Scaffolding)를 통해 지원하는 것이다.

특히, 의사전달이라는 맥락에서 상호작용을 하도록 설정함으로써 타인의 관점을 인식하고 새로운 관점에서 현상을 보게 되며, 자신의 이론을 상대방에게 알리는 과정에서 다시 한 번 자신의 사고를 재고찰해보도록 하여 논리의 일관성을 추구하도록 자극하고자 한다(김현지, 2001).

(3) 프로젝트식 수업

프로젝트 접근법이란 전인교육의 목적 아래 통합적 교육과정 맥락에서 교사 중심이 아닌 아동 중심의 듀이(Dewey)의 진보주의 철학을 바탕으로 한 캐츠와 차드(Katz & Chard, 1989)에 의해 아동교육계에 소개된 교육방법이다. 이 방법은 교사의 지도하에 개별 유아, 소집단 유아, 또는 학급 전체가 수행하는 주제에 대한 철저하고 심도 깊은 연구이며, 일상생활을 통해서 배워 나가는 것이다. 다시 말하면, 프로젝트란 어떤 것에 대하여 더 많은 것을 배울 만한 가치가 있는 주제를 심층적으로 연구 조사하는 것을 말한다.

레지오 에밀리아 접근법에서도 프로젝트를 '투영하다'는 동사어로 보면서 유아와 활동하는 방식뿐만 아니라 협력해서 토의하고, 연구하고, 각자의 의견을 표현하고, 민주적인 방식으로 결정한다는 넓은 의미로 사용하며 캐츠와 차드가 정의한 바와 유사하게 '소주제 또는 topic을 중심으로 아동들의 심도 있는 연구 활동을 하는 것'을 뜻한다.

프로젝트의 주제는 우연한 사건이나 아이디어로부터 포착되어 시작되기도 하고 한 명 또는 몇 명이 제안한 문제에서 시작되기도 하며 교사가 직접적으로 주도하는 경험으로부터 시작되기도 한다(Hendrick, 1990). 주제 선정은 아동과 교사의 상호 협상에 의해서 이루어진다. 즉, 아동이 주제를 제시한 경우 교사가 교사회의를 통해 프로젝트의 주제로 적합한지 여부를 판단하여 결정을 한다. 반대로 교사가 쌓아온 경험 및 아동 관찰에 의해 잠정적으로 주제를 선정한 후 아동들에게 제시해 본 후 아동들이 흥미 있어 하는지 계속 추진할 것이지 여부를 결정한다.

이러한 프로젝트가 성공적으로 이루어지기 위해서는 집단의 구성은 인지적 학습 과정의 극대화를 위해 한 학급 전체 아동이 아닌 5명 정도의 소집단 구성이 바람직하며 이러한 집단 형성이 학습과 아이디어의 교환을 극대화시킨다고 한다(Edwards, Gandani & Forman, 1995).

그 기간은 6~8주까지 다양하고, 아동들의 관심이 지속되는 한도에 따라 기간이 정해진다. 최근 들어 프로젝트의 개념을 확대시켜, 레지오 교육자들은 짧게는 2시간 정도라 해도 아동의 집중적인 탐색이 한 주제를 중심으로 행해진 경우를 모두 프로젝트 또는 미니 스토리라고 말하고 있다.

(4) 발현적 교육과정

레지오 에밀리아 교육과정은 발현적 교육을 중시하는 것으로서, 발현적 교육과정(Emergent Curriculum)이란 과거 아동이 가지고 있는 대상에 대해 아동이 열정을 가지고 계획하고 자료를 수집하여 새로운 경험을 하는 과정을 말한다.

따라서 레지오 에밀리아 교육에서는 교사가 일반적 교육의 목표는 세우지만 세부목표는 미리 세우지 않고 과거의 경험과 유아에 대해 알고 있는 것을 기초로 가설을 세우고, 유아의 욕구와 흥미에 적응할 수 있는 융통성 있는 목표를 세움으로써 유아의 욕구에 따른 표현을 유발시키는 발현적 교육과정을 실시한다. 발현적 교육과정은 계획 또는 결과에 대한 것이라고 단정할 수 있는 성질의 것이 아니라 교사가 특정 학습자를 특정 장소에서 특정 시간에 반응적이 되도록 요구하는 계획의 과정이다(Nimmo, 1995).

발현적 교육과정을 운영하기 위해서는 프로젝트 활동의 진행 및 특성에 있어 융통성 있게 구성해 나가야 한다. 프로젝트 활동의 진행과정 동안 유아 간 혹은 교사-유아 간에 이루어지는 끊임없는 대화에 따라 프로젝트의 방향이 달라질 수 있기 때문이다. 그러므로 교사는 프로젝트가 진행될 방향에 대한 가설을 세움으로써 적절한 준비를 하고, 활동 속에서 유아들을 관찰한 후에 그 관찰을 동료와 함께 비교, 토의하고 해석한 다음, 탐색과 학습을 위한 방법과 제안할 내용을 유아들과 공유하여 선택을 해야 한다(Gandini, 1993).

리날디(Rinaldi, 1998)는 학습은 누적적이며 예상 가능한 단계에 따라 순차적, 한정적 또는 결정론적으로 진행되는 것이 아니라, 오히려 다방면으로의 전진, 정체 그리고 퇴보가 동시에 일어나면서 생성된다고 한다. 사람들은 다른 사람들이 가지고 있는 가설과 이론들을 접하고 또 다른 사람과 갈등을 겪으면서 사고가 풍요로워지고, 다른 한편으로 자신의 생각을 확인하고 부인하기도 하는 연속적 상황을 거치면서 그 과정에 참여한 사람들의 정체성을 구성함으로써 발전한다(Rinaldi, 1998). 이 과정에서 일어나는 문제와 갈등을 통해 아이들은 새로운 가설을 세우고, 실행하며 검증하는 방법을 통해 이론을 끊임없이 수정하고 자신들만의 새로운 이론을 만들어 낸다.

(5) 상징화 주기

인간은 상징과 표상이 있기 때문에 기억, 회상, 문제해결, 추론이 가능해지고 이에 능동적일 수 있다. 유아가 어떤 것을 안 것 혹은 이해한다는 것을 표현하면 더 명료화된다. 즉, 직관적인 사고가 의식적인 사고가 되기 위해서는 상징이나 표상으로 나타내어야 한다. 한 가지 상징체계로 표상할 때 나타나지 않는 개념도 다 상징적 매체를 이용하면 쉽게 나타낼 수 있다. 특히, 다양한 매체가 반성적 사고과정에 이용되면 이해의 수준을 넓고 깊게 할 수 있다(성숙향, 2003).

프로젝트가 전개되면 유아는 학습과정 속에서 한 가지 상황이나 개념을 언어로 토의하고 그림으로 그리고 탐색한 후 그 탐색을 바탕으로 다시 그리고 대상물을 복사하여 가상의 모형(simulate)을 만들다. 이와 같은 과정을 통해 유아는 자신의 초기 가설과 아이디어를 표상한다. 일차적으로 표상한 것을 실제 장면을 재방문하여 재표상한다. 이렇게 하여 거듭 표상과정을 거치는데, 이런 과정을 포먼(Forman, 1996)은 '상징화 주기(Cycles of Symbolization)'라는 개념을 사용하였다.

이 사이클이라는 의미에는 반복의 의미가 들어 있지만 그 반복이 동일한 과정과 절차를 거치는 단순 반복이 아니라 매체를 바꾸어보기도 하고, 새로운 시각에서 보기도 하며, 새로운 맥락에서 유아들이 동일한 현상이나 개념을 다루어보는 것이다(오문자, 1996). 이 개념은 반성적 사고능력을 향상시키기 위한 교수 전략으로 유아들이 현재의 가정, 아이디어, 이론을 그림으로 그리고 다시 그리게 하여 깊이 생각하는 능력을 향상시키는 데 의미가 있다.

(6) 표상을 통한 학습

레지오 에밀리아의 교육법에서 표상활동은 매우 중요하다. 표상은 아직 언어가 완전히 발달하지 않는 유아들에게 효과적인 사고의 수단이 되며, 그들의 이해의 정도를 객관적으로 가늠할 수 있는 잣대가 된다. 표상은 또 가시화될 수 있기 때문에 객관화, 반복, 반성이 가능하여 학습 내용을 교사가 탐색할 수 있다. 특히, 객관화의 과정에서 타자들과 표상에 대해 합의, 소통할 수 있다는 점에서도 유용하다. 레지오 교사들은 아동이 자신의 생각을 다른 사람이 이해할 수 있도록 표현하는 의사소통적 맥락의 표상활동을 강조한다. 여러 프로젝트에서 공통적으로 사용하는 방법으로 교사는 아동들이 이해한 것을 잘 모르는 학습의 다른 아동에게 발표하거나 어린 아동을 위한 사용지침서를 만드는 단계를 반드시 포함시킨다.

레지오 에밀리아 학교에서 사용한 상징적 표상은 학습과정의 한 부분으로 사고를 구성해 가는 중요한 요소이다. 자신의 경험을 반성하고 해석하며, 기억력을 일깨우거나 다른 사람의 아이디어를 나누기 위해 사용된다. 의사소통을 위한 표상은 다른 사람이 잘 이해할 수 있는 상징을 사용해야 한다. 포먼(1996)은 한 가지 주제나 개념의 이해를 위해서 다양한 매체를 사용하여 표상, 재표상하여 다양하게 표상한다면 각 매체의 서로 다른 인지 조직적 특성이 통합, 축적되어서 결국 주제에 대한 학습을 심화할 수 있다고 하였다.

레지오 교육에서 표상의 개념은 말로 생각과 느낌을 표현하는 언어적 표상, 사인펜, 연필 등을 이용한 그림을 그리고, 종이, 나무 구성물과 점토로 조각을 해 보는 도식적 표상, 제스처를 사용하는 신체표상, 또는 음악적으로 극화적 표상 등을 모두 포함한다. 이처럼 다양한 상징을 이용한 표상은 아동들의 특정 개념에 대한 이해를 심화시키고자 한다. 즉, 표상을 학습의 도구로 사용한다. 특히, 도식적 표상은 유아들이 자신의 그림이나 다른 유아의 그림을 읽는다고 말한다. 도식적 표상을 통해 현재 유아가 하고 있는 활동이나 주제에 대한 이해의 정도, 전 단계를 어떻게 이용하는지 알 수 있고 이것은 그리고, 가정, 설정, 토론, 토의의 기호가 되어 다음 단계의 조사와 지식을 심화시키는 자료가 된다(성숙향, 2003).

(7) 기록 작업

레지오 에밀리아 접근법에서의 기록은 연구목적을 위한 관찰기록과는 다르다. 기록 작업은 대안 평가의 한 방법으로, 기록을 통해서 유아를 평가하는 것이다. 즉,

기록화(Documentation)란 유아들의 활동에 관한 모든 과정을 기록으로 남기는 과정과 유아 행동의 결과로서 작품 두 가지 측면 모두를 의미한다(김희진 · 오문자, 1995).

다큐멘테이션은 어린이들의 활동의 전 과정을 다양한 기록으로 남긴다. 비디오, 슬라이드, 전사된 녹음기 등의 모든 다큐멘터리 조각들은 어린이들이 과정을 해석하고 이 과정에 어린이들이 부여하는 의미, 그들의 상징과 상징체계를 개인적으로 확장시키는 과정을 이해하는 데 근간이 된다. 다큐멘테이션된 프로젝트는 어린이들의 사고, 이론, 흥미와 관심 등이 녹아들어 있다. 관찰하고 기록한 것에 대한 해석은 교사들이 어린이들과 함께 일하는 데 중요할 뿐만 아니라 부모들을 위해서도 중요하다. 이 같은 시각에서 본 다큐멘테이션은 가족 참여에 새롭고 색다른 의미를 부여하여 가족 참여가 늘어나고 그 질이 향상되도록 해준다(Rinaldi, 2002). 기록 작업이 유아교육의 질 향상에 기여하는 바를 다음과 같이 네 가지 측면으로 생각해 볼 수 있다(Kate& Chard, 1989).

첫째, 기록 작업은 유아들이 말과 행동에 대한 구체적이고 가시적인 기억을 함으로써 자신과 타인의 느낌과 사고를 재방문 · 재수정 · 재고찰함으로써 다음 학습을 위한 출발점이 되고 심화학습이 된다.

둘째, 교사들은 기록한 자료를 토대로 유아들을 보다 더 잘 이해할 수 있고, 다른 교사들과 함께 활동을 확장하여 이후 방향의 결정을 위해 분석하고 토의한다.

셋째, 기록을 통해 부모들은 유아에 대한 정보와 유치원 교육과정의 목표를 인식하고 교사들을 신뢰하고 존중하게 될 뿐만 아니라 교육활동에 부모를 적극적으로 참여시키는 수단이 된다.

넷째, 기록화는 그것이 수행되는 발현적 교육과정으로 인한 유아의 관심과 흥미 정도에 따라 유아에게 많은 자율성을 준다(신현자, 2000).

이처럼 기록화는 대안평가의 한 방법으로, 기록을 통해서 유아를 평가하는 것이다. 기록화 활동이 유아교육의 질 향상에 기여하는 바를 네 가지 측면으로 나누어 본 결과, 기록화가 유아, 교사, 부모, 교육과정에 모두 효과적임을 알 수 있다. 즉,

기록화는 유아들의 심화학습을 조장해 주고, 교사는 유아에 대한 깊은 이해가 가능하며 자신의 교수전략의 반성적 평가에 도움을 준다고 하였다. 또한 부모에게는 유아에 대한 폭넓은 이해가 가능하고 발현적 교육과정의 계획과 평가를 가능하게 한다는 효과를 밝히고 있다. 레지오 에밀리아 접근법에서 모든 기록은 기록으로 끝나지 않고 전시로 이어진다.

4) 레지오 에밀리아 접근법에서의 교사의 역할수행

레지오 접근법에서 교사는 학습자, 협동자, 연구자, 청취자, 활성자, 모델 등 여러 역할을 한다(Edwards, 1993). 서지영 · 서영숙(2002)은 레지오 접근법을 적용하는 영유아 보육 및 교육기관 교사가 수행해야 할 역할을 다음과 같이 정리하고 있다.

(1) 안정감을 주는 친근한 교사

영유아를 위한 보육 · 교육기관은 아동과 애착관계를 형성하고 가족적인 안정성을 유지하는 것이 매우 중요하다. 즉, 유아교육기관과 교사는 가정생활이 주는 중요한 이점과 특징을 살리면서 아동과 친밀해야 하고 지속적으로 전문가 역할과 기관의 규칙, 제한과 기준을 지켜서 조화를 이루게 해야 한다. 한 기관에서 한 선생님과 같이 지내는 것은 친밀성과 지속성에 대한 요구를 채울 수 있다.

교사는 개별 아동의 특성, 요구, 흥미를 상세히 조사, 관찰, 기록하여 매주 교사토론에서 상세한 정보를 나누기도 하고, 부모 참여를 중요하게 여겨 기관과 가족의 연결을 강화해야 한다. 이것은 유아교육기관에서만 끝나는 것이 아니라 지역사회와 연결하여 지역 사회는 재정 지원을 통해 가족관계의 장점을 살릴 수 있는 교육이 현실적으로 이루어지게 해야 한다. 또한 아동을 격려하고 보호함으로써 아동을 지역사회의 일꾼으로 키워야 한다.

(2) 동기를 유발하는 교사

교사는 연구와 학습의 흥미를 자극하는 환경을 만들고, 아동이 이미 가지고 있는 학습의 능력을 바탕으로 더 나아가게 격려해야 한다. 교사나 성인은 아동과 상호작용 방식에 따라 아동의 동기유발과 학습에 영향을 준다. 아동은 교사와의 상호작용을 통해 가능성의 범위가 넓어질수록 강하게 동기화되고 더욱 풍부한 경험을 하게 된다. 따라서 교사는 아동을 위해 가능성의 범위를 확장시켜 주어야 한다. 교사는 질문하고, 제안하고, 증명해 보여 주고, 자극적인 상황을 만들어 아동의 호기심을 불러일으키며 생각을 격려하는 역할을 해야 한다.

(3) 함께 감탄하고 탐구 · 표현하는 교사

프로젝트에서 사태가 어떻게 전개될지는 아무도 정확하게 모른다. 모든 참여자가 다 그 방향과 시간에 영향을 미치는 사회적 구조 속에서 협력하며 탐색해 간다. 이런 구조에서는 마치 탐정이 사용하는 것과 비슷한 연역적 방법을 사용하는데, 여기서 “의문”과 “감탄”이 환영받는 요소이다(Filippini, 1993; Rinaldi, 1992).

즉, 집단토론과 활동으로 이어지는 일종의 지적 스파이크를 일으키는 것이다. 아동의 놀이 상황에서 참여와 의사소통은 교사의 도움 없이도 일어나지만 교사가 그런 상황을 놓치지 않는 것이 중요하다. 교사는 아동의 대화, 공동활동, 지식의 공동 건설을 자극하고 촉진하는 것을 통해 발견의 기회를 제공하는 것이다. 이것은 아동과 함께 활동에 참여하는 과정에서 잘 일어난다.

(4) 지식을 빌려주는 자원이 되는 교사

교사와 부모는 아동이 원할 때 도와줄 수 있는 자원이 된다. 자원 인사는 단지 질문에 답해 주는 것이 아니라 아동이 해답을 찾도록 도와주고, 더욱 중요한 것은 아동 스스로 좋은 질문을 생각해 낼 수 있도록 돕는 것이다(Rinaldi, 1993). 그러므로 레지오의 교사들은 아동이 가진 경험이나 생각과는 다른 경험이나 생각, 풀어야 할 문제 등을 아동에게 제공하는 역할을 중요하게 생각한다. 소위 비고츠키가 말하는 근접발달영역(ZPD), 즉 가능한 실제의 발달수준과 잠재적 발달수준 사이의 영역은 성인과 아동 간의 상호작용과 협력을 위한 풍부한 가능성을 시사한다.

때때로 근접발달영역 이론이 성인 중심적이고 교수 중심적인 과거의 관점으로 퇴행시킬 우려도 있다. 그러나 말라구치는 아동이 "도약"할 수 있는 기대와 준비를 하고 있음을 보일 때 성인의 역할은 중요하다(Malaguzzi, 1993)고 보며, 그런 상황에서 성인은 아동에게 그의 판단과 지식을 빌려줄 수 있고 또 그렇게 해야 한다고 주장한다. 그러나 이것은 조건이 있는 대여, 즉 아동이 다시 갚을 것이라는 조건을 전제로 한 대여이다. 이런 대여를 통해 아동은 즉각적으로 되돌려 주고 풍부해지며 더욱 정교하게 성장한다(Rinaldi, 1993b).

(5) 반응적 경청을 하고, 기다리고, 적절하게 개입하는 교사

지적 발견은 근본적으로 사회적 과정이라고 본다. 그러므로 교사는 아주 어린 아동도 남의 말을 듣고, 타인의 목적과 아이디어를 고려하고 타인과 성공적으로 의사소통하는 것을 배우도록 도와주어야 한다. 교사는 아동에게 필요한 시간을 주는 방법을 알아야 한다. 개인을 고립시키지 않고도 창의력과 주관성을 보호해 주고 소집단의 일원으로 문제에 직면하며 해결할 수 있는 기회를 주어야 한다. 아동이 자신들의 방식대로 사고하도록 지원해 주기 위해 교사는 주의 깊게 듣고, 기다리고, 적절하게 개입해야 한다. 아동의 몸짓과 언어에 더욱 주의를 기울이고 그것의 의미를 해석하는 능력을 키워야 아동의 활동에 더 잘 피드백하도록 자신을 조절할 수 있다.

레지오의 교사는 아이들을 주의 깊게 관찰하고 그들의 대화를 경청하여 어떻게 활동을 계획하고 진행할 것인가에 대한 근거 자료로 활용한다. 즉, 교사는 아동의 생각, 가설, 이론을 발견하고 기록하고 그것을 근거로 토의한 다음 융통성 있는 계획과 준비를 한다. 레지오의 교사들은 아동이 말하는 것을 듣고 다시 듣고 또 아동이나 동료, 학부모와 나누기 위해 녹음기를 사용하여 아동의 대화를 녹음하기도 한다.

교사는 아동의 사고와 활동을 지원하기 위해 집단토의시간에 초점이 될 수 있는 개별 아동이 아이디어를 물색하고, 아동으로 하여금 자기가 한 일, 생각한 것, 결정한 것을 기억하도록 도우며, 아동에게 아이디어와 정보를 제공하고, 아동들이 사회적 · 인지적 과정을 계속해 나가도록 중재하며, 아동의 질문이 형성되도록 돕고, 어떤 질문에 가치를 부여하고 주의 집중을 하도록 영향을 미치는 등 동시에 많은 역할을 한다(Rankin, 1997). 교사는 아동에게 어떤 생각을 제시하거나 습관을 형성시키기 위해 학교에 있는 것이 아니라, 지역사회의 한 일원으로서 아동에게 영향을 줄 수 있는 것을 선택하고 아동이 그 영향에 적절하게 반응하도록 돕는 반응적 관찰자로서의 교사의 역할을 해야 하는 것이다(Dewey, 1956).

(6) 아동의 활동을 기록하고 전시하는 교사

레지오의 교사는 학습을 나선형 과정으로 보고 아동이 경험한 내용을 발견하고 재방문할 기회를 가지도록 제안하며 아동을 학습과정의 파트너로 인식한다. 교사들은 탐색한 내용을 아동활동에 연결시켜 지도할 뿐 아니라, 기록과 전시를 통해 아동에게는 물론, 교실 밖의 사람들에게 전달하는 역할도 한다. 기록과 전시가 주는 교육적 효과를 살펴보면 다음과 같다.

첫째, 기록화는 유아에게 자신의 감정 및 아이디어가 의미 있는 것임을 인식하게 하고 긍정적 확신감을 갖도록 하는 역할을 한다(Edwards, 1993). 유아 간의 상호작용을 촉진시킬 뿐만 아니라 다른 유아와의 협력도 가능하게 해 주고, 유아에게 지난번의 경험을 다시 제공함으로써 경험의 재발견을 통한 지식의 재구성 자료가 되기도 한다.

둘째, 기록은 교사와 부모의 유대관계에 긍정적 영향을 주고, 교사 간 의견교환의 촉매제 역할도 한다(Malagguzi, 1993; 박정옥, 1998). 기록은 반영적 사고뿐만 아니라 유아들의 발달상황이나 학습 진전을 평가할 수 있는 평가도구도 될 수 있다(Helm, Beneke, Steinh, 1998). 교사에게는 연구자로서 자세를 갖고 유아들의 사고에 관해 알아보는 방법으로 활용, 향후 프로젝트 및 교육활동 고안의 자료가 된다.

셋째, 부모에게 유아와 교사와의 의사소통에 있어서 효과적인 방법을 제시하고, 프로젝트 활동에 부모를 참여시키는 수단이 된다.

넷째, 기관의 방문객들에게 기관의 교육방법을 알리고 피드백을 받을 수 있는 의견 교환의 방법이 된다.

다섯째, 기록의 전시는 유아교육기관의 모든 벽에 유아와 교사가 창출해 낸 것을 영구적 또는 단기적으로 전시하는 장소로 사용한다. 유아들의 작품 옆에는 항상 유아들이 작업하는 사진, 의견, 질문을 글로 옮긴 것 등이 함께 전시된다. 이러한 전시는 프로젝트의 주제가 교실 전체에 스며들게 할 뿐 아니라 부모나 다른 교사에게 알리는 데도 도움이 된다.

(7) 연구하고 발전하는 교사

레지오의 교사들은 교육과정 계획과 교사발전을 위해 매일 학급에서 실시되고 있는 활동에 대한 체계적인 연구를 한다(Edwards, 1993; Malaguzzi, 1993a). 아동들 사이에서 어떤 프로젝트에 대한 흥미가 떠오르면 그 프로젝트를 어떻게 전개시켜가야 할 것인지, 그 프로젝트와 관련된 아동의 사전경험은 어떤 것이 있는지, 아동들의 표현활동은 그들의 사고와 어떻게 연결되어 있는지, 아동이 사물이나 사건에 대해 세우고 있는 그들 나름의 가설은 무엇이며, 그것을 어떻게 드러내는지 등 교사들의 연구 주제란 끝이 없다. 교사들은 이런 질문들을 혼자서 연구하는 것이 아니라 같은 반 동료교사나 기관에서 같이 근무하는 교사, 장학사, 장학관, 부모들과 더불어 같이 고민하여 의사결정을 내린다.

교사의 전문가로서의 성장은 자기 스스로의 노력에 의해서도 이루어지겠지만, 동료나 부모들과의 대화와 토론, 아동과의 생활을 통해서 더욱 풍성해진다

(Malaguzzi, 1993; Rinaldi, 1994). 그러므로 현장에서 아동과 생활하며 선배 교사와의 교류를 통해 전문성을 성장시켜 가는 현장교육을 중요하게 여긴다.

(8) 동료 교직원과 협동하는 본이 되는 교사

레지오 에밀리아 학교에서는 원장이 없으며 주교사와 보조교사의 차이가 없이 교사 간의 공동작업을 통해 기관이 운영된다. 교실에서 공동 담임교사 간의 협동이 있는가 하면, 교사와 아동 간의 협동, 기관 전체 교직원과의 협동, 그리고 부모나 지역사회와의 협력 등을 생각할 수 있다.

그들은 교육과정 계획단계에서부터 문제나 위험부담에 대해 충분히 의견을 나누고, 실수도 함께 해결하며, 상호 협력하여 노력한 결과도 공유한다. 이런 교사의 협동행위는 개방적으로 토론하는 의사소통의 분위기를 만드는 데 기여한다. 또한 아동은 교사들이 어떻게 협동하며 작업하고, 토론하고, 연구하는지를 보면서 배운다. 협동은 레지오 접근법의 특징적인 요소이다.

(9) 정치적 활동에 참여하는 교사

레지오의 교사들은 일반적인 교사역할 외에도 공립 유아교육 · 보육을 위한 정치적 활동에 참여한다(Edwards, 1993). 정치적 활동이란 학교운영자문위원회나 학교조정위원회에 참석하여 교육 프로그램이나 재정, 정책 등에 대한 발언을 하는 것을 비롯하여 지역사회의 모임이나 행사에 참여하여 아동의 권리를 옹호하고 발전시킬 수 있는 발언이나 행동을 하는 것 등을 의미한다.

(10) 다양한 매체를 제공해 주는 자원을 재활용하는 교사

자원 재활용이나 재활용센터의 중요한 목적은 버리는 물건, 불완전한 상품, 쓸모없는 물건을 활용하여, 이런 물건들이 커뮤니케이션과 창의성에 새로운 가능성을 준다는 생각을 북돋우고자 하는 것이다. 어린이는 같은 개념을 다른 매체로 표상 할 때 더 깊이 있게 배운다.

각 매체들은 각기 다른 유용성을 가지고 있으며, 매체마다 다른 유용성으로 인해 특별한 시각을 야기시키고, 쉽게 사용할 수 없는 매체와 타협하는 것을 배우게 하며, 기본 단위방식, 시간의 지속성, 피드백의 양과 같은 매체의 여러 양상들이 아동의 표상적 관점에 영향을 미친다(Forman, 1994). 그리고 자원 재활용을 통해 자연에 대한 존중은 물론, 유치원과 어린이집이 지역사회에 갖는 의미, 사회가 유아를, 유아가 사회를 어떤 존재로 보는가 하는 새로운 지역사회와의 관계를 형성하는 계기가 된다(서영숙, 1998).

(11) 다양한 시청각 기자재를 활용하는 교사

공간 꾸미기와 더불어 레지오에서는 집기류나 시청각 기자재를 갖추는 작업도 이루어진다. 삼각거울, 라이트테이블, 다양한 모양의 선반 등이 있고, 조명등, OHP, 환등기 등의 시청각 기자재와 스캐너 등 컴퓨터 관련 제품도 활용된다.

이 모든 것이 더 많은 사회적 상호작용을 이끌어 내고 더 다양한 표상작업이 이루어질 수 있도록 교구 · 교재를 갖추는 것이며 프로젝트 과정에서 순환이 더 잘 이루어지도록 전시를 효과적으로 하기 위한 도구를 갖추는 것이다. 그리하여 교실은 더욱 매력적으로 변하고 그 속의 아동과 교사는 점차 자극을 받아 새로운 환경과 활동에 관심이 끌리게 된다.

2. 발도르프 접근법

1) 발도르프 프로그램의 배경

발도르프 교육철학은 제1차 세계대전으로 인한 사회적 · 경제적 혼돈 속에서 독일의 교육사상가인 슈타이너의 인지학적 관점을 바탕으로 정립된 것이며, 1919년에 남부 독일 슈투트가르트에서 발도르프 아스토리아 담배공장 노동자들의 자녀들을 위해 처음 학교를 세우고 발도르프 교육철학을 실천할 수 있는 교육의 장이 마련되었다. 발도르프 교육철학은 인간을 그 중심에 두고 인간의 신체, 영혼, 정신의 건강한 발달을 추구한다.

슈타이너는 발도르프 교육을 통하여 학령기에 있는 7~21세까지의 교육대상자에게 육체와 정신이 조화롭게 성장할 수 있도록 돕고자 했다. 보편적인 발달단계에 맞는 교육 내용과 개별적인 아이의 발달특성에 근거한 개별화교육이 함께 이루어진다. 교육계획과 교수법은 아이의 발달상태에 맞추어져 있으며 이는 담임교사의 통찰과 노력이 끊임없이 요구되는 일이기도 하다.

슈타이너가 성장하고 진화하는 존재로서 인간의 본성을 중시하는 그의 인지학을 바탕으로 만든 교육모델인 발도르프 교육은, 산업시대의 물질만능주의와 인간소외 및 상실의 문제, 학습자의 가치와 자율성 및 삶을 소외시키는 지식과 결과 위주의 학교교육의 문제를 극복하기 위함이었으며 인지학에 기초한 것으로 20세기 아동 중심 교육의 하나로 시작되어 현재까지도 전 세계에 대안교육으로서 성장해오고 있으며, 슈타이너의 정신이 실천되고 연구되고 있다.

발도르프 교육의 특징은 남녀공학, 에포크수업, 전인교육, 성적이 없는 성적표, 교과서 없는 수업, 외국어 수업의 발달, 자치 행정 등이 있다. 루돌프 슈타이너는 레알슐레에 다니던 시기에 칸트의 순수이성비판에 흥미를 느꼈다. 그러나 그는 칸트의 의견에 반대하며 '사고와 경험은 끊임없이 발달할 수 있는 것'이라는 생각을 가졌다. 대학 진학 이후 그는 피히테, 셸링, 헤겔 등의 책을 탐독했고, 당시 문학을 가르쳤던 슈레어 교수의 영향을 받아 정신세계와 물질세계 사이의 관계를 새롭게 바라보게 되었다(정윤경, 2004). 이는 발도르프 교육학에 적용되었는데, 그는 당시의 학교교육이 가시적인 물질세계에만 매달리고 있는 것을 비판하며 가시적인 물질세계와 비가시적인 물질세계를 연계하려고 노력했다(정윤경, 2004).

이 외에 슈타이너는 쉴러의 저서 《인간의 미적 교육에 대한 편지》와 괴테의 자연과학에 관한 글 등의 영향을 받았다. 슈타이너는 교육이란 인간 본성에 대한 올바른 인식에서 출발해야 한다고 강조하였고, 인간의 본질을 이해하기 위한 여러 가지 개념을 제시하였다. 슈타이너는 인간을 신체(body), 영혼(soul), 정신(sprit)의 세 가지 요소의 통합체라고 하였을 뿐 아니라, 전체적인 인간의 발달과정을 설명하기 위하여 인간을 외형체(physischerleib), 생명체(etherleib), 자아체(ichleib)라는 세 가지 구성체로 설명하였다. 슈타이너는 현대의 물질 위주의 사고로는 대상을 제대로 파악할 수 없다고 하였다. 또한 인간의 신체적인 특성도 영혼적이고, 정신적인 부분의 특성이 반영된 결과라고 말한다. 현대사회의 교육을 바라볼 때, 교육의 진정성 및 방법론, 교육철학에 대한 갈등은 늘 존재하며 교육적 가치와 실천방법 및 결과에 대해 끝나지 않는 문제의식은 지속적인 과제로 이어지고 있다.

2) 발도르프 교육에서의 환경

발도르프 유아교육기관의 환경구성은 발도르프 교육학을 기본으로 해야 하며, 그 근거한 구체적인 원리가 실제적인 환경에도 담겨져 있어야 한다. 발도르프 교육공간은 인간발달에 따라 정서적 · 신체적 · 영혼적 발달에 따라 조성됨을 볼 수 있으며 어린이를 보호하는 환경, 어린이가 스스로 만들어 가는 환경, 질서와 조화, 자유로운 놀잇감, 자연과 계절에 어우러지는 삶의 공간 등의 다섯 가지를 도출할 수 있다(윤선영, 2010.).

슈타이너의 인지학적 이념이 드러나는 환경은 발도르프 학교 건물에서부터 찾아

볼 수 있다. 발도르프 유치원과 학교의 건물은 각이 없는 곡선으로 이루어진 것을 특징으로 지붕, 교실, 복도, 모두 곡선으로 되어 있다. 발도르프 유치원의 실외 놀이터에는 모래밭과 조그만 놀이집, 나무가 있을 뿐 유치원에 반드시 있어야 한다고 알고 있는 미끄럼틀, 정글짐 등이 없는 곳도 많다(곽노의, 1999). 이러한 물리적 공간의 특성은 어린이들이 최대한 자연과 가까운 곳에서 교육받을 수 있도록 설계된 것이다.

발도르프 유치원의 실내 역시 안정과 자연스러움을 추구한다. 유치원의 실내는 목재로 되어 있어 자연스러움과 부드러움, 편안한 분위기를 느낄 수 있고, 환경을 구성하는 기본재료는 자연에서 온 재료들이다. 각 계절에 맞는 자연물로 환경을 구성하여 유아가 도시나 밀폐된 주거환경에서 사계절 리듬을 직접 경험하지 못하는 것을 유치원에서 느낄 수 있도록 고려하여 환경을 구성한 것이다(김정임, 2006).

특히 슈타이너는 환경을 구성하는 데 있어 색채에 관한 것을 중요하게 생각하였다(Steiner, 2008). 지나치게 화려한 색은 자극적일 수도 있고 회색이나 갈색은 음울하게 만들 수 있기 때문에, 교실의 벽은 문양이 없고 단순하며 은은한 색을 권장한다. 따라서 발도르프 유치원에서는 분홍색 벽지와 커튼의 색을 추천한다. 아이들이 태어나기 전에 태반이 분홍색이기에 유아들은 분홍색에 안정감을 느낄 수 있기 때문이다(김유라, 2014).

(1) 어린이들이 자신의 신체기관을 만드는 데 도움을 주는 환경

슈타이너는 '어린이는 온전한 감각기관'이라 했다(Sassmannshausen, 2003). 이는 주변 환경이 어린이의 성장발육에 직접적인 영향을 미치고 있음을 의미한다. 예를 들어, 주변의 모든 색, 조명, 형태, 재질 등은 감각적으로 어린이들의 신체 형성에 영향을 미친다. 색깔은 어린이들의 신체형성을 촉진하거나, 영혼의 상태에까지 영향을 미친다. 벽의 색깔은 생명력을 활성화하는 색깔이 좋으며, 옷의 색깔은 소극적인 어린이의 경우 초록색을, 활동적인 어린이는 붉은 색깔로 입혀 보색의 영향에 따른 영혼의 상태를 고려한다(Steiner, 1992).

그래서 만일 교실 분위기가 항상 산만하다면, 작은 무늬들이나 장식이 너무 많거나, 초록색이 너무 많지는 않은지 살펴볼 필요가 있다(윤선영, 2010). 재질은 자연물과 같이 영유아의 유기체 형성에 좋은 자극을 주는 것이어야 한다. 흔히 발도르프 교육은 '자연친화적'이라 자연물을 제공한다고 여기기 쉽지만, 사실은 자연물이 무엇인가를 규정하는 것이 없어서 어린이들이 자유자재로 사용할 수 있다는 점과, 겉과 속이 같은 '진실한 세상'이기 때문이다. 또한 다양한 색, 재질, 크기의 천연직물도 어린이들이 마음껏 무엇인가 만들어 볼 수 있는 놀잇감으로서 일차적인 자연물에서와 같은 효과를 지닌다(윤선영, 2010).

(2) 질서 있는 환경

발도르프 유아교육학에서는 심리학적 관점에서 어린이가 '세상은 항상 정돈되어 있다'는 신뢰감을 갖는 환경이 필요하다고 본다(Sassmanshausen, 2008). 영유아기 어린이들은 세상에 대하여 거리감을 가지고 지적으로 기억하고 이해하며 대하지 않고, 세상과 직접적인 관계 속에서 놀이에 대한 강한 의지로 접하고 있다.

그래서 놀잇감들은 늘 제자리에 있어야 하고, 그렇지 않을 때에는 당황스러워한다. 심지어 자기가 찾는 놀잇감이 바로 옆에 있는데도 없다고 말을 하곤 한다. 그래서 교실안의 모든 물건들은 제자리를 가지고 항상 거기에 놓여 있어야 한다. 이러한 공간적 질서는 어린이들로 하여금 놀이에 대한 충동을 항상 새롭게 불러일으키고 세상에 대한 안정감을 형성해 준다(윤선영, 2010).

(3) 자연과 계절의 흐름에 어우러지는 삶의 공간

발도르프 유아교육기관에서는 영유아가 인위적인 목표에 의해 학습하지 않고 삶에 참여하면서 배울 수 있도록 생활을 조성하는 것을 중시하고 있다(Sassmannshausen, 2008). 그래서 학습은 간접적인 과정이 된다. 영유아는 이 세상에 살기 위해 태어났으며, 그들이 가지고 있는 삶에 대한 신뢰감은 곧 학습의 질을 결정한다. 발도르프 유아교육학에서는 영유아가 최대한 삶을 경험할 수 있도록 실제의 생활이 영위되는 공간이 제공되어야 함을 요구한다. 그것도 삶을 가르치기 위함이 아니라, 삶이 요구하고 있기 때문에 삶에서 필요한 작업이 이루어질 수 있는 공간을 의미하는 것이다.

오래전부터 인간은 계절에 적절히 어울리는 생활을 지혜롭게 해 왔다. 청소하기, 빨래하기, 다리미질하기, 채소와 과일나무 가꾸기, 요리하기, 식사준비, 축제준비와 같은 생활작업이 자연스럽게 이루어지며, 어린이들에게 필요한 놀잇감이 만들어지고, 고장 난 것은 고치고 놀이기구나 부서진 것을 수리하는 일들이 생활 속에서 이루어져야 한다. 즉, 삶과 환경과는 서로 상관이 있어야 한다(윤선영, 2010).

물리적인 발도르프 영유아교육기관의 공간특징 가운데 실외환경은, 외부는 자연으로부터 어떠한 형태를 모방하고자 한 것이 아니라 자연에서의 성장 · 변화하는 원리를 건축에 도입하여 건물을 자연 속에서 호흡하는 실체로서 하나의 살아 있는 유기체로 보았다. 영유아 교육기관은 영유아의 성장과 변화의 장으로서 생명감, 아름다움, 인간과 자연, 그리고 우주가 소통하고 교감하는 장소로서의 역할을 할 수 있게 하며, 실내 · 외 어느 곳에서나 자연을 마주 할 수 있도록 구성되어 있다. 또한 영유아의 신체를 발달시킬 수 있는 자연물로 만들어진 놀이기구들이 있다. 큰 나무 원통, 나무를 이용하여 만든 놀이집, 흙을 쌓고 그 위에 미끄럼을 놓아 만든 미끄럼틀, 커다란 나무에 튼튼한 줄을 이용해 묶어놓은 그네, 모래밭, 다양하게 잘라 놓은 나무토막, 나뭇가지, 긴 밧줄, 짧은 밧줄, 모래용 삽, 그릇, 쇠수저 등이 있다.

유아들은 주어진 모든 놀잇감을 이용하여 놀이를 통해 균형 감각을 발달시키며, 신체발달을 촉진시킨다. 자연에 대한 이해와 감사하는 마음, 자연을 마주하는 법을 직접 경험할 수 있는 살아 있는 환경을 제공하고 있다. 실내공간을 살펴보면 교실도 외형과 마찬가지로 부드러운 곡선의 형태이며, 기둥이나 벽과 천장, 창문의 모양에서도 직각이 없는 부드러운 곡선을 느낄 수 있다. 건축에 관련하여 슈타이너의 지침에 따르면, 유아들이 지내는 건물은 부드러운 곡선으로 이루어져 있어야 하고 아늑한 곳과 놀이공간이 유아들을 포근하게 둘러싸고 있는 듯한 느낌을 줄 수 있어야 한다(Dandy, R. B., 2002). 또한 복도나 거실을 거치지 않고 교실에서 바로 실외영역으로 나갈 수 있게 구조화되어 있어 교실 내의 활동을 실외로 쉽게 연장할 수 있다.

3) 발도르프 교육환경과 놀잇감의 원리

놀잇감은 유아의 상상력을 자극하고 촉진할 수 있도록 매우 단순한 것들이다. 이러한 가장 기본적인 형태를 갖도록 만든 장난감보다 영유아로 하여금 새로운 것을 상상하도록 하여 다양하고 독창적인 놀이를 할 수 있는 여지를 만든다. 그 외에 발도르프 교육기관에서 영유아의 창의적인 놀이를 돕는 데 중요한 부분을 차지하고 있는 것이 바로 인형이다.

그리고 단순한 형태로 구체적인 부분이 최소한으로 표현된 인형을 통해, 영유아는 자기 나름대로의 상상력을 동원하여 구체적인 부분들을 마음속에서 완전하게 만들기도 하고, 이미지를 필요에 따라 다양하게 변화시키면서 내면의 정서를 표현하는 수단으로 사용한다(강도은 역, 2007).

(1) 촉각과 관련된 놀잇감

영유아로 하여금 놀잇감에서 자연 속에 숨겨져 있는 존재의 비밀을 무의식적으로 감지하고, 상상력이 발동하여 다양한 용도로 하용하며, 놀이를 창조하게 한다. 또한 '진짜'의 질감을 경험하면서 동시에 영유아들은 자신을 경험한다. 이때 비로소 자신의 경계를 느끼고, 자신 안으로 들어와 다시 세상을 향할 수 있게 된다. 그리고 자연에 대한 경외심이 생기는 것이다. 만일 자연물의 다양한 재질에 대하여 실험을 통해 알아본다면 자연의 정신적인 신비감은 소멸되고, 자연을 사랑하는 마음보다는 소비를 지향하는 물질주의적 사고방식을 키울 수 있다(윤선영, 2010).

(2) 방향 및 균형감각과 고유운동감각에 관련된 놀잇감

모래주머니, 평균대, 오름집 등의 방향 및 균형감각, 고유운동감각을 위한 놀잇감은 영유아가 모험적으로 여러 가지 동작을 시도하여 봄으로써 신체조절능력이 발달되며, 특히 균형잡기 놀이는 수학적 적응에도 필요한 능력을 길러준다.

체조나 체육활동이 특정한 신체부위의 기능적인 운동능력에 초점을 두는 데 반해, 이러한 움직임은 삶에 필요한 신체의 전반적인 힘이 길러지는 데 기여한다. 그것은 태권도나 체조와 같이 기계적이며 절도 있는 움직임을 너무 이른 시기에 배우게 되면 자발적인 움직임을 배울 기회가 그만큼 줄어들기 때문이다. 또한 인간이 균형을 유지하면서 자아를 인식할 뿐 아니라 타자, 즉 만물의 존재를 인식할 수 있다고 한다(Soeman, 2007).

(3) 청각과 관련된 놀잇감

오음계 악기들은 부드럽고 아름다운 소리를 내어, 꿈을 꾸는 듯한 분위기를 자아내며, 아직 꿈꾸는 듯한 상태에서 자라나고 있는 영유아의 정서와 잘 어울리며, 음악적인 감각발달에도 긍정적인 영향을 준다. 이는 5도음이 어린이들을 감싸 보호하는 효과가 있기 때문이다. 그러나 이 세상에서 가장 좋은 악기는 사람이 가진 성대이며 가장 아름다운 소리는 사람의 목소리이다. 따라서 교사가 직접 불러주는 노래는 가장 훌륭한 음악이 될 수 있다(윤선영, 2010). 놀이활동을 통해 교사가 나지막하게 불러주는 노래는 모두의 합창이 되고 놀이를 더욱더 재미있고 흥미롭게 하는 요소가 된다.

(4) 시각과 관련된 환경과 놀잇감

영유아교육기관의 벽면은 살굿빛을 띠기도 하고 복사꽃과 같기도 하며 또 엄마의 자궁 속과 같은 색깔로 엄마 품에 안긴 듯 따스하고 편안함을 느낄 수 있게 한다. 벽면에 그림이나 전시물을 게시할 때에는 선보다 면으로 그린 그림을 게시하며, 인형극을 할 때에는 등장인물은 단순하게 표현하고 옷의 색깔로 등장인물의 특성을 나타낼 수 있도록 표현하게 된다. 영유아는 색에 대한 감각이 활성화되어 있다.

따라서 성인보다 직접적이며 본질적인 특성으로 선과 악, 좋고 나쁨, 악마와 천사 등의 특징을 가르쳐주지 않아도 옷의 색깔로도 구분하여 즉각 알아차린다. 벽에 그림을 걸거나 할 때에는 선을 배제하고 면으로 그림을 만들어 벽면에 붙여 놓는데, 이 그림들은 시야를 자유롭고 편안하게 한다. 그리고 놀잇감 및 환경의 제공에 있어서 가짜가 아닌 진짜의 것을 제공해주고자 한다. 그 이유는 발도르프 유아교육기관에서는 가짜의 삶이 아닌 실제의 삶을 살도록 하며, 따라서 실제의 사물을 제시하여 실제로 사용하고 있는 것이다. 이는 "실제의 사실적 논리"와 관련이 있다. 사용하는 도구가 어떻게 만들어지고 우리의 생활에 어떻게 사용되며 우리 삶에 효용성을 부여하는지? 그리고 어떻게 다루어야 하는지 등을 생생하게 경험하여 인과관계 및 과정, 사물들의 관계성 등을 알 수 있는 생생한 체험을 가능하게 한다는 것에 의미를 두기 때문이다.

실제의 것을 사용하면 자칫 위험해 보여 안전사고가 발생하지 않을까 우려되어 보통 일반 유아교육기관에서는 가짜의 모조품을 사용하거나 아예 제공하기를 꺼려한다. 그러나 영유아는 진짜의 물건을 다룰 때 더욱 조심하게 되고 사물에 대한 관심도 더 커진다. 도구와 기계에 대하여 그림으로 옛것과 오늘날에 사용하는 것, 용도 등을 간접적이고 주지주의적인 교육방법으로 다루는 것보다, 실제 생활 속에서 사용하게 되면 영유아는 훨씬 많은 것을 체험하게 된다(윤선영, 2010).

(5) 상상력과 창의력을 키우는 환경을 조성

완벽하게 만들어져 있고, 볼에 볼터치를 한 '아름다운' 인형은 어린이에게 잘못된 미적 감각을 심어줄 수 있을 뿐만 아니라, 영유아의 두뇌활동이 별로 활성화되지 못한다(Steiner, 1992). 공장에서 찍어낸 같은 모양, 같은 색깔, 같은 표정의 인형이 모든 영유아들의 놀잇감이 된다면 그 안에서 개별적이고 상상력이 풍부하며 창의적인 감각과 생각을 이끌어 내는 데에는 한계가 있다.

영유아가 스스로 상상하며 개발하고 만들어 가는 활동이야말로 두뇌를 발달시키며 창의적인 두뇌의 형태를 조성해 나갈 수 있는 여건을 제공해 주는 것이다. 그러므로 발도르프 교육에서의 중심적 과제는 영유아에게 가능한 많은 자유의 공간을 주는 것이다. 이것은 영유아가 태어날 때 지니고 온 많은 과제들을 스스로 수행할 수 있도록 하는 힘을 기르는 것과도 관련이 있다(Sassmannshausen, 2009). 영유아에게 최소한의 것을 제공하고 보여 주는 일은 영유아 스스로 상상하고 채워갈 수 있는 여지를 주어, 영유아다운 판타지의 경험을 충분히 풍부하게 하며 표상능력을 갖게 한다. 이후 학교에 들어가면 형상화(Imagination) 능력으로, 그리고 사고력으로 발달하게 된다. 상상력은 창의성뿐만 아니라 자신의 신체를 인식하는 정도를 고려하여 제공하는 것이 좋다. 예를 들어, 줄인형이나 줄인형극의 경우 영유아의 영혼에 작용하는 폭이 크기 때문에 가급적 큰 어린이에게 제공한다(윤선영, 2010).

발도르프 유아교육에서 유아의 상상력 발달은 매우 중요하다. 영유아는 삶을 모방하면서 삶의 행위를 배우고, 인간의 노동행위, 식물이나 동물과 같은 자연과 인간과의 관계, 인간 간의 관계, 언어(모국어)까지도 배우게 된다. 이와 같은 경험은 상상력의 기초가 되어 유사한 경우나 물건을 보게 되면 다시 내적인 활동(표상)으로 살아 움직이게 된다(설희정, 2008).

슈타이너는 영유아의 내면에는 상상력이 숨겨져 있으며 영유아는 본래 상상력이 가득 차 있는 존재라고 하였다. 유아가 7세경이 되면 자유로운 상상을 하게 되는데, 이것은 자유로운 사고와 기억능력이 있다는 것을 의미한다. 외부로부터 자극을 받지 않은 채 유아가 스스로 하고자 하는 것들을 기억해 낼 수 있으며, 자기만의 독특하고 자유로운 상상을 펼친다. 이러한 상상력은 항상 존재하는 눈에 띄는 대상에 적용된다(김성원, 2001).

(6) 조화롭고 아름다운 환경

영유아들의 환경을 교육적으로 의도된 교재 · 교구가 채워진 공간으로부터 아름답고 자연스러우며 조화로운 환경으로의 제공을 하는 것도 의미 있는 일이다. 식사 시간에 조명을 조정하여 온화한 분위기를 만들고 아름다운 촛대에 초를 켜고 예쁜꽃이 담긴 꽃병으로 장식한 식탁에 식탁보를 깔고 수저와 젓가락, 밥그릇 등이 정갈하게 놓여 있을 때 전체적으로 조화로우며 아름다운 경험을 하게 되며, 그 식사시간을 통해 영유아는 존재감을 느끼게 된다. 바쁜 일과 속에서 조용히 자리에 앉아 빨리 먹어치우는 상황과는 질적으로 다르다.

햇빛이 비쳐 들어오는 유리창에 투명한 색지를 이용하여 별, 천사 등을 장식하는 것은 교실 공간에 자연이 선사하는 조화와 아름다움을 더 빛나게 한다. 낮잠을 잘 때에는 포근한 잠자리에 나지막한 소리로 불러주는 자장가나 낮잠으로 이끄는 동화 들려주기 등 적절한 분위기를 조성하고, 축제가 있을 때에는 그 축제에 적절한 환경이 조성되는 등, 조화로움 속에 아름다움이 조성된다. 정리정돈이 잘되어 있는 것도 역시 조화이다. 교실의 탁자와 의자들 그리고 놀잇감 장 등을 어떻게 배치하는가에 따라 상황이 편리하고 안정감을 주며 또한 놀이에 대한 욕구도 자극한다(윤선영, 2010).

(7) 자연, 계절의 변화와 어우러진 환경 조성

발도르프 유아교육기관에서의 환경조성은 영유아가 신체발달의 과정에 있으며, 시간의 흐름 속에 있으므로 영유아가 그 안에서 시간의 흐름을 감지할 수 있도록 조성하는 것이 좋겠다. 영유아기에는 주변 세계와 직접적으로 연결되어 있다. 영유아들을 주변세계와 분리해서 자연의 법칙과 인간생활에 대하여 교육하는 것은 적절치 않다. 그것은 영유아는 아직 세상을 객관적인 대상으로서 바라볼 수 없으며, 그 자체가 영유아들의 일부라 보기 때문이다. 따라서 발도르프 유아교육기관에서는 자연의 변화와 밀접한 생활을 영위하고 있다.

영유아들은 자연을 통해서 자신의 모든 감각과 신체를 발달시키는 것이다. 시간의 흐름, 계절의 변화, 자연은 영유아들에 있어서 세계의 일부이며 동시에 학습의 장이 된다. 그 속에서 영유아는 세상의 본질인 정신적인 것과의 만남이 이루어진다. 자연과 세상을 사랑하는 마음은 바로 여기에서부터 생겨난다. 그래서 '종교적'이다. 소에스만(Soesman, 2007)은 종교란 인간의 초월적인 존재와의 합일을 갈구하는 것, 즉 근원에 도달하고자 하는 것이며, 이는 감각적인 세계를 통해서 이루어진다고 했다(윤선영, 2010).

(8) 삶을 위한 환경에의 의미 부여

계절의 변화와 어울리게 삶을 살아가는 것이 본래 인간의 모습이었다. 영유아의 건강하고 행복한 삶을 위해서 우선 영양, 건강, 안전 등을 보살펴 줌으로써 물리적 신체의 건강을 돕고, 세상에 대한 열린 태도와 신뢰감, 삶의 의미가 만들어 질 수 있도록 '밀착감' 형성을 위한 영혼의 보살핌이 있어야 한다.

또한 성인의 모범을 통해 삶의 긍정적인 즐거움을 배우며, 신체, 영혼, 정신의 보살핌을 통해 인간의 생산적이며 창의적인 '삶의 도발에 맞서는 힘'을 길러준다. 그러나 이러한 자율성은 지적 학습과정을 통한 결과가 아닌 삶을 통한 모방과 놀이경험, 신체적 성장, 자신의 육신에 주인으로서 자유롭고 환타지가 가득한 놀이를 하며, 세상과 행위적인 상호작용을 함으로써 생겨나는 것이라 한다. 특히, 일상생활에서의 가사일과 수작업은 영유아가 '삶과 삶을 위한 작업과의 관계'를 투명하게 볼 수 있게 한다(윤선영 2010).

이와 같이 발도르프 교육기관에서의 놀이 환경은 자연스럽고 인위적이지 않으며 자유로움을 제공하는 반면, 우리나라의 유아교육기관에서의 놀이활동은 절반의 자유와 구조화된 틀 안에서 생활주제와 그날의 교육계획안에 맞추어진 교사에 의해 준비된 놀이를 진행하며, 맘껏하는 놀이가 아닌 과제를 수행하는 것과 같은 놀이형태를 띄는 것을 볼 수 있다. 어린이는 마음껏 자유로움 속에서 놀이활동이 이루어져야 한다고 보는 측면에서 놀이활동 속에 교사의 의도를 빼고 자유롭게 놀 수 있도록 배려할 필요를 갖는다.

4) 발도르프 교육이 추구하는 교육 내용 및 방법

발도르프 교육이 추구하는 교육방법은 통합적이고, 발달에 적절한 교육, 리듬과 모방에 따른 교육으로 대부분 혼합 연령집단으로 학급을 구성한다. 이 속에서 유아들은 서로 상호작용하면서 형제자매관계를 형성하게 된다. 현재 우리나라의 교육체제는 동일 연령집단 구성으로 이루어져 있는 상황에 익숙해져 있다.

한편, 현대사회의 가족구성을 보면 대가족에서 핵가족으로, 핵가족에서 단일가족, 한부모 가족, 친구가족 등 다양한 형태의 가족구성의 구조를 가지고 있으며, 출산률의 저조로 인해 한 자녀가족의 형태가 많은 것이 현실이다. 이러한 때 발도르프 교육기관에서의 교육적 상황에서는 혼합연령체제의 윗연령과 아래연령의 통합을 경험할 수 있으며, 그 안에서 서로 도움을 주고받으며 형제애를 느끼고 서로의 입장을 배려하는 등의 사회성을 배울 수 있는 기회를 갖게 된다. 또한 발도르프 교육기관에서는 개별성을 존중하며 개별화 교육을 지향하고 있다.

개별화 교육을 통해 교사들 모두가 보다 취약한 학생들을 촉진시키려고 노력하고 언제나 본보기로서의 모범을 통해 유아들을 지도한다. 활동은 우선 교사의 자극으로 시작되기는 하지만 어떤 숨겨진 강요 없이 소규모집단으로 행하여지므로 모든 영유아에게 효과적이다. 그리고 발도르프 교육기관에서는 영유아를 보다 깊이 이해하기 위해 유아교육기관의 경우 3~5세 동안 3년간, 초등학교 단계는 1~8학년까지 8년간을 같은 교사가 계속 담임을 맡는다. 이렇게 같은 교사에게 한결같은 지도를 받으면서 인생은 지능의 높낮이만으로 좌우되는 것이 아님을 깨닫게 되고, 자기 나름대로의 사회적 역할을 자각하도록 도와준다.

발도르프 교육기관의 하루 일과의 생활계획을 리듬생활이라고 표현하는 것은 하루생활 계획이 들숨(정적 활동)과 날숨(동적 활동)이 조화롭게 배치되어 유아로 하여금 안정적이며 고른 호흡을 하루 종일 유지하게 하기 위함이다. 또한 하루 중 동네 나들이, 숲 나들이와 같은 바깥 나들이는 비가 오나 눈이 오나 바람이 부나 한결같이 실시한다. 이는 영유아로 하여금 자연의 변화와 현상 등을 자신의 온 감각을 통해 느끼며, 자연에 대처하는 능력을 키우고, 자연의 조화로움, 아름다움, 감사함을 체감할 수 있도록 하여 균형 있는 신체발달을 도모하기 위함이다.

우리나라에서 지난 20여 년간 발도르프 교육이 뿌리내리면서 어느 발도르프 교육기관이든 우리나라의 세시풍속 및 절기에 따른 놀이활동, 예술활동, 라이겐, 노래, 요리활동, 전통 수작업 등의 활동을 리듬활동에 접목하여 우리의 풍습을 지키고 실천하는 활동들로 구성하고 있다. 그리고 실제 생활을 경험하기 위해 놀잇감도 주로 자연물 놀잇감으로 실제의 감각을 느낄 수 있도록 하며 요리활동을 하더라도 썰고 다지고 자르기를 할 때 다루게 될 도구의 성질과 위험요소 등에 대한 이야기를 충분히 나누고 교사의 실제적이고 조심스러운 행동의 본보기를 직접 보고 느끼고 익힐 수 있도록 한다.

이는 세상을 살아가면서 위험요소는 어디에나 존재하지만 그것에 주의를 기울이고 조심성 있게 대처한다면 그 위험요소는 더 이상 위험요소로만 작용하지는 않는다는 것을 인식하게 하는 실제의 교육으로 이는 보편적인 발도르프 교육의 교육활동방법이며 내용이 된다.

5) 발도르프 교육에서의 교사의 역할

발도르프 교육에서 교사는 아이가 하고자 하는 것을 하도록 격려한다. 슈타이너는 "아이들의 자유로움을 존중해야 한다"고 하면서 사람들은 자신이 가진 자유의 감정이 파괴되면 다른 한편으로 무의식적인 의지가 남아 있다고 한다. 교사의 삶에 대한 태도는 유아에게 중요한 교육환경이 되며 교사 개인의 삶이 곧 인간이라는 존재로 삶의 본질에 대한 정신세계를 보여 주게 된다(윤선영, 2010). 따라서 교사는 유아들에게 삶의 동반자로서 함께 삶을 경험하며, 인간으로서 어떻게 살아야 하는지에 대한 질문을 무의식적인 행동으로 끊임없이 제기하고 있다. 유아들은 이 세상이 '도덕적'이라는 무의식적인 가정을 하고 대한다(Steiner, 1975).

그러므로 교사는 설명이나 지시적인 어법보다 유아가 발달과정에서 자신의 행동을 모방할 수 있다는 것을 의식해야 하고 발달에 적합한 모델을 제시해줄 수 있어야 한다. 이는 유아들이 자발적으로 성인의 행동을 선택하고 모방하는 가운데 내면화가 일어나며 자신에 맞는 발달조건 속에서 자기 스스로 조절을 통해 서서히 발달하기 때문이다. 특히, 인간의 개별성을 존중해 주어야 한다(김정임, 2016).

발도르프 교육에서 교사는 업무를 수행하기 위한 기능인이 아니라 삶의 동반자로서 함께 하면서 영유아들의 삶에 영향을 미치고 있으며, 돌보는 것이다. 교육은 교사가 지닌 교육에 대한 태도와 지식이나 능력을 넘어설 수 없다. 교사는 유아 각 개인은 자신의 특성과 기질, 잠재력, 삶의 배경 및 고민, 성장 단계, 그리고 신체적 · 정신적 소질을 다 다르게 가지고 있으므로 이를 관찰하는 방법을 훈련받거나, 스스로 훈련하는 등 꾸준한 앎의 자세와 노력을 기울일 필요가 있다. 슈타이너는 최초의 학교를 설립할 즈음에 가진 세미나의 발문에서 교사의 네 가지 자질을 다음과 같이 제시하였다(자스만스하우젠, 2009).

첫째, 교사는 크고 작은 전체에서 주도권을 쥐고 있어야 한다.
둘째, 교사는 모든 세계 및 인간존재에 대한 관심을 가져야 한다.
셋째, 교사는 자신의 내면에서 허위와 타협해서는 안 된다.
넷째, 교사는 신선해야 한다.

유아들에게는 에테르체가 독립적인 성장을 하여 자유로워져서 영유아의 신체 성장에 온전하게 작용할 수 있도록 개념을 너무 일찍 가르쳐서는 안 된다고 한다(슈타이너, 2008). 이상과 같이 발도르프 교육의 유아교육적 함의를 교육의 원리, 내용과 방법, 교육평가, 교사의 역할을 모두 살펴보았을 때 발도르프 교육은 하나의 프로그램이 아니다. 발도르프 교육은 유아의 본성을 탐구하는 일에서 출발하여 그 본성을 잘 발현시키는 것이 교육의 목적이 되고, 이를 위해 인적 · 물적 환경을 정비하고 제공하는 일이 교육의 내용과 방법, 그리고 교사의 역할이 된다. 또한 유아의 영적 본성과 그것을 관장하는 초월적이고 우주적인 힘들을 믿고 의지하는, 마치 종교적 신념과 같은 확신을 공공히 하는 데서 교사교육과 부모교육이 함께 마련되어야 하며 유아의 본성을 거스르고 그것을 방해하는 일들을 점검하고 반성하며 제거해 나가는 일이 교육평가가 되어야 한다(최숙연, 2010).

3. 생태유아교육

1) 생태유아교육의 성립배경

현대의 산업문명은 자연생태계의 파괴와 인간성 상실이라는 커다란 위기에 봉착해 있으며, 이로 인해 인간의 본성인 자연과 함께 어우러져 살아가는 본성을 잃어가고 있다. 자연생태계 파괴는 곧 공해문제와 오존층의 파괴 그리고 다양한 생물종의 급격한 감소에 이르렀으며, 환경오염과 자원고갈 등과 같은 현상이 발생하여 인간소외, 인성파괴, 비인간화 문제로 이어졌고 이러한 영향은 곧 우리 아이들에게 나타나게 되어 절박함을 요한다. 생태파괴로 인한 절박함을 다음과 같이 알아보고자 한다.

(1) 산업문명의 발달로 인한 병든 아이들

산업문명의 경제성장은 우리 아이들에게 TV와 게임기, 컴퓨터, 스마트폰 등 아이들이 갖고 싶어 하는 것들은 모두 다 가질 수 있게 되었지만 파란 하늘과 맑은 공기, 푸른 숲과 흙, 즉 자연을 알고 지낼 수 없게 되었다. 뿐만 아니라 바쁜 현대인들의 가족구조에도 그 기능이 변화하면서 우리아이들은 부모에게서 진정한 사랑을 받을 수 없고, 할아버지와 할머니의 사랑과 자상함을 알지 못하게 되었다. 자연에서 뛰어놀아야 할 아이들이 시멘트와 철물로 둘러싸인 유치원과 어린이집, 놀이터에서 놀게 되고, 신선한 각종 채소들의 섭취보다는 인스턴트 음식과 농약에 오염된 음식을 섭취하게 되었다.

이러한 현상으로 인해 우리 아이들은 '양계닭'의 처지와 비슷하게 되었고, 심신이 나약한 아이, 버릇없는 아이, 이기적인 아이, 욕심 많은 아이, 남을 배려할 줄 모르는 아이, 참을성이 없는 아이, 정서적으로 불안정한 아이, 마음이 조급하고 공격적인 아이, 또래와 어울리지 못하는 아이, 진취성이 없는 아이 등으로 자라나(임재택, 2008)게 되었다.

이처럼 급속도로 성장하는 산업문명 속에서 우리 아이들은 갖는 것보다는 잃는 것이 많게 되었고 우리 아이들의 몸과 마음은 병들어가고 있는 심각한 문제에 직면해 있다.

(2) 유해식품으로 인한 아이들의 질병

옛말에 '잘 먹고, 잘 자고, 잘 싸는 아이가 건강한 아이다'라는 말이 있듯이 골고루 영양분을 섭취하고 자연의 이치에 맞게 제철음식을 먹으며 인간은 면역력을 기르며 살아왔다.

하지만 현재 우리 아이들은 각종 인스턴트식품에 노출되어 자극적인 맛에 입맛이 길들여져 자연스럽게 피자나 햄버거, 자장면과 라면 등 유해식품이 들어간 음식을 섭취하고 있다. 이에 비해 자연에서 갓 따온 나물과 김치, 콩류와 생선은 아이들이 싫어하는 음식이 되어 소아비만과 주의력결핍과잉행동장애(ADHD), 폭력적인 행동, 뇌신경장애, 아토피 피부염 등을 유발하게 되었다.

(3) 아토피 피부염의 증가

아토피 피부염은 각종 인스턴트식품과 유해식품의 과잉섭취로 인해 잘못된 식습관에서 발병하는 경우가 크다. 환경오염, 불량한 먹을거리, 스트레스, 생활리듬 파괴 등 외부 자극에 대해 인체가 적절히 대응할 수 있는 면역체계가 약화되어 피부로 나타난 증상이다(임재택, 2008). 여기서 문제시해야 할 점은 지금 우리 아이들의 아토피 피부염과 피부 알레르기는 급격하게 증가하고 있으며 보통 10명 중 4~5명의 수준이라는 것이다.

자연에서 뛰어놀던 예전의 아이들은 아토피 피부염을 겪지 않았고, 겪는다 해도 금방 개선되어 드문 질환으로 여겼다. 이처럼 계속해서 환경오염이 가속화되고 아이들의 먹거리 풍토가 개선되지 않는다면 우리 아이들의 아토피 피부염은 더 빠르게 증가할 것이다.

(4) 체격은 크나 체력이 약한 아이들

요즘 아이들의 경우 체격은 커졌을지 모르지만 체력은 형편없는 수준이다. 요즘 아이들이 잘 먹어서 크다고 하지만 아이들이 즐겨 먹는 음식물에 들어 있는 성장 호르몬의 영향이 더 큰 것인지도 모른다. 옛날 사람들은 8척 거구라고 하면 진짜 힘도 세고 골격도 탄탄했는데, 요즘 사람들은 덩치만 크고 체력은 형편없는 경우가 많다.

요즘 사람들은 고기양을 늘리려고 성장 호르몬이든 사료를 먹여 키우는 소나 돼지나 닭처럼 덩치만 커진 게 아닌가 하는 의구심을 갖지 않을 수 없다(임재택, 2008). 또한 각종 인스턴트와 유해음식을 입에 달고 사는 아이들일수록 유아비만이 오게 되어 성장발달에도 문제를 일으키고, 두뇌활동에 이상을 나타내게 되는 큰 문제점을 호소하게 된다.

(5) 정신적 질환에 시달리는 아이들

산업문명사회는 많은 편리함이 존재하지만 그에 비해 많은 사건과 사고도 발생하고 있어 안전을 핑계로 우리 아이들은 밖에서의 활동을 잃어버리게 되어 뛰어

놀 공간을 빼앗기게 되었다. 뿐만 아니라 아이들은 TV를 보거나 컴퓨터로 게임을 하고, 스마트폰으로 많은 영상들을 보며 플라스틱 장난감을 가지고 놀게 되었다.

매스미디어에 매몰된 아이들은 감각차단결핍증, TV · 컴퓨터 · 스마트폰 · 인터넷중독증, 정서불안, 과잉행동장애, 스트레스, 히스테리, 성격불안, 초조, 고립, 이상과 현실의 혼돈, 환상, 자아상실, 인간기피증, 쾌락 추구 등 각종 정신적 질환이 증가하는 추세에 있다(임재택, 2008).

2) 생태유아교육의 개념

생태유아교육은 생태(eco)와 유아교육(early childhoodeducation)이 결합하면서 생긴 말로서, 생명론 내지 생태론과 유아교육의 만남이면서 생태론적 접근의 유아교육이라는 의미를 내포한다(임재택, 2007). 생태유아교육에 대한 정의는 다양하게 제시되고 있으며, 그중 심시원(2007)은 생태유아교육의 개념을 다섯 가지로 구분하고 있다.

첫째, 생태유아교육은 생명사상 내지 생태론적 세계관에 바탕을 둔 생명론적 접근의 유아교육이다. 생태유아교육은 생명학(virology)과 생태학(ecology)을 비롯한 우리나라와 동 · 서양의 생명사상에 바탕을 둔 유아교육이다. 따라서 생태유아교육은 아동 중심 유아교육을 포괄하면서 그것을 넘어서는 보다 높은 차원의 근원적인 생명 중심 유아교육이다.

둘째, 생태유아교육은 새로운 패러다임(paradigm)의 유아교육이다. 생태유아교육은 최근 산업문명의 최대 피해자인 우리 아이들의 병든 몸과 마음을 살리고, 나아가 성장과 개발, 자본과 경쟁의 논리가 지배라는 지금의 유아교육 현실을 개선하고자 하는 새로운 패러다임의 유아교육이다.

셋째, 생태유아교육은 자연의 순리를 따르는 자연친화적 유아교육이다. 생태유아교육은 자연의 본성을 지닌 아이들이 자연의 순리대로 스스로 잘 자라도록 돌보고 기르는 일을 하는 것이다. 본래 아이는 부모의 자식, 사람의 아이인 동시에 자연의 아이이다. 따라서 생태유아교육은 아이를 사람의 아이이면서 자연의 아이로 기르는 것으로서 자연의 순리대로, 사람의 도리대로 아이를 기르는 것을 의미한다.

넷째, 생태유아교육은 생명의 원리에 따라 아이라는 생명을 모시고 살리는 생명 살림의 유아교육이다. 아이라는 생명체 속에는 본래부터 한 사람으로 스스로 자라날 수 있는 생명의 씨앗이 유존인자 형태로 내재되어 있다. 이는 나락 한 알 속에는 장자 지수화풍(地水…火風)의 도움으로 뿌리를 내리고, 잎이 나고, 줄기가 자라고, 꽃이 피고, 열매를 맺고, 벼로서의 생명을 다하면, 다시 흙으로 돌아가는 벼에 일생의 유전정보가 내재되어 있다는 것과 같은 이치이다. 즉, 생명의 기운을 잘 발휘할 수 있도록 돌보고 기르는 일이 생태유아교육인 동시에 생명 살림의 유아교육 근본이다.

다섯째, 생태유아교육은 우리 조상들이 아이를 기른 지혜에 바탕을 둔 역사 깊은 미래 지향적 유아교육이다. 우리 조상들은 지난 5000년 동안 한반도에 터를 잡고 자식들을 길러 세계적으로 드높일 만한 찬란한 민족문화를 꽃피웠다. 그러한 조상들의 자녀양육 지혜를 오늘의 현실에서 창조적으로 활용하는 것이 생태유아교육의 관심이고 접근이다. 생태유아교육은 우리 민족의 문화이고, 우리 민족과 아이들의 삶이며, 생활 그 자체이다(심시원, 2007).

생태유아교육은 생태지향적인 가치를 추구하고, 자연친화적 교육을 실천하는 특성을 가지며, 자연의 본성을 지닌 유아와 자연과의 신체적 · 정신적 교류 및 교감을 통해 인간과 자연의 공생 및 상생의 지혜를 터득하고 실천하도록 돕는 것이다. 생태유아교육은 생명사상 및 생태론적 세계관에 바탕을 둔 생명론적 접근의 유아교육이며 자연의 순리대로 스스로 잘 자라도록 돕고 기르는 일을 하는 것이며, 생명의 원리에 따라 아이라는 생명을 모시고 살리는 생명살림의 유아교육인 것이다(임재택, 2008). 이는 사람의 아이이면서 자연의 아이로 키우는 것을 말하며, 자연의 순리대로 사람의 도리대로 우리 조상들의 아이 기른 지혜에 바탕을 둔 교육을 말한다.

3) 생태유아교육 본질

생태유아교육의 본질은 생태유아교육에서 바라보는 아이, 교육, 생명에 대한 본질이 깃들어져 있다. 이러한 생태유아교육의 본질을 임재택 · 김은주 · 하정연 · 권미량 · 조채영(2008)은 세 가지로 분류한다.

첫째, 아이는 생명의 본질이다. 아이는 하나의 생명체이고, 아이는 자연의 모든 생명체 중의 하나이다. 아이라는 생명체는 자연에서 태어나서 자연 속에서 살다가 수명이 다하면 다시 자연으로 돌아가지만 그 생명체의 본성인 생명(生命)은 없어지지 않는다. 즉, 아이는 생명의 본성과 자연의 순리에 따라 스스로 살아가는 동시에 다른 생명체들과 어울려 살아가는 존재라는 것이다. 아이는 모든 생명체와 자생(自生)하면서 공생(共生)하는 생명체인 것이다.

둘째, 교육은 아이와 아이 삶의 살림이다. 인간이 세상을 살아가는 인생사(人生事)는 밥하고 빨래하고 청소하고 아이를 돌보는 일이다. 인생사의 근본은 의식주와 육아이다. 인간은 의식주를 통해 생존하고 육아를 통해 종족을 번식한다. 그래서 의식주는 인간을 살리는 가장 기본적인 행위이다. 결국 인간의 의식주는 인간의 '삶'이고 '생활'이며, 인간을 살리는 '살림'이면서 '살림살이'이다. 즉, 아이가 살아가는 것은 입고, 먹고, 자고, 놀고, 생각하는 일을 반복하는 것이다. 아이가 살아가려면 가족들은 물론 가축, 곡식 및 채소들과 땅과 물과 공기가 살아 있어야 하며, 또한 이들은 각자가 살려면 서로를 살려야 한다. 그래서 가정집은 모든 생명체를 살리는 생명의 기운이 깃든 생기 있는 살림집이어야 한다.

셋째, 유아교육은 아이 · 생명의 살림살이이다. 지금 우리 아이들은 가정집과 유치원 · 어린이집 등에서 주로 생활한다. 지금의 병든 가정집을 본래의 모습대로 살림집으로 회복해야 하듯이 유치원 · 어린이집에서도 아이들의 삶을 생태적으로 전환하여 어린 생명체들이 생기발랄하고 신명나는 아이들로 자라도록 돌보는 생명의 살림집으로 바꾸어야 한다. 즉, 유치원 · 어린이집에서는 아이들을 '양계닭'처럼 키우는 것이 아니라 '토종닭'처럼 돌보는 방향으로 전환해야 한다. 아이들에게 잃어버린 자연과 놀이와 아이다움을 되찾아주는 노력을 기울여야 하고, 유치원 · 어린이집의 의식주를 자연적, 생태적, 생명적인 살림의 의식주로 바꾸는 노력이 필요하다(임재택 외, 2008).

4) 생태유아교육 프로그램의 내용

생태유아교육 프로그램을 통해 기르고자 하는 아이상은 '신명나는 어린이'로 음양의 조화를 이룬 아이, 달리 말하면 개성과 창의력을 지니면서 흥겨움과 우리 멋이 흘러넘치는 가운데 자연과 하나 되어, 사람과 더불어 행복한 삶을 누리는 어린이다운 어린이를 말한다(하정연, 2009). 현재 실천되고 있는 생태유아교육 프로그램들이 다양하며 또 앞으로 유아교육현장에 적용할 수 있는 활동들도 다양하게 고안할 수 있으나 본 연구에서는 구체적인 교육활동 실천 프로그램으로는 1995년 3월에 개원된 부산대학교 부설 어린이집에서 실시하고 있는 생태유아교육 프로그램 위주로 살펴보고자 한다. 프로그램 내용은 바깥놀이 프로그램, 산책 프로그램, 손끝놀이 프로그램, 노인 · 아동 상호작용 프로그램, 세시풍속 프로그램, 텃밭 가꾸기 프로그램, 동물 교감 프로그램, 명상 프로그램, 먹을거리 교육 프로그램, 절제 · 절약 프로그램, 도시 · 농촌 교류 프로그램, 몸짓놀이 프로그램 등이 있다. 다양한 프로그램 중에서 몇 가지 프로그램의 내용을 살펴보면 다음과 같다.

첫째, 바깥놀이 프로그램은 아이들이 자신이 가지고 있던 지식, 개념, 경험을 자유롭게 펼치는 시간이다. 바깥놀이를 통하여 지적인 호기심과 상상력을 키우고 계절의 변화와 친구들과 더불어 살아가는 능력을 갖게 하며 자연을 통해 생명의 소중함을 깨달아 가게 한다. 산책활동 아이들에게 온갖 자연물을 직접 보고, 만지고 듣고, 느끼고, 냄새 맡을 수 있는 체험적 교육활동으로 아이들에게 사람, 사물, 현상과의 관계성을 알게 한다.

둘째, 세시풍속 프로그램은 아이들에게 계절의 변화에 따른 생활의 주기를 알게 하고, 우리의 건강한 먹을거리를 알게 하며 더불어 즐길 수 있는 놀이와 조상들의 삶의 지혜를 알 수 있게 하는 프로그램이다. 동물 기르기 프로그램은 아이들에게 동물을 기르며 새끼가 어미가 되고 언젠가는 죽음에 이르는 것을 보면서 생명의 성장과 순환을 경험하게 한다(임재택, 2008).

(1) 노인 · 아동 상호작용 활동

지금 우리의 현대사회는 핵가족화라는 거대한 사회적 변화 속에서 세대 간의 단절이 심각하다. 즉, 노인과 젊은이, 노인과 아동과의 교류가 잘 이루어지지 않고 있으며, 아이들은 할머니 · 할아버지의 깊은 사랑을 맛보지 못하고 있다. 이러한 상황 속에서 현대사회에서 단절되어 있는 노인과 아동과의 교류를 유아교육기관이라는 장을 통하여 의도적으로 연결하려는 노력의 일환이 바로 노인 · 아동 상호작용 활동이다. 즉 노인 · 아동 상호작용 활동은 '노인에겐 보람을 아이에겐 사랑을'이라는 취지 아래 노인들이 유치원이나 어린이집의 영유아 보육활동에 자원봉사자로 참여하여 아이들과 함께 생활하면서 노인 · 아동 간의 상호작용 기회를 체계적으로 제공하려는 활동이다(임재택, 2005).

노인 · 아동 상호작용 활동의 유형은 아이들의 연령이나 발달수준, 노인봉사자의 취미, 능력을 고려한 역할수준에 따라 달라지나, 대체로 동화, 노래, 산책, 요리, 전통놀이, 텃밭 가꾸기, 예절교육, 행사보조, 간식 및 식사지도 등과 같이 다양하다(임재택 외, 2006). 이러한 노인 · 아동 상호작용 활동에 대한 한 연구(박경란 외, 2003)를 살펴보면 노인 · 아동 상호작용 활동 프로그램을 통하여 아동들은 노인 및 노화에 대한 인식이 긍정적으로 많이 바뀌고, 부정적인 인식이 많이 줄어든 것으로 나타났다고 밝히고 있다.

또한 부산대학교 부설 어린이집의 실천사례(임재택외, 2001)를 살펴보면 노인 · 아동 상호작용 활동을 통해 노인들은 소일거리가 생겨서 인생의 보람, 생활에 대한 활기와 의욕 및 자신감을 갖게 되며, 아이들은 조부모들의 사랑을 경험하고, 노인에 대한 긍정적인 태도와 우리의 전통문화를 체득할 수 있는 좋은 기회를 갖게 되었다고 한다.

(2) 명상

명상이라는 말은 '눈을 감고 고요히 생각하는 것', '마음을 닦는 것', '참된 자기를 찾는 것', '참된 삶의 길을 찾는 것' 혹은 '의식의 집중을 통해서 자기 초월과 자기 성숙을 이룩하는 정신적인 과정'과 같은 다양한 의미로 사용되고 쓰이고 있다. 즉, 명상이란 내가 진정 내면적으로 어떤 존재인지, 그 자아가 외부의 상황에 어떻게 반응해 나아가고 있는지를 알아가는 과정이다(임재택 외, 2006). 유아들은 본래 신비적이고 명상적인 존재이다. 그러나 여러 가지 기술과 정보가 강조되는 경쟁적이고 기계적인 사회 속에서 왜곡된 유아들에게 본래 자신의 모습을 찾고, 자신의 본래 모습을 느낄 수 있도록 하기 위해 명상이 필요하게 되었다(임재택, 2005).

명상은 우선 특별한 절차나 방법을 따르기보다는 일상생활 속에서 자연스런 체험활동으로 접근하는 것이 중요하다(김우경, 2006). 따라서 침묵해 보기, 생각해 보기, 기도해 보기, 자연의 소리에 귀 기울여 보기 등 하루 일과 중에서 어느 특정한 시간을 정하여 매일 하는 명상을 통하여 유아들은 자신을 인식함으로써 타인을 배려하고, 모든 생명을 존중하는 마음이 생긴다. 또한 감정조절을 통해 정서적으로 안정감을 얻고 스트레스에서 벗어나 몸과 마음이 조화를 이룬 행복하고 기쁨이 넘치는 삶을 살아가게 된다(권은주 · 고성민, 2006).

(3) 절제 · 절약 활동

절제 · 절약활동은 아이들에게 생태의 기본핵심인 순환과 돌림의 경제를 인식시키고 실천하도록 도와주는 데 목적이 있다. 동시에 낡은 옷 하나도 그 존재 가치를 인정하고 섬기려는 옛 어른들의 '섬김의 문화'가 갖는 의미를 아이들에게 전하기 위함과 학부모와 지역사회 전체가 절제 · 절약활동을 생활화하자는 뜻을 담고 있다(하정연, 2004).

구체적인 실천방법은 '아나바다 운동'에서 찾고 있다. 즉, 아껴 쓰고 나눠 쓰고 바꿔 쓰며 다시 쓰는 생활로 현대 경제가 가져온 문제를 실천적인 면에서 해결해 가려 한다(임재택, 2005). 실천할 수 있는 활동으로는 아이들의 시장놀이를 통한 물물교환, 알뜰마당, 각종 폐품 재활용하기, 입던 옷 물려주기, 전기 · 수도 아껴쓰기, 1회용품 안 쓰기, 쓰레기 분리수거, 음식물쓰레기 퇴비 만들기 등이 있이 있으며, 이는 유아의 생활 속에서 지속적인 습관으로 연계되어야 한다(교육부, 1998).

(4) 먹을거리 활동

아이는 먹으면서 자란다. 보통 '잘 먹고 잘 놀고 잘 싸는 아이'는 건강한 아이의 상징이다. 아이들의 먹을거리는 아이들이 제대로 자라느냐 자라지 못하느냐는 중요한 문제가 걸린 일이다. 또한 먹을거리는 의식주의 중요한 일부로 민족의 정체성과 문화의 표현이기도 하다(임재택, 2005).

따라서 아이들에게 자연의 맛을 알게 하고 신토불이(身土不二)의 맛으로 한국인의 정서를 심어주기 위해 노력해야 한다. 육류보다는 신선한 채소와 과일을 많이 제공한다. 동시에 올바른 식습관을 기르고 우리의 전통음식을 되살리며 나누는 삶을 가르치고, 한 방울의 물과 한 톨의 쌀에도 감사하는 마음을 갖게 해야 한다(하정연, 2004).

생태적 식생활(채영숙, 2005)에서 생태적 프로그램 운영을 통해 유아들이 제철 음식과 우리 전통음식을 잘 먹게 되었고, 음식을 소중하게 생각하고 골고루 먹게 되었으며, 음식의 섭취량과 종류도 증가한 것으로 나타났다. 이에 아이들에게 생명력이 깃든 올바른 먹을거리 문화를 되찾아주기 위해 모유 먹이기, 신토불이음식 먹이기, 제철음식 먹이기, 육류섭취 줄이기, 유기농 농산물 먹이기, 아침밥 먹이기 등의 실천과 함께 유아교육기관과 학부모, 지역사회의 적극적인 협조가 필요하다(서형숙, 2002).

(5) 손끝놀이

손끝놀이란 말 그대로 아이들이 손끝을 사용해서 할 수 있는 놀이를 말한다. 손놀림은 단순한 육체적 과정이 아니라 정신적인 과정이어서 손의 사용은 머리, 마음, 손이 조화롭게 발달하도록 한다. 한 손의 사용은 일을 한다는 것을 의미하며, 일을 한다는 것은 유아들에게 삶을 살아가는 건설적인 생명력을 키우는 일이라 할 수 있다(임재택외, 2002).

생태유아교육기관 유아들의 자유놀이시간에 쉽게 볼 수 있는 모습 중의 하나는 아이들이 바느질, 실뜨기, 뜨개질, 직조 짜기를 하는 모습이다(조채영, 2006). 손끝놀이는 공간적인 제약을 별로 받지 않는 활동으로 교실 안이나 바깥놀이터에서, 산책을 가서도 가능하며, 시간도 비교적 자유롭게 할 수 있는 활동이다(임재택, 2005). 따라서 손가락 체조하기, 곡식 옮기기, 숟가락 · 젓가락 이용해서 옮기기, 종이 접기, 오리기, 붙이기, 구슬 끼우기, 실뜨기, 바느질, 자수, 털실 짜기 등의 손끝놀이를 보다 더 적극적으로 실시해야 할 것이다.

(6) 몸짓놀이

몸짓놀이란 몸을 이용해서 할 수 있는 놀이를 말한다. 몸짓놀이는 몸을 자극함으로써 오장육부를 튼튼하게 하고 몸을 유연하게 한다. 뇌의 자극, 체력 증강, 정서적인 순화와 함께 한국인의 고유한 몸짓을 살려냄으로써 한국인의 정신과 기(氣)를 되찾게 한다. 또한 몸짓 놀이를 통하여 자연과 인간이 하나 되는 신명을 경험할 수 있다(임재택, 2005).

몸짓의 원형은 우리의 전통 육아방식에서 찾아볼 수 있다. 도리도리, 짝짜꿍, 곤지곤지, 잼잼, 고네 고네, 따로따로, 불무불무, 목마 타기, 까꿍, 에비비, 단지팔기 등 전통사회에서 즐겼던 아이체조는 단순한 놀이가 아니라, 아이의 몸을 유연하게 하고 기(氣)의 흐름을 왕성하게 한다. 몸짓놀이에는 기체조를 변형한 도인체조, 여러 동물 모양을 기초로 한 몸짓, 우리 전통의 무예와 춤을 기초로 한 몸짓 등이 포함된다(하정연, 2004).

생태유아교육기관 유아들은 몸짓놀이를 일상생활 속에서 즐기고 있으며, 교사들은 몸짓놀이를 통해 아이들은 물론이고 교사 자신도 확실히 몸이 건강해졌다(조채영, 2006)고 몸짓놀이의 효과를 기술하고 있다. 따라서 교사는 아이들과 함께 일상생활 속에서 몸짓놀이를 보다 더 활발하게 실천함으로써 아이들의 몸 · 마음 · 영혼을 건강하게 하여 아이들이 행복한 삶을 살아갈 수 있도록 해야 할 것이다.

(7) 생태미술활동

아이는 예술적 감성을 지니고 태어난다. 자신이 오감으로 체험하는 것들을 미술로 표현하려고 애쓴다. 아이들은 자연에서 온몸으로 뛰어노는 자체가 그림을 그리고 조형물을 만드는 연습이 된다. 즉, 자연과 놀이와 아이다움이 감성이 살아 있는 미술을 할 수 있게 한다. 따라서 이러한 모든 활동은 아이들의 삶과 더불어 이루어져야 한다. 정해진 시간에 이루어지는 미술활동이 아니라 시간, 공간을 넘나드는 아이들의 삶 속에서 이루어지는 놀이여야 한다(임재택 외, 2006).

아이들의 미술은 관계성, 순환성, 다양성, 영성의 방법에 따르는 것이 바람직하다. 먼저, 자연 혹은 사람 간의 관계성을 터득할 수 있도록 해야 한다. 바깥놀이나 산책, 텃밭 가꾸기를 하면서 다양한 경험을 할 필요가 있으며, 또래들끼리 어울리는 공동작업이나 주변 사람들과 어울려 미술을 해보는 경험도 중요하다. 계절의 변화나 시간 흐름에 따른 자연의 변화와 폐품을 활용한 물질적인 순환을 경험할 수 있는 미술을 해야 한다. 그리고 미술은 다양한 자연을 매체로 표현할 수 있도록 해야 하고, 동시에 아이들의 다양성도 존중해야 한다. 그리고 미술은 영성을 일깨우는 방법으로 이루어져야 한다(임재택, 2005).

4. 반편견교육

1) 반편견교육의 개념

반편견교육은 이미 각자에게 있는 기존의 선입견, 고정관념 및 편견에 도전하는 적극적인 교육을 말한다. 즉, 성이나 인종, 장애에 대한 편견을 갖지 않게 하는 교육이다. 유아들이 사회적 학습에 의한 영향으로 고정관념이 생성되고 유지되어 큰 사회적 문제를 유발하므로 지구촌이라는 미래를 살아갈 유아들은 나와 다른 것에 대해 수용적인 태도로, 편견에 대해 비판적인 사고와 함께 적극적으로 행동할 수 있어야 한다. 반편견교육과정은 유아기 때부터 다양한 편견에 도전하고 반대 할 수 있도록 적극적으로 교육할 필요가 있다는 데 근거를 둔 것으로, 끊임없이 이루어지고 있는 불평등의 사회를 변화시킬 수 있도록 유아들을 준비시키는 것이다.

다문화주의는 인종 간의 갈등을 중심으로 시작되어 성, 장애, 계층 등 사회에서 소외되어 온 다양한 집단의 이익을 대변하고 이들 간의 갈등을 해결함으로써 평화로운 지구촌의 건설을 그 목적으로 한다고 할 수 있다. 다문화주의의 출현은 1960년대 아프리카계 미국인들이 그들의 노예적 역사 속에서 차별당해 온 권리를 찾기 위하여 시민권운동을 시작할 때부터로 거슬러 올라간다. 시민권운동은 피부색의 차이로 인하여 정치, 경제, 교육에서 소외되고 억압당해 온 아프리카계 미국인들의 처절한 투쟁이었다. 이러한 권리투쟁은 미국 내의 멕시코계 미국인, 아시아계 미국인, 푸에르토리코계 미국인 등 비주류적 민족에게까지 파급되었으며 이들 민족들 역시 정치, 경제, 교육적 기회의 평등을 요구하기 시작하였다. 새로운 다원주의라는 이름으로 펼쳐진 이 운동은 다른 집단들, 예컨대 여성, 장애자, 동성연애자들까지 그들의 권리와 자격을 주장하도록 자극하는 계기가 되었다.

1980~1990년대는 아시아계, 남미계 미국인과 같은 새로운 특성의 이민자들이 급격하게 상승하는 시기로 미국은 이민정책의 변화를 심각하게 고려해야 하는 부

담을 안게 되었다. 새로운 시대의 이러한 사회적 조건은 다문화주의의 의미형성을 위한 문화정책에 중요한 영향을 주었다. 이를 계기로 문화적 다원주의는 다문화주의라는 용어로 대치되기 시작하였다.

교육은 그 사회의 이상을 실현하는 하나의 수단으로서 인식되어 왔다. 따라서 다문화주의의 실천을 위한 가장 강력한 도구로서 다문화교육이 언급된다. 다문화교육은 다문화사회에서 생존하기 위하여 모든 아동이 다양한 사회에 도전하고 준비할 수 있도록 동등한 교육기회를 주고자 하는 교육개혁운동으로서 성립되었다. 뱅크스(Banks, 1993)는 다문화교육이란 다양한 문화, 민족, 성 그리고 사회적 계층의 배경을 가진 아동들이 공평한 기회를 가질 수 있도록 하는 것이며 모든 아동들이 문화교류에 대한 긍정적 태도와 인식, 행동을 발달시킬 수 있도록 돕는 데 주 목적을 둔 교육과정이라고 설명하고 있다.

다문화교육에 대한 모형 중 하나가 반편견(anti-bias)적 모델로서 모든 아동들은 서로 수용되도록 가르쳐야 한다는 다문화적 이념에 근거한 것이다. 각각의 아동은 다문화적 경험으로 긍정적 감정교류가 가능해지며 그 속에 포함됨으로써 가치를 느끼게 된다는 것이다. 이 모델의 초점은 '문화'보다는 각 개인으로서 '아동'이라고 할 수 있다. 각각의 아동은 특유의 고유성과 다양성을 동시에 갖는다는 이러한 가정은 인종적 · 신체적 장애 차원을 벗어나 모든 아동에게 적용될 수 있기 때문에 다문화교육이 다문화를 가진 국가에서만 실시되어야 한다는 관점을 재고하는 계기를 만들어 주었다. 이러한 측면으로 볼 때, 반편견교육과정은 다문화주의의 운동의 일환으로 실천되고 있는 다문화교육의 한 흐름이라고 할 수 있다.

다문화교육의 주요한 흐름인 소수인종을 중심으로 한 단일집단 연구가 교육에서 인종차별반대를 위한 편견의 감소를 주장하며 사회적 · 정치적 제도의 개선에 노력하였다면, 반편견교육과정은 인종을 포함하여 사회의 지배문화에 소외되어 있던 나이, 성, 계층, 장애 등 다양한 집단의 차별문제까지 확장하여 더욱 포괄적인 모델을 제시하였다. 따라서 편견의 문제는 인종을 벗어나 광범위한 영역에서 제기되었으며 모든 사회적 차별의 근거로서 제기되어야 하는 교육적 과제가 되었다.

2) 반편견교육의 필요성

인간은 자신과 다른 사람에 대한 태도를 자기를 돌보아 주는 사람 및 주변 세계와의 관계 속에서 점차 발달시켜 가게 되며, 이러한 사회화 과정 속에서 인간사회를 유지하고 있는 관습과 제도의 영향을 받게 된다. 즉, 인간의 사회화 과정은 현존하는 가치관과 체제의 영향을 받으면서 아주 어린 시기부터 진행되며 이때 기존 사회의 가치관과 관습이 순기능적으로 역할을 할 수 있도록 돕는 방법에 대하여 많은 논의가 있어 왔다.

그러나 관습과 제도의 역기능적인 요소에 대하여는 관심이 상대적으로 부족하였는데, 그 이유는 교육적 접근과 노력은 보다 긍정적인 시각에서 출발하기 때문인 것으로 해석해 볼 수 있다. 이러한 측면에서 최근 논의되고 있는 다문화, 세계화의 추세는 민족과 국가라는 거시적 차원에서뿐만 아니라 사회 내에서 소외되고 무시되었던 계층의 문제, 인종문제, 장애문제 등에까지 시선을 확대하여 사회의 모순과 편견에서 벗어나려는 노력을 교육을 통하여 실현하고자 하고 있다.

즉, 관습과 제도의 역기능적인 요소에 대하여 적극적으로 대처하려는 교육적 접근이 강조되고 있으며, 이러한 접근방법 중 특히 반편견교육은 편견으로 인한 갈등과 문제에 초점을 맞추고 있다.

5. 장애영유아 통합교육

1) 개념

통합교육이란 특수교육 대상자의 정상적인 사회적응능력의 발달을 위하여 일반학교에서 특수교육 대상자를 교육하거나 특수교육기관의 재학생들을 일반학교의 교육과정에 일시적으로 참여시켜 교육하는 것을 말한다. 따라서 통합교육은 모든 아동들에게 일반유치원 교실에서 함께 교육함으로써 모든 개별 학생의 가치를 인정하고 모든 개별 아동의 교육적인 욕구를 충족시켜 나갈 수 있는 교육을 의미한다.

즉, 통합교육은 장애아동의 교육선택권 및 구성원 자격에 대한 동등한 권리를 인정하고 모든 교육환경에서 동등한 소속감을 갖고 지낼 수 있어야 한다는 가치를 인정하는 개념이라고 할 수 있다. 이것은 결국 통합교육과 통합보육을 장애아동과 일반아동 두 개의 분리된 집단이 하나로 합쳐지는 과정으로 인식하기 보다는 처음부터 서로 포함되어 있는 하나의 집단으로 인식함으로써 통합교육과 통합보육의 개념이 함께 교육하고 보육한다는 개념으로 변화해 가는 것을 보여 주는 것이다.

결론적으로 장애영유아통합교육 및 보육이란 장애를 지닌 영유아들이 장애를 지니지 않은 또래들과 함께 유치원이나 보육시설 등의 기관에서 교육받는 것을 의미하며 이때 함께 교육 또는 보육받는다는 것은 같은 장소에 배치하거나 같은 교수방법을 사용하거나 같은 교육과정과 보육과정을 적용하는 것뿐만 아니라 근본적으로 동일한 소속을 의미한다. 따라서 진정한 통합보육을 위해서는 장애영유아를 물리적으로 같은 환경에 배치한 후 장애영유아에게 필요한 교육적 · 사회적 · 환경적 · 복지적 서비스를 최대한으로 제공해야 한다.

2) 장애아보육 프로그램의 목표

장애아보육 프로그램의 장기적 목표(long-term objectives)는 장애영유아를 위한 장기적 목표와 교사 및 학부모를 위한 장기적 목표로 구성되어 있다.

첫째, 장애 영유아의 용변, 식사문제, 착 · 탈의, 청결 등에 관한 보육활동의 제공으로 장애영유아의 자립기능을 길러준다.

둘째, 장애영유아의 감각기능, 대근육운동, 소근육기능 등에 관련된 보육활동의 제공으로 장애영유아의 감각운동기능을 길러준다.

셋째, 장애영유아의 발성, 비언어적 의사소통, 수용언어, 표현언어 등에 관련된 보육활동을 제공하여 장애영유아의 인지적 기능을 길러준다.

넷째, 장애영유아의 신체, 대물인지, 대상연속성(object permanence), 표상, 기본개념습득(분류, 서열, 비교, 공간, 시간, 수 등) 등에 관한 보육활동을 제공하여 장애영유아의 인지적 기능을 길러준다.

다섯째, 장애영유아의 애착 상호작용, 친사회적 행동, 기본정서 분화, 정서 수용 및 표현 등에 관한 보육활동을 제공하여 장애영유아의 사회 · 정서적 기능을 길러준다.

3) 통합보육의 준비

통합보육이 효과적으로 수행되기 위해서는 몇 가지 전제되는 필수조건이 갖추어져야 하는데, 샐렌드(Salend)는 통합교육의 조건으로 장애아동의 준비, 비장애아동의 준비, 교사들 간의 의견교환 촉구, 아동 진도평가 및 교사연구 등을 들고 있다. 구랄닉(Guralnick)은 통합 프로그램의 성공적 수행에 영향을 주는 요인으로서 교사와 아동수, 비장애아동과 장애아동의 비율, 장애유형, 통합교육을 위한 교사의 훈련 정도, 발달 단계에 따른 프로그램, 교실공간과 교구의 물리적 배치, 장애아동의 발달수준과 장애 정도, 학습아동의 생활 연령, 교육 프로그램의 질, 통합교육에 대한 비장애아동의 준비도, 자원 전문가, 학습 구성원 간의 인간관계, 비장애아동과 장애아동 사이의 발달수준의 일치도 등을 들고 있다.

한편, 우리나라 장애아 통합보육을 위해 준비해야 할 전반적인 사항을 몇 가지 제시하면 다음과 같다.

첫째, 장애아동교육의 목표를 개별 장애아동의 발달적 요구와 개성을 존중하고, 경쟁이 아닌 협력체제 속에서 삶의 질을 향상시키는 차원에서 설정하도록 한다.

둘째, 교사교육체제를 개선해야 한다. 통합보육을 하려면 일반 보육교사의 교육수준을 높여야 한다. 특수교사와 함께 협동체제를 이룬다고 하더라도 일반 보육

교사의 교육적 준비도는 현재로서는 미흡하다고 할 수 있다. 현직 보육교사들에게 순차적으로 통합보육에 대한 보수교육이 실시되어야 하며, 통합교사는 유아교육, 보육교사과정은 전공한 이후에 대학원 수준의 상급과정에서 특수교육에 관한 지식과 기술을 학습할 수 있도록 제도적으로 보완되어야 한다. 그리고 이들에게는 통합보육교사 자격증을 하나 더 수여하는 등 지위상의 혜택을 주어야 할 것이다.

셋째, 보육시설을 공교육체제로 전환해야 한다. 공교육체제로 완전하게 자리 잡지 못하면 국가의 여러 가지 지원이나 사회 심리적 지위 혜택을 공식화하기 어렵기 때문이다.

넷째, 장학사, 장학관, 원장 등 보육행정 책임자들에 대한 보수교육이 실시되어야 하며 보육행정체제도 장애아 통합보육으로 일원화시켜야 한다.

(1) 통합교실 배치기준

비장애아동과의 통합에 적절한 비율은 전체인원 수의 10%가 적당하다고 보나 이는 다른 조건과의 관계에서 재조정될 수 있는데, 예를 들어 훈련된 통합교사와 이미 장애아동과의 생활에 적응되어 있는 비장애아동이 형성되어 있을 경우 장애아동 통합의 비율은 10% 이상으로 높일 수 있고, 그 반대의 경우는 더 낮은 비율로 조정될 수 있다. 장애아동 통합과 관련하여 통합을 하기에는 심리적 · 기술적으로 훈련된 통합교사가 있어야 하는데, 교사의 훈련 정도는 장애아동 교실배치 여부 및 수를 결정하는 데 매우 중요한 영향을 미친다.

장애아동이 비장애아동과 비교하여 발달이 뒤떨어진다고 해도, 장애아동의 생활연령을 고려해서 교실 배치를 해야 한다. 제 나이에 따른 교실배치가 어려울 경우라도 장애아동과 비장애아동의 나이 차이가 1년 이상 초과하지 않는 것이 좋다. 지체장애나 시각장애 등과 같이 신체적 도움이 필요한 장애아동의 경우에는 자신의 연령보다 한 단계 많은 교실에서 더 원활한 도움을 받기 쉬울 수도 있다.

장애아동 교실배치 기준을 결정짓는 기준으로 중요한 또 하나는 장애아동에게 필요한 지원을 계속적으로 할 수 있느냐는 문제이다. 일반교실의 통합환경을 지원하고, 일반 보육 프로그램을 적절하게 수정하여 장애아동에게 효과적으로 제공할 수 있으며, 장애발달특성에 따른 보다 전문적인 접근을 할 수 있는 장애 전담교사(통합교사)가 상근할 수 있을 때 장애아동의 교실배치는 보다 원활하게 진행될 수 있다.

(2) 교실구성의 형태

① 소그룹 통합교실

장애아동들로 구성되어 일반교실과 선택적으로 통합하여 프로그램을 진행하는 경우이다. 통합교사와 장애아동의 비율이 1 : 3 정도로 전체교실의 아동 수가 10명을 넘지 않도록 구성한다. 기본 생활 중심의 지도와 일상생활 중심의 통합활동이 진행되도록 한다. 일반교실과의 통합은 비장애아동들이 소그룹 통합교실의 장애아동이 비장애아동 교실로 이동되면서 이루어지는 다양한 형태의 통합 프로그램으로 진행될 수 있다. 보육시설에 처음 오는 장애아동의 경우는 소그룹 통합교실에 배치되어 선택적으로 통합 프로그램에 참여하고 그 참여의 기회를 확대해 나가는 것이 바람직하다. 사회성 · 정서 · 언어영역의 발달이 다른 영역에 비해 상대적으로 지체되어 있는 경우로 보육시설환경에 익숙해져 있지 않은 신입 원아가 소그룹 통합교실로 배치된다.

소그룹 통합교실에서는 동화 듣기, 이야기 나누기, 사회체육, 노래, 악기 다루기, 음악감상, 작업, 관찰, 기본 생활, 안전교육, 사회적응, 감각훈련 등으로 계획, 실행된다. 보통 통합은 프로그램을 선택하여 일반교실과 선택적으로 실시하는데, 이는 자유놀이 통합, 영역별 통합, 반배반 통합, 역통합의 방법으로 실시한다. 소그룹 통합에서 사용되는 프로그램으로는 개별화 교육 프로그램(IEP), 가정연계지도(IFSP), 작업치료, 언어치료 등이다.

② 완전 통합교실(일반 통합교실)

완전 통합교실의 반구성은 영아(만 2세 이하)반의 경우 비장애아동 10~15명에 장애아동 1명, 유아반(만 3~5세)의 경우에는 비장애아동 10명에 장애아동 1명의 비율로 구성한다. 일반교실의 일과에 따라 프로그램이 진행되며 장애아동과 비장애아동을 소그룹으로 구성하여 소그룹 단위의 개별화교육 프로그램을 병행하여 진행한다. 사회 · 정서 · 언어영역이 다른 영역보다 상대적으로 정상발달에서 이탈이 적은 경우로 보육시설환경에 익숙해져 있는 재원생을 중심으로 배치하는 것이 좋다.

완전 통합교실에서는 담화, 동화, 언어, 사회생활, 음악, 작업, 사회체육, 기본생활, 안전생활, 수과학 등으로 계획되어 실행한다. 주로 개별화 교육 프로그램, 가정연계지도(개별화가족지원계획), 작업치료, 언어치료 등이 실행된다. 완전 통합교실은 교실 면적, 교구배치 등이 비장애아동에 대한 규정에 맞추어져 있어, 장애아동이 적응하기에 불편한 점이 많다. 장애아동의 특성이나 요구에 관계없이 무조건 통합되며, 프로그램의 내용과 속도가 비장애아동에게 맞추어서 진행되고, 장애아동은 통합교사의 도움으로 이를 따라가야 하는 부담을 가지게 된다. 또한 교실면적과 교구의 수량 등이 장애아동에게는 부적절할 수 있다. 따라서 정서적 불안과 스트레스를 극복할 수 있는 어느 정도의 훈련이 필요하다.

4) 장애아 통합 프로그램의 현장적용의 예

장애아 통합교육이 성공적으로 진행되기 위해서는 장애아동과 비장애아동을 같은 물리적 환경 안에서 같이 지내게 하는 것뿐만 아니라 통합되어 있는 환경에서 개개인의 아동에게 적절한 교육적 자극과 필요로 하는 도움을 줄 수 있도록 잘 짜여진 체계로 개선해 가려는 노력이 있어야 한다. 영유아기는 모든 발달영역에서 변화가 급격히 이루어지는 시기이므로 영유아에게 제공되는 내용들은 각 발달시기에 적합해야 하며 발달과제나 경험은 유아기에 기초가 되어 그 이후의 삶에 누적적으로 영향을 미치게 되므로 통합된 환경에서 장애아동은 또래아동과의 놀이를 통한 상호작용으로 많은 발달을 할 수 있다.

또한 모방을 통해 자발적으로 하려는 동기유발이 되며, 더 나아가 바람직한 사회구성원이 될 수 있게 하므로 영유아기 장애통합은 필수적인 발달상의 경험으로 제공되어야 한다. 프로그램의 예로 감각통합 프로그램은 자신의 신체와 환경으로부터 감각들을 조직화하고 그 환경 속에서 신체를 효과적으로 사용할 수 있도록 하는 신경학적 과정이다.

감각통합은 사람의 몸에 어떤 자극이 들어 왔을 때 그 자극에 대한 적응반응을 만들기 위해 뇌에서 감각정보를 조직화하고 환경 속에서 신체를 효과적으로 사용할 수 있도록 하는 신경학적인 과정이다(Avers, 1982). 감각통합은 자동적, 무의식적, 효과적 통합이다. 그러나 장애가 있으면 비효율적으로 정확하지 않은 반응과 집착을 보인다. 이러한 감각통합을 할 수 있는 활동인 요리를 통한 통합 프로그램은 장애아뿐만 아니라 비장애아동들도 많은 관심과 즐거워하는 활동으로 아동들 간의 자연스러운 상호작용과 요리재료에 대한 탐색을 통한 교육적 효과를 가지고 있다.

만 3~5세의 장애유아를 의무교육대상으로 지정함과 동시에 대통령령이 정하는 일정한 요건을 갖춘 어린이집에 대해 의무교육시설로 지정함에 따라 어린이집에서 장애유아의 질 높은 의무교육을 시행하고자 원장 및 교사들의 노력이 그 어느 때보다도 더 필요함에 따라 장애아 통합교육 프로그램의 발전은 계속되고 있다. 장애아 통합교육 프로그램의 구체적 예로 사전적응 프로그램, 장애아에 대한 이해교육, 가정연계활동, 초등전이 프로그램 등이 있다.

(1) 삼성 어린이집

I 삼성어린이집에는 정원 151명 중 9명(만 4세 6명, 만 5세 3명)의 장애 영유아가 있으며, 장애아 통합보육과 관련해 특수교사 3명, 사회복지사 1명이 있다. 한 학급에 일반 보육교사(통합교사)와 특수교사 자격증이 있는 특수교사가 배치된다. 설립 당시 장애아 통합 어린이집으로 설계되어 장애영유아를 위한 시설 및 설비가 잘 구축되어 있다.

장애아 3명마다 장애아 전담 보육교사 1명을 배치할 때 장애아 전담 보육교사가 시설당 3명 이상인 경우에는 1명의 특수교사만 있어도 법적인 요건은 충족되나, 이 어린이집의 경우 장애영유아를 담당하는 3명의 교사를 모두 특수교사로 채용하여 개별 장애아동이 특수교육 서비스를 받을 수 있다. 또한 사회복지사가 있어 특수교사가 보육을 담당하면서 진행하기 어려운 장애영유아 가족지원 협력 시스템의 추진을 돕고, 특수교사와 일반 보육교사 사이에 팀워크가 원활하게 이루어지도록 하는 역할을 한다.

(2) 인천 E어린이집

E 어린이집은 현재 정원 139명 중 총 15명(만 3세 6명, 만 4세 6명, 유예학생 3명)이 통합보육을 받고 있으며, 일반 보육교사로 채용되어 장애 관련 연수를 받은 장애아 전담교사가 5명이 있고, 언어치료사와 작업치료사 2명이 근무하고 있다. 시설 설립 이후 장애영유아가 입학하게 되면서 장애아 통합 어린이집으로 전환하였기 때문에 장애영유아를 위한 시설이 따로 없다. 원내 언어치료사와 작업치료사가 있어 장애영유아와 친밀한 관계를 형성할 수 있고, 담임교사와 협력이 용이해 장애영유아에 대한 보다 정확한 진단과 치료가 가능하다는 장점이 있다.

(3) 대구 S유치원

대구 S유치원은 일반학급 4학급, 특수학급 1학급이 운영 중이며, 특수학급에는 특수교사가 담임을 맡고 있고, 특수보조원이 있다. 특수학급은 1998년 승인되었으며, 4명 정원이고, 정원 외로 1명까지 추가로 받을 수 있어 매해 4~5명의 장애 유아를 통합교육하고 있다. 올해는 장애아동 4명(만 5세 2명, 만 6세 유예아 2명)이 재원중이며 장애아 4명 모두가 특수학급 1학급에 소속되어 있고 일반학급 2학급에 부분통합되고 있다. 대구시 차원에서 특수교사와 특수보조원의 인건비, 특수학급 유지비를 지원하고 있다.

3

PART

영유아 교수-학습의 운영

8

CHAPTER

영유아 교수-학습의 전략

1. 교수-학습의 개별적 전략

교수-학습전략이란 효율적으로 교육과정을 운영하고, 학습활동이 이루어질 수 있도록 고안된 하나의 방법이다. 수업전략은 수업요소인 교사, 영유아, 교수-학습의 내용, 일반 환경적 조건에 대한 개별적 전략을 구상하는 것에서부터 시작한다. 수업전략은 무엇보다도 연령별 발달의 보편성과 개별적 발달수준의 특수성을 감안하여 영유아의 발달을 이루는 것이 중요하다.

1) 보육교사

보육교사는 영유아가 교사, 친구, 교구 및 학습 자료와 능동적이고 적극적인 상호작용을 할 수 있도록 환경을 구비해 주어야 한다. 아울러 암기적 학습 또는 설명적 교수를 피하고, 올바른 언어 사용과 발산적인 질문을 사용한다.

또한 개별적인 발달 양식을 가지고 있는 독특한 존재로 영유아를 인식하고 이에 적절한 방법을 설계해야 한다. 영유아는 표준화된 집단의 규범이나 성인수준의 행동과 같이 이미 정해진 측정치에 의해 평가될 수 없다. 또한 한정적이고 측정이 용이하다고 해서 모든 영유아에게 동일한 과제를 주어 성취하도록 할 수도 없다. 덧붙여, 모든 활동은 일상적인 생활 속에서 즐겁게 이루어질 때 학습의 효과를 올릴 수 있으므로 스스로 놀이 속에서 문제를 해결할 수 있는 충분한 시간을 준다.

2) 영유아

영유아는 교사가 준비한 학습영역의 여러 활동 중에서 자기가 원하는 활동을 선택할 수 있어야 한다. 그리고 영유아는 대부분의 시간을 수동적으로 앉아서 듣고 기다리는 데 소비하지 않아야 한다. 즉, 영유아는 신체적, 정신적으로 능동적이 되도록 기회를 주어야 한다. 영유아의 능동성을 촉진하기 위해서 생각을 장려하는 발산적 자료를 사용한다.

영유아는 교사가 마련해 준 활동에서 선택할 수 있어야 하지만 중요한 것은 자신의 의도와 선택을 명백히 말하고 타인이 합리적이고 호혜적으로 동의할 수 있는 맥락에서 실행에 옮기며, 행위 결과를 원래의 목적에 비추어 검토하여 말할 수 있도록 기회가 주어져야 한다. 끝으로 실내의 모든 흥미활동영역뿐만 아니라 실외 공간까지 포함하는 다양한 공간에서 활동할 수 있어야 한다.

3) 일반적 환경조건

효율적인 교수-학습을 위해 고려되어야 할 일반적 환경 조건을 학급의 크기, 보육교사의 자격, 부모 · 교사관계를 중심으로 살펴보면 다음과 같다.

- **학급 크기** : 집단의 크기와 교사 대 영유아의 비율은 개별적인 교육이 가능할 수 있게 제한한다.
- **보육교사** : 영유아보육, 유아발달에 대한 지식과 0~6세의 영유아와 함께 활동할 수 있는 자격 및 실습경험이 있어야 한다.
- **입학 규정** : 0~6세의 영유아가 입학할 수 있으므로 보육체계는 영유아의 개별적인 발달적 요구와 수준에 부응하여 적절한 보육을 제공할 수 있도록 고안되어야 한다.
- **부모 · 교사관계** : 보육교사는 부모와 동반자로 일하며 상호이해를 증진하고 영유아에 대한 보육의 일관성을 돕기 위해 부모와 정기적으로 의사소통한다.

2. 교수-학습의 적용

교육 · 보육방법에 관한 여러 연구 결과들을 집약하고 앞에서 논의된 세 가지 교육 · 보육방법에 관한 이론적인 관점을 고려하여 교사가 어떠한 입장을 선택하든지 간에 보육 및 관련자들에 의하여 공통적으로 제시되고 있는 수업전략의 적용은 다음과 같다.

첫째, 영유아를 위한 수업 전개방법은 구체적인 것의 학습으로부터 추상적인 것의 학습으로 진행된다. 구체적이란 현재 보이는 사물과 사건의 세계를 뜻하며, 이에 반해서 추상적이란 실물에 대한 상징과 사물 또는 사건을 표상 또는 제안하는 아이디어를 뜻한다.

둘째, 다양한 수업전략을 적용할 때 가장 중요한 것은 영유아의 성장발달에 맞는 교재 · 교구를 제공하고 그것을 가지고 실험해볼 수 있는 환경과 기회를 제공하는 것이다. 암기식이나 강의식으로 하는 교수방법은 영유아에게 적합하지 않을 뿐만 아니라 아무런 효과가 없다. 읽고 쓰고 셈하는 것도 초등학교식이 아닌 구체적인 조작과정을 통한 교수방법이 적절하다. 그러나 위와 같은 방법도 영유아의 자연적인 성장에 요구되는 다양한 경험의 기회를 제공하지 않을 때는 수업전략이라고 할 수 없다.

셋째, 영유아의 효과적인 학습은 과제와 교수방법, 교수자료가 다양할 때 이루어진다. 여기에는 수업전략의 다양성과 교수 내용의 융통성도 포함된다. 빈약한 교육자료 활동 또는 단 한 가지 교수방법의 활동은 영유아에게 무능력감을 경험시킬 뿐이다. 보육활동의 제시는 영유아의 연령, 흥미 및 능력에 따라 다양한 환경 조성이 필요하다. 흔히 과거에 비해 현대의 영유아들은 다양하고 풍부한 경험을 많이 하고 있으므로 좀 더 많은 학습을 기대할 수 있다고 생각하기 쉽다. 그러나 오히려 그러한 특징 때문에 현대의 영유아는 더 많은 개인차를 가지고 있다는 점을 간과해서는 안 될 것이다. 개인차에 부응하는 교육을 위해서는 영유아 자신에 맞는 선택활동을 할 수 있도록 교수자료와 수업전략이 다양화되어야 한다.

넷째, 교사는 영유아들에게 다양한 활동과 자료 중에서 선택할 수 있는 기회를 제공해야 한다. 유아를 위한 바람직한 교육은 영유아 자신이 선택한 활동을 통하여 자율성, 자주성, 추진력, 목적 달성, 평가 등을 스스로 할 수 있도록 진행함을 뜻한다. 그러므로 수업전략의 적용은 영유아 스스로 선택하고, 결정한 후에 실천하고, 선택할 당시의 의욕을 살려 소기의 목적 달성을 위하여 최선을 다하고, 그 결과도 자신이 올바로 평가해볼 수 있도록 해야 한다.

다섯째, 영유아가 탐구활동을 통하여 자신에게 일어났던 문제를 해결할 수 있는 해결력을 발휘하도록 영유아와의 상호작용에서는 개방적 질문과 제안을 해 주어야 한다. 그러므로 보육교사는 수업전략의 적용으로 영유아와 빈번하게 언어적, 교육적으로 상호작용하는 것이 중요하다. 즉, 아무 계획 없이 방임, 방관해서는 안 된다는 뜻이다. 영유아 중심 교육, 영유아의 흥미 중심 교육 등의 개념이 방임이나 멋대로 해도 된다는 것이 아니라는 것을 알아야 한다.

여섯째, 영유아에게 제시되는 활동은 균형을 이루어 다양하게 전개되어야 한다. 따라서 수업전략 적용은 활동적인 것에서 조용한 활동으로, 실내 활동에서 실외 활동으로, 개별 활동에서 소집단활동과 대집단활동으로, 교사 선택활동과 영유아 선택활동 등이 조화를 이루어서 무리없이 이루어지도록 한다. 하루 일과계획은 영유아의 신체적 리듬과 흥미에 따라 다양하게 전개된다. 따라서 활동들 간에는 균형을 이룰 수 있어야 한다. 이와 같이 다양한 활동을 계획하고 실현하기 위해서는 교사와 영유아의 비율이 적절해야 한다. 교사와 영유아의 비율에 대해서는 학자마다 차이를 보이고 있으며 그동안 수많은 연구가 이루어졌다. 많은 연구들을 종합하여 클라크 스트와르트(Clarke-Stewart)는 질적인 수준 높은 보육을 위해서는 교사 대 영유아 비율이 적절할 것과 최대 집단의 크기는 한 반에 25명 이상을 넘지 말 것을 제안하고 있다(Phillips, 1987).

일곱째, 영유아는 수동적인 활동보다는 능동적 활동과 상호작용에 참여함으로써 효율적인 학습을 할 수 있다. 몬테소리는 영유아가 교구를 통하여 자동교육(Autoeducation)에 의해 학습된다고 주장했다. 영유아가 교육환경 속에서 자신이 자유롭게 선택한 교구를 통하여 자신의 능력을 점차적으로 개발해 가는 것이다. 그래서 만일 영유아가 교구를 잘못 다룰 경우 스스로 그 잘못을 알도록 고안되어 있다.

따라서 수업 전략의 적용으로 ① 영유아는 교구와의 상호관계를 통하여 배우도록 한다. 이러한 몬테소리 자동교육은 보육교사의 역할을 전통적인 교육방법인 가르친다는 관점에서 탈피하게 하며, 영유아와 환경과의 촉매자로서 보육교사의 역할을 축소시켜 영유아의 자율성을 향상시킬 수 있게 한다. ② 수업전략 적용으로 교사와 영유아 간의 상호관계를 통해 학습이 이루어지도록 한다. 교사는 영유아를 수동적인 학습자로 보는 것이 아니라 하나의 인격체를 가진 능동적인 학습자로 인정하며 영유아의 정신세계를 발전시키도록 관찰자 · 보호자 · 촉진자로서 도움을 줄 수 있다. ③ 수업전략 적용으로 영유아 간의 상호관계를 통하여 학습이 이루어지도록 한다. 즉, 또래관계를 통하여 배우는 방법이다.

몬테소리는 최초의 어린이집에서 자발적인 발달을 일으키도록 학급을 2.5~6세까지 연령으로 혼합하여 편성하였다. 이와 같은 학급 편성은 두 가지 장점을 갖는다. 하나는 영유아들의 사회성발달을 위한 건전한 기회를 제공한다. 모든 영유아는 같은 수준에서 학습하지 않으므로 동시에 같은 자료를 원하거나 필요로 하지 않게 되어 다투지 않게 된다. 또 다른 하나는 나이가 많은 유아가 나이 적은 영유아의 모델이 될 수 있고, 나이 어린 영유아는 다른 유아들이 작업하는 것을 관찰함으로써 배우게 된다.

한편, 이러한 혼합 연령의 학급 편성에서는 보육교사의 권위가 축소되어 영유아의 자율감 형성에 도움을 준다. 특히, 영유아는 동료와의 사회 속에서 연대의식 · 사랑 · 협동을 학습하며 성장한다는 관점에서 오늘날 자녀 수가 줄고 있는 현대 가족구성 경향에서 결핍되기 쉬운 형제애를 길러 주는 좋은 여건이 된다.

3. 교수-학습의 설정

효과적인 수업 운영을 위한 전략을 세울 때 고려해야 할 점은 프로그램이 지향하고자 하는 철학과 목표, 각 영유아의 연령과 발달수준, 흥미, 교사의 수, 시설, 보육시간 등을 수업전략의 설정에 고려한다. 브로피(Brophy, 1975)에 의하면 다음과 같은 요인들을 일과활동 수업전략의 설정 시 반드시 고려해야 한다고 제시하고 있다.

- **수업 시간** : 반나절 프로그램(유치원 : 3시간, 4시간으로 구별), 종일 프로그램(유치원, 보육시설)
- **시설의 종류** : 독자적인 건물, 공립학교 부설 혹은 사설 건물의 부설, 여러 가지 다른 프로그램과 연결된 교실, 팀 티칭 혹은 다연령 집단을 위해 여러 개의 교실 사용 여부
- **교사 수** : 교사, 보조 교사와 부모 지원자
- **고정 환경** : 화장실 시설, 식당, 운동장, 휴식 시설
- **시기** : 학기 초, 학기 중간, 학기 말

이와 같은 요인들을 고려하여 일일 교육계획을 수립하기 위하여 하루 전에 교사진 전원은 함께 의견을 나누고 필요한 교재를 준비한다. 일일 교육계획은 하루하루 수업을 중심으로 하여 계획해야 하지만 주간 · 연간 교육계획과 그 흐름이 연관성을 가져야 한다.

4. 수업전략의 운영

하루 일과의 수업전략을 설정하고 운영하는 데 필요한 원리들은 다음과 같다.

- 매일의 일과계획은 일관성이 있어야 한다.
- 일과계획 속의 일정한 시간은 영유아의 신체적인 욕구가 반영되어야 한다(예 : 화장실 가기, 간식 먹기).
- 일과계획은 무엇보다도 교사가 미리 자신의 짜여진 틀 속에 영유아들을 끼워 맞추려 하기보다는 먼저 영유아의 요구에 따라 적극적으로 참여하고 의사결정을 하도록 돕는다.
- 일일 활동계획은 각 프로그램의 철학에 근거해야 하지만 어떠한 프로그램이든지 간에 활동의 내용과 순서는 균형 잡힌 계획이어야 할 것이다. 또한 이러한 활동들은 일일 활동 순서를 결정할 때 서로 다른 활동들이 교차될 수 있도록 하여야 한다(예 : 활동적인 놀이 대 조용한 놀이, 실내 활동 대 실외 활동, 개별 활동 대 대 · 소집단활동, 교사 선택활동 대 유아 선택활동).
- 일일 활동계획은 여러 가지 유형의 상호작용이 일어날 수 있도록 계획한다(예 : 교사 대 영유아, 영유아 대 영유아, 영유아 대 교구, 교사 대 대 · 소집단).
- 일일계획은 날씨의 변화와 영유아의 흥미 등을 고려하여 융통성 있게 운영되어야 한다.
- 효과적인 일일계획은 활동을 계획한 다음 그 활동을 수행해 보고 활동의 평가가 이루어질 수 있도록 한다.

5. 교수-학습방법의 전략

1) 교사 주도적 접근법

교사 주도적 접근법은 교수학습을 교사가 주도적으로 계획하고 진행하는 방법을 의미한다. 학습에 있어서 유아에 대한 발문과 질문 등의 방법으로 유아의 발견학습과 흥미를 자극하게 된다. 이러한 교사의 발문과 질문은 유아에게 분명한 학습태도를 형성하게 함은 물론, 유아의 학습과정에 대한 적극적 참여를 유발시키고, 이미 학습된 내용에 대한 정리에도 효과적이다. 그러나 교사의 질문이나 발문은 교사 중심의 수업을 만듦으로써, 유아 사고의 영역을 한정시키고, 유아 학습속도를 저해하게 되는 측면도 존재한다.

2) 영유아 주도적 접근법

영유아 주도적 접근법은 유아가 보육 및 교육과정과 계획에 능동적으로 참여하는 상향식 보육방법이라고 할 수 있다. 이때 보육교사는 영유아의 흥미도를 고려하여 보육과정을 계획할 수 있으며, 영유아에 대한 참여나 통제를 하기보다는 영유아 스스로의 결정을 존중한다.

영유아 주도적 방법의 교수절차에 대해서는 학자들마다 그 단계가 다소 상이하나, 일반적인 유아 주도적 방법의 교수절차를 정리하자면 다음과 같이 정리될 수 있다.

- 1단계 : 교사는 영유아 학습욕구 진단 및 흥미도를 진단하게 된다.
- 2단계 : 보육 및 교육과정 목표설정에서 영유아는 구체적이고 능동적으로 참여하게 된다.
- 3단계 : 보육 및 교육과정을 위한 인적 · 물적 자원 파악이다. 교사는 학습자료 등 동원할 수 있는 자원이 무엇인지 조사한다.

- **4단계** : 적절한 보육전략 선정 및 실행이다. 이때 교사는 구체적으로 어떻게 보육 및 교육을 할 것인지 정하고 보육에 들어간다.
- **5단계** : 보육 · 교육결과와 평가다. 영유아의 학습욕구와 목표에 맞추어 평가를 하게 된다.

영유아 주도적 접근법에 있어 교사 및 부모의 역할은 다음과 같다.

첫째, 교사의 역할은 영유아의 주도적 학습을 형성하기 위해서 교사는 여러 자기주도학습 프로그램을 운영할 수 있다. 자기주도학습 프로그램에서 영유아는 매일 자기주도 기록장을 기록하며, 프로그램에 능동적으로 참여할 수 있도록 유도된다. 또한 자기주도학습 프로그램에는 동기조절, 인지조절, 행동조절 프로그램으로 구성된다. 동기조절 프로그램에는 '나는 할 수 있다', '내가 되고 싶은 사람', '내가 하고 싶은 사람' 등으로 구성되며, 인지조절 프로그램에는 학습에 투입한 시간만큼의 효과를 거둘 수 있도록 '학습장 쓰기', '수학오답노트', '영어단어 외우기' 등을 실시하게 된다.

행동조절 프로그램은 '우선순위 정하기', 구체적 활동으로 '일일계획, 주간계획, 중 · 장기계획 세우기', 자신을 둘러싼 환경에 대해서 점검해 보는 것으로 '나의 공부환경'이 있다. 여기에 속한 프로그램을 하면서 자신에게 더욱 자신 있고 성공적이며, 앞으로의 비전을 향상시키는 데 도움을 받을 수 있을 것이다. 프로그램을 하면서 자신의 장점과 단점을 잘 알아, 장점을 살리고 약점을 극복함으로써 주어진 능력을 좀 더 향상시킬 때 원하는 미래를 가질 수 있을 것이다.

둘째, 부모의 역할은 영유아의 주도적 학습을 형성하기 위한 것으로 구체적인 부모의 역할로는 우선 영유아 스스로 자신의 행동을 조절하고, 시간을 적절하게 분배할 줄 아는 능력을 배양시켜야 한다. 영유아 스스로 시간과 행동에 대한 관리를 할 수 있는 방법에는 영유아들에게 생활계획표를 작성하게 하고, 계획표대로 생활하도록 유도하는 방법이 있다. 이때 너무 계획표대로 생활을 강요하거나, 불필요하게 참견을 하게 된다면 역효과를 볼 수 있으므로 주의해야 한다.

9

CHAPTER

교수-학습의 평가

1. 평가의 개념

보육 및 교육과정 평가는 영유아의 발달에 적합한 안전한 보육 및 교육환경 안에서 영유아의 수준에 맞는 보육 프로그램과 교수학습과정의 제공, 긍정적인 상호작용의 제공, 차후 보육과정에 대한 긍정적 반영 등이 이루어지는가에 대한 내용이 포함된다.

보육 및 교육과정 평가는 영유아 보육 및 교육기관에서 영유아의 전인적인 성장과 발달을 돕기 위해 제공되는 모든 보육활동의 과정과 결과에 대한 가치를 판단하여 의사결정하는 과정이다. 보육 및 교육과정 운영의 전반적 실태를 파악하고 그 결과를 효율적인 보육과정의 기초적인 자료로 적극적으로 활용함으로써 보육 및 교육과정의 질을 개선하고 효율성을 높이는 것을 목적으로 한다(이순형 외, 2007).

평가란 교육목표의 달성이라는 결과적 측면뿐만 아니라 교수학습의 과정이 어떻게 이루어졌는지에 대한 과정적 측면을 포함해야 한다. 일반적으로 유아교육기관에서 실시하는 평가는 다음의 내용을 포함하고 있어야 한다. 첫째, 교육목표의 달성도를 알아보는 과정과, 둘째, 유아를 과학적으로 이해하는 수단으로서 유아의 개인차 변인을 밝히는 도구인 동시에 유아의 행동근거를 객관적으로 수집하는 방법, 셋째, 유아교육 및 교사를 평가하는 과정을 포함하고 있어야 한다.

즉, 교수학습평가란 유아교육기관에서 유아의 전인적인 성장과 발달을 돕기 위한 교수학습의 과정이 제대로 수행되고 있는지와 그 결과에 대한 가치판단의 과정이라고 할 수 있다.

2. 평가의 필요성

오늘날 우리 교육이 추구하는 바는 21세기의 삶을 자기 주도적으로 살아갈 수 있는 능력을 가진 인간을 기르는 데 있다. 이러한 인간상을 구현하기 위해서는 시대나 사회의 변화에 부응할 수 있는 교육 내용, 교육방법, 교육평가의 변화를 필요로 한다. 따라서 교육평가도 교육목표 도달을 확인하고, 교사의 교수행위와 원아의 학습행위를 보다 효율적인 방향으로 수정하는 데 적절한 정보를 얻기 위한 자료로 활용될 수 있도록 그 방법이 바뀌고 있다.

이러한 평가방법은 원아 스스로가 자신의 지식이나 기능을 나타낼 수 있도록 답을 구성하거나, 발표하거나, 산출물을 만들거나, 행동으로 나타내는 것을 관찰하고 기록하여 결과를 도출하는 수행평가여야 한다. 평가방법의 개선은 정책입안자의 의욕에 의해서만 이루어지는 것이 아니라 현장교사들의 평가방법에 대한 이해와 실천이 뒷받침될 때 그 실효를 얻을 수 있을 것이다. 그러나 교직원의 수가 극히 적은 유치원에서 수행평가를 위한 영역별 성취기준을 구체화하고, 평가기준을 명확히 하며, 평가자료를 개발하는 등 일련의 작업을 하기에는 많은 어려움이 있다. 유치원 교육과정 평가는 유아들의 이 교육과정을 경험함으로써 어떻게 변화되었는가를 알아보기 위한 과정이다. 이는 개별유아는 물론 유아들 집단을 위한 교육계획과 부모들과의 면담 및 유아와 유아들에게 영향을 끼치는 다양한 교육적 결정들을 위한 기초가 된다.

교수학습의 결과 및 그 과정을 평가하는 것은 지금까지 진행되어 온 교수학습을 바탕으로 이후에 이어질 교수학습의 질을 개선하고 향상시킬 수 있는 정보를 제공하기 위함이다. 따라서 교수학습의 평가는 반드시 이루어져야 하는 중요한 교수학습과정의 하나라고 할 수 있다. 교수학습평가의 필요성을 구체적으로 살펴보면 다음과 같다.

첫째, 평가는 유아들을 등급 매기기 위한 것이 아니라 유아 개개인의 전인적 성장과 발달을 도와주어야 한다.

둘째, 평가를 통해 교육목표의 성취 정도를 알 수 있고, 목표가 달성되지 못한 요인 및 수정보완해야 할 사항이나 이에 대한 합리적 근거를 찾을 수 있다.

셋째, 교육기관에서는 교육의 효과에 대한 실증적이고 과학적인 증거를 수집 · 정리하여, 자신들의 투자와 노력에 대한 효과를 알고 싶어하는 부모에게 알려줄 필요가 있다.

3. 평가의 목적과 내용

1) 평가의 목적

교수학습평가의 목적은 유아들이 교육과정을 경험함으로써 어떻게 변화되었는가를 알아보기 위한 과정이다. 이는 개별 유아는 물론 유아집단을 위한 교육계획과 부모들과의 면담 및 유아들에게 영향을 끼치는 다양한 교육적 결정들을 위한 기초자료가 된다(교육부, 2000). 평가의 목적을 구체적으로 살펴보면 다음과 같다.

첫째, 교수-학습 프로그램 및 교수-학습방법과 과정의 적절성 및 그 교육적 효과를 검증하는 것이다.

둘째, 평가를 통해 각 개별 유아의 현재 발달상태와 변화과정을 파악할 수 있으며, 유아들의 흥미, 관심, 요구와 발달상태를 고려한 교수학습을 계획하기 위한 자료를 제공한다.

셋째, 부모와 교사 간의 효율적인 의사소통을 위한 자료를 제공한다.

넷째, 평가결과는 평가 자체로 끝나는 것이 아니라 차후 교육계획의 수립에 중요한 자료로 활용될 수 있다.

다섯째, 교사는 유아의 평가결과를 정리하여 생활지도에 필요한 기초 자료를 얻는다.

여섯째, 행정적인 결정에 도움을 주는 자료를 제공한다. 평가를 통해 교육 프로그램을 수정 · 보완하거나 교육 프로그램에 대한 교직원의 요구를 반영하고 지역사회와 관계 행정기관에 유아교육의 현황과 문제를 알릴 수 있다.

2) 평가 내용

교수학습평가가 제대로 이루어지기 위해서는 유아, 교사 및 교육과정 전반에 대한 평가가 이루어져야 한다.

(1) 유아를 위한 평가

유아를 위한 평가는 유아의 발달과 학습 요구에 대한 의사결정을 위하여 유아의 놀이과정이나 학습활동에서 나타나는 행동을 관찰하고 기록하며 문서화하는 과정이다.

교사는 유아를 평가하기 위해 표준화된 검사지나 관찰기록 및 유아들의 작품을 수집할 수 있으며, 특정 시기나 시간에 평가하기보다는 유아들의 일과 중에 수시로 평가하는 것이 바람직하다. 유아들은 자신들이 스스로 놀이를 계획하고 실행하고 평가하는 과정을 통해 자기평가를 할 수도 있다.

(2) 교사를 위한 평가

교사를 위한 평가는 효과적인 교수학습과정과 행정적 의사결정을 위한 것으로 교사가 가진 신체 · 인성 · 교양 및 지적 능력, 교직에 관한 태도, 유아교육기술, 전문적 지식 등을 평가한다.

교사를 평가하는 방법으로는 반성적 저널과 같이 일정한 평가양식에 의해 교사 스스로 평가하는 자기평가와 공개수업이나 시범수업 또는 원내 장학과 같이 상급자, 동료, 학부모와 외부관찰자에 의한 평가가 있다.

(3) 교육과정을 위한 평가

교육과정에 대한 평가는 교육과정의 효율성 · 적절성 · 타당성을 밝히기 위한 것이다. 따라서 그 결과는 유아와 학부모는 물론 관련 기관 행정가들에게 교육과정에 대한 유용한 정보를 제공하고 교육과정 개발자들의 계획과 실행에 중대한 영향을 미친다.

교육과정 평가에서는 교육목표와 내용, 교수-학습과정, 교수-학습의 효과 등 교육과정의 각 구성요소들에 관한 개별적 평가뿐 아니라 이들 요소 간의 연관성을 포괄적으로 다루어야 한다. 이 중에서 특히 교수-학습과정에 관한 평가는 유아와 교수활동 중에 끊임없이 이루어져야 하는데, 이는 계획된 활동이 끝난 후 다음과 같은 질문에 답해 봄으로써 가능하다.

- 활동이 유아의 발달 정도에 적절하였는가?
  - 적절하지 않았다면 어떻게 변형시킬 수 있는가?
- 활동이 잘 진행되었는가?
  - 그렇게 생각하는 이유는 무엇인가?
  - 그렇지 않았다면 어떻게 수정할 수 있는가?
- 활동이 유아의 사전 발달이나 활동과 어떻게 연결되는가?
- 다음의 활동으로 어떤 활동이 적합할 것인가?

4. 평가의 방법

교수학습을 평가하기 위해서는 다양한 평가방법을 사용할 수 있다. 여기에서는 영유아교육기관에서 가장 보편적으로 사용하고 있는 평가방법인 관찰법, 검사법, 면담법, 유아 작품분석, 포트폴리오에 대해서 알아보고자 한다.

1) 관찰법

관찰법은 유아들이 일상생활 속에서 자연스럽게 활동하는 모습을 관찰자가 본대로 기록하는 것이다. 관찰법에는 일정한 도구가 없으므로 관찰자 자신이 평가도구가 된다. 주로 유아교육기관에서는 교사에 의한 관찰이 이루어지므로 교사의 관찰 능력과 기술이 우수할수록 정확한 평가가 이루어진다.

(1) 관찰법의 장점

- 교사들이 유아와 함께 활동하거나 일하면서 관찰할 수 있다.
- 특별한 훈련 없이도 누구나 가능하다.
- 시간에 구애받지 않는다.
- 다른 평가방법과 병행하여 사용할 수 있다.
- 어떤 형태의 유아교육 프로그램에서도 쉽게 사용할 수 있다.

(2) 관찰법의 단점

- 관찰의 타당도가 관찰자의 기술에 달려 있으므로 관찰한 내용의 타당도를 검증하기 어렵다.
- 관찰자의 편견이나 선입견이 개입될 수 있다.

- 관찰의 정확성이 관찰되는 행동에 따라 달라질 수 있다. 예를 들어, 운동능력은 사고과정보다 쉽게 관찰될 수 있다.
- 관찰자가 일을 하면서 유아를 관찰하기 때문에 전체적 상황을 파악하기 어렵다.

(3) 관찰법의 종류

① 일화기록

일화기록이란 짧은 내용의 사건이나 행동에 대한 사실적인 기록이다. 일화기록은 언제, 어디서나 교사가 발견하는 흥미 있는 사건이나 예기치 못했던 행동들을 사실 그대로 기술함으로써 유아행동이나 생활의 한 단면을 기록으로 남기는 것이기 때문에 대부분 구조화되지 않은 경향이 있다.

따라서 교사는 일화기록을 할 때 자신의 주관적 판단이 내포되지 않은 단어를 사용하여 관찰한 사건에 대한 사실적이고 객관적인 기록이 되도록 주의해야 한다. 또한 유아의 일상적인 행동을 그 유아가 속한 사회 및 문화적 상황이나 물리적 환경과의 관련 속에서 총체적으로 서술해야 한다.

왜냐하면, 행동이 일어나는 상황이나 배경을 고려한 관찰, 기록된 자료만이 유아의 행동을 이해하는 데 도움을 줄 수 있기 때문이다. 일화기록은 특별한 기록 양식 없이 노트나 독서 카드 또는 포스트잇에 간단하게 기술할 수 있다. 그러나 이때 행동에 대한 기술과 함께 반드시 기록해야 할 것은 유아의 이름, 관찰, 장면 등과 같은 기본적인 정보이다. 그밖에 유의할 점을 제시하면 다음과 같다.

- 사건이 생긴 후 즉시 기억이 선명할 때 기록한다.
- 하나의 사건에 대하여 사건이 일어난 순서대로 기록한다.
- 대상 유아가 한 말과 행동을 사실 그대로 기록한다.
- 관찰시간, 장면, 진행 중의 활동 등 상황에 대해서도 기록한다.
- 상황 내의 다른 유아나 교사의 반응도 기록한다.

- 유아의 전체적인 행동만이 아니라 목소리, 몸짓, 얼굴 표정 등과 같은 감정의 표현도 기록한다. 즉, 사건에 대한 거의 완전한 기술이 되도록 한다.

한편, 일화기록은 단편적인 기록이므로 1, 2개의 일화기록만으로는 크게 의미를 부여하기 어려울 때도 있다. 따라서 교사는 한 달에 한 번, 분기에 한 번, 학기에 한 번 등과 같이 유아의 행동에 대한 지속적이고 체계적인 일화기록자료를 통하여 일반적인 해석을 하도록 하는 것이 바람직하다.

② 행동목록법

행동목록법은 어느 정도 구조화된 관찰법으로서, 교사가 관심 있는 행동, 목록을 사전에 준비하고 각 행동의 출현 여부를 관찰한 뒤에 '예/아니오' 또는 '그렇다/그렇지 않다'로 표기하는 방법이다. 이 방법은 어떤 행동의 출현 여부를 판단하는 것과 변화 여부를 판단하는 데 도움이 된다. 특히, 미리 작성된 목록표를 사용하기 때문에 간편할 뿐 아니라, 이미 개발된 것으로 적용이 가능한 목록표가 있을 때에는 더욱 간편하게 사용할 수가 있다.

③ 평정척도법

평정척도법은 행동 목록과 마찬가지로 교사가 사전에 관찰하려는 내용을 미리 정해 놓았을 때 사용할 수 있다. 그러나 어떤 행동의 출현 여부뿐 아니라, 질적인 특성의 차이를 판단하고자 할 때에 사용한다. 따라서 평정척도는 관찰 항목과 함께 몇 단계의 척도가 마련되어 있는데, 상, 중, 하 또는 1, 2, 3, 4, 5 등과 같이 질적 특성을 구별할 수 있는 준거가 제시된다. 이때 척도상의 준거를 구체적인 행동으로 서술하면 기술평정척도가 된다.

평정척도는 교육과정의 전 영역에 대한 목록을 개발하면 유아발달의 전반적인 측면을 관찰하고 평가할 수 있다. 그러나 일정 기간 동안 관찰을 한 뒤 이를 토대로 몇 단계의 질적인 평가를 해야 하기 때문에 관찰과 동시에 기록하는 방법보다 관찰자의 편견이 개입될 가능성이 높다는 점에 유의해야 한다.

2) 검사법

검사법은 이미 제작되어 있는 검사지를 이용하여 검사지의 지침에 따라 유아를 검사하는 것이다. 검사법에는 크게 표준화 검사와 교사 제작 검사가 있다.

(1) 표준화 검사

표준화 검사는 검사의 목적, 내용, 대상, 실시 절차, 실시 조건, 채점 및 결과해석이 표준화되어 있는 검사를 말하는 것으로 신뢰도와 타당도가 검증된 것이다. 따라서 유아의 발달 정도나 특성을 객관적으로 평가하기에 적합하다.

① 표준화 검사의 장점

- 표준화 검사는 전문가에 의해 제작되어 신뢰도와 타당도가 검증되어 있다.
- 검사방법과 채점을 위한 세부지침이 마련되어 있다.
- 검사요강에는 원점수를 규준점수로 전환하는 방법이 제시되어 있다.
- 검사요강에는 검사에 관해 유용한 연구자료가 요약되어 있다.
- 유아의 성취수준을 이전의 것이나 다른 유아들과 비교해 볼 수 있다.
- 신뢰롭고 안전한 결과를 제공해 준다.
- 진단적 정보를 제공해 준다.
- 다른 평가방법과 병행하여 사용할 수 있다.

② 표준화 검사의 단점

- 유아의 관심과 흥미, 검사에 대한 이해의 부족, 검사자와 유아 간의 친밀감의 부족이나 문화적 배경의 차이로 인해 결과점수가 타당하지 않을 수 있다.
- 검사의 내용과 반응 형태가 교육 프로그램의 목표와 내용을 제대로 반영하

지 못하는 경우가 많다.

- 현행 표준화 검사들은 발달의 전 영역을 측정하기에 부족하다. 특히, 정의적 발달을 측정하는 표준화 검사는 거의 없다.
- 표준화된 검사 문항이 원의 교육과정을 결정하기도 한다.
- 표준화 검사의 규준이 유아를 등급별로 분류하는 데 이용된다.
- 표준화 검사는 대체로 진단적 정보를 제공해 주지 않는다.
- 검사의 실시와 결과 해석에 전문가의 도움이 필요하다.
- 부모나 교사의 표준화 검사에 대한 부정적 태도를 극복하기가 어렵다.

(2) 교사 제작 검사

교사가 원하는 평가 내용에 적절한 도구가 없을 경우 교사들이 직접 개발하여 사용할 수 있다.

① 교사 제작 검사의 장점

- 잘 만들어진 교사 제작 검사에서는 검사 문항과 프로그램의 목표와의 사이, 검사문항과 유아발달수준과의 사이에 밀접한 연관성이 있다.
- 교사 제작 검사는 표준화 검사보다 시간적인 구애를 받지 않고 융통성 있게 활용될 수 있다.
- 유아들의 반응에 따라 다양한 검사방법을 활용할 수 있다.
- 교사 제작 검사는 다른 여러 가지 검사와 연결하여 사용할 수 있다.
- 비용이 적게 들고, 검사의 실시, 채점 및 해석에서 전문가의 도움을 받지 않아도 된다.

② 교사 제작 검사의 단점

- 프로그램 목표를 잘 반영할 수 있는 검사문항을 선정하는 것은 교사의 능력에 달려 있다.

- 검사문항을 선정하고 제작하는 데 시간이 많이 소요된다.
- 수집된 자료의 객관성이나 타당도가 부족하다.

(3) 면담법

면담법은 유아나 부모로부터 언어를 매개로 하여 여러 가지 자료를 수집하는 방법이다. 유아교육기관에서 이루어지는 면담은 공식적인 면담일을 정해서 이루어지기도 하고 등원이나 하원 시에 비공식적으로 이루어질 수도 있다.

① 면담법의 장점

- 진실한 자료를 얻을 수 있다.
- 말하는 사람의 내밀한 사적인 문제까지 파악할 수 있다.
- 다른 평가와 병행하여 사용할 수 있다.
- 어떤 형태보다 유아교육기관에서 쉽게 활용할 수 있다.
- 서면으로 얻어진 것보다 정확하고 상세하게 파악할 수 있다.

② 면담법의 단점

- 면담 시 다수의 대상을 한꺼번에 조사할 수 없어 비용과 시간이 많이 든다.
- 대상자의 표정, 몸짓 등에 의해 왜곡된 평가를 할 가능성이 있으며, 결과 해석에서 면담자의 편견이 작용될 수 있다.
- 다수를 대상으로 할 경우 면담에 따른 편견이 생겨 신뢰성에 문제가 생길 수 있다.
- 면담 시 질문이 명확하지 않거나 포괄적이지 못할 경우, 면담의 대상자가 대답할 수 없거나 대답을 하지 않으려고 하는 경우에는 수집된 정보가 포괄적이지 못하고 부정적이다.

(4) 유아 작품 분석

유아 작품을 분석하는 것은 유아의 행동특성과 발달수준을 평가할 수 있는 중요한 방법이다. 유아 작품 분석으로 평가를 하고자 하는 경우에는 정기적으로 작품을 수집해야 하며, 작품 수집 날짜와 작품에 대한 유아의 설명이나 태도 등을 기록해 두는 것이 필요하다. 유아 작품으로는 말이나 글, 노래 등의 언어 녹음 자료와 유아의 그림이나 작품 사진, 유아 작품의 표본 등이 포함된다.

① 유아 작품 분석의 장점

- 유아들이 실제 진행 중인 활동의 과정과 결과 모두 평가의 대상이 된다.
- 자료를 수집하는 시간이 많이 소요되지 않는다.
- 유아교육 프로그램의 전 분야에 걸쳐 유아 작품의 표본을 수집할 수 있다.
- 유아 작품의 표본은 유아의 발달상황을 알아볼 수 있는 직접적인 증거가 된다.
- 유아 작품을 수집할 때 날짜와 설명을 첨부해 두면 이후에도 다른 사람들이 그 작품을 해석할 수 있다.
- 유아 작품을 통해 개념발달 정도와 감정이나 느낌도 분석할 수 있다.
- 유아의 작품은 표준화 검사를 비롯한 다른 측정방법과 병행하여 분석될 수 있다.

② 유아 작품 분석의 단점

- 수집된 유아 작품의 표본이 유아의 행동이나 능력을 대표한다고 보기 어렵다.
- 유아의 실제 진행 중인 활동의 표본은 그림 작품보다 수집하기 어렵다.
- 어떤 유아들은 그들의 작품을 제출하기를 꺼려 한다.
- 수집된 유아의 작품을 보관하기가 어렵다.
- 사진, 녹음자료, 비디오 테이프 등은 비용이 많이 든다.
- 교사들은 때로 유아들의 작품 표본을 면밀히 분석하지 않고 대수롭지 않게 넘겨버리려고 한다.

(5) 포트폴리오

포트폴리오는 전통적 평가방식의 한계점을 보완하고 총체적인 평가를 하기 위한 대안적 평가의 하나라고 할 수 있다. 포트폴리오는 수행과정에서의 진보를 확인하기 위한 목적으로 유아의 발달과 학습에 관한 기록과 증거들을 시간의 흐름에 따라 조직적으로 모아 놓은 것으로, 유아의 작품수집보다 더욱 다양한 각도로 평가자료를 수집한 것이다(류진희, 2000). 포트폴리오에는 유아의 자기평가과정을 포함하고 있으며, 이를 통해 유아의 전체 학습과정을 볼 수 있고, 유아의 성장과정을 이해할 수 있다. 또한 포트폴리오는 교사의 교육과정 운영에 중요한 역할을 한다.

① 포트폴리오의 장점

- 발달과정에 대한 정보를 얻을 수 있다.
- 유아의 긍정적 자존감 형성에 도움이 된다.
- 매일의 친숙한 환경 속에서 평가가 이루어진다.
- 유아의 장점에 초점을 맞춘다.
- 개별 유아에게 적합한 평가를 실시할 수 있다.
- 평가의 과정에 부모와 가족도 참여하게 된다.
- 협동을 장려한다.
- 평가의 결과가 교수계획에 바로 반영될 수 있다.

② 포트폴리오의 단점

- 비용과 시간이 많이 소요된다.
- 감상적인 기억들을 담은 상자가 될 가능성 있다.
- 기록물들을 보관할 충분한 공간이 필요하다.
- 기록물을 수집하고 평가하는 과정에서 교사의 편견이 작용할 가능성이 많다.
- 포트폴리오 내용 타당성의 확보가 쉽지 않으며, 평가 결과에 대한 신뢰성 및 객관성의 확보가 어렵다.

5. 평가 결과의 적용

1) 일과 운영에 따른 평가 적용

자유선택활동시간에는 유아들이 자유롭게 각 영역에서 활동하는 모습을 관찰할 수 있으므로 일화기록, 체크리스트, 관찰표 등을 활용하여 평가한다. 대집단활동시간에는 모든 유아들이 모여서 다같이 활동하는 시간이기 때문에 교사에게 많은 시간을 요구하는 평가방법은 실시하기 어려우므로 교사가 수업을 진행하면서 간단하게 사용할 수 있는 방법으로 체크리스트, 녹음, 비디오 녹화 등을 활용하여 평가한다.

소집단활동시간에는 교사와 유아 간의 상호작용이 보다 빈번하게 일어나므로 유아 자기 작품분석, 일화기록, 개인면담 등 유아를 좀 더 자세하게 관찰하는 평가를 한다. 이때 교사는 유아의 행동이나 주변 상황을 메모하여 참고한다. 녹음이나 비디오의 내용은 교사가 전사한 후 평가하고, 자기 장학이나 동료 장학의 자료로 활용한다.

2) 자료 수집

유아 스스로 각 흥미영역에서의 활동 결과 산출물, 그림 단어사전, 미술작품, 사진 등을 자연스럽게 수집할 수 있도록 개인 파일을 교실에 준비해 두어 체계적으로 수집한다. 이야기 나누기 시간이나 개별면담을 통하여 교사는 유아의 듣는 태도, 말하는 태도, 발음, 자신감, 표현력, 사용하는 단어 등을 알 수 있으므로 녹음 및 비디오 녹화, 메모를 활용하여 보다 정확하고 객관적으로 유아를 체크한다.

수행평가 시에는 날짜와 작업이 행해질 때의 상황 등을 평가자료와 함께 기록한다. 학부모와의 면담 내용도 유아 평가의 중요한 자료이므로 기록하여 보관한다.

동극이나 극놀이 활동시간에는 개별 유아의 능력에 대한 구체적인 관점을 보기 위해 비디오 녹화 후 전사하여 자세히 분석 · 정리한다.

6. 평가 결과의 활용

평가 결과는 모든 자료를 통합하여 문장으로 기술한다. 유아들을 비교하고 상대적으로 평가하여 석차나 등급 또는 점수를 매기는 일이 있어서는 안 된다. 유아기는 모든 부분에서 미성숙한 것이 자연스러운 것이므로, 평가 결과 역시 현재의 발달수준을 확인하고 그 가능성을 넓혀 주는 방향에서 기술되어야 한다. 따라서 유아가 하지 못하는 것이나 단점보다는 할 수 있는 것이나 장점을 중심으로 기술해야 한다. 특히, 점수나 척도를 문장으로 기술하더라도 유아의 발달상황을 분명하게 인식할 수 있도록 가능한 한 상세하게 기술하도록 한다. 그리고 평가자가 아닌 사람이 그 결과를 읽어볼 때에도 평가자와 똑같은 판단을 할 수 있도록 객관적으로 기술해야 한다.

평가 결과는 개별 유아나 한 학급의 유아에 대한 교육을 계획하는 데 가장 중요한 자료가 된다. 또한 부모와의 면담 시 면담자료로 활용하거나, 한 달이나 한 학기 또는 학년 단위로 각 가정에 보내어 각 가정에서 유아를 지도할 때 참고가 되도록 한다. 그 뿐만 아니라 교사에게는 교육과정 운영계획부터 교구 · 교재, 환경구성 및 교수-학습활동에 이르기까지 자신의 교육과정 전반을 점검하는 기회를 제공하기도 한다. 최근 우리나라 초 · 중학교는 학습자의 능력을 총체적으로 평가하고 이해하기 위해 수행평가를 도입하고 있다.

수행평가란 평가자가 학습자의 학습과제 수행과정과 결과를 직접 관찰하고, 그 결과를 전문적으로 판단하는 평가방법이다. 이 평가가 종전의 평가방식과 다른 점은 '교사의 전문적인 판단'에 의하여 평가가 이루어지며, '결과'뿐 아니라 '과정'을 중시하고 '수시'로 평가가 이루어진다는 점이다. 그러나 유아교육 현장에서는 오래 전부터 이와 같은 취지의 평가가 이루어져 왔다.

평가를 하는 중요한 목적의 하나는 유아의 성장발달이 이루어져 온 과정이나 현재의 발달상태를 이해하기 위한 것일 뿐만 아니라 유아의 제반 발달이 유치원 교육과정이 추구하는 인간상과 연계되고 있느냐를 검토하기 위한 것이다. 그리고 유아들의 학습이나 발달을 평가하는 적절한 방법은 교사가 유아들과 상호작용하며 그들의 사고과정이나 행동을 관찰하는 것이고, 유능한 교사는 단편적인 성취만을 다루는 검사 결과를 살펴보는 것보다 유아의 행동을 연구하면서 유아의 발달에 대하여 더 많은 통찰을 얻는다고 주장하고 있다.

피아제뿐 아니라 듀이를 포함한 많은 교육자들은 유아들이 개인적으로 의미 있는 활동에 참여하고 그 활동에 몰두할 때 스스로 배운다는 것을 분명하게 제시하여 주었다. 따라서 교육과정이 추구하는 인간상과 반대되는 표준화검사나 준비도 검사는 필요한 경우를 제외하고는 가능한 한 실시하지 말아야 한다.

4

PART

영유아 교수-학습의 실제

10

CHAPTER

일상생활지도

1. 등원하기와 하원하기

영아를 위한 교수–학습의 실제는 일상생활을 기반으로 이루어진다. 영아의 개인적인 욕구에 의해 이루어지며, 만 2세 이후에는 대 · 소집단을 통해 일상생활활동이 가능해진다.

1) 등원하기

- 대부분 영아는 가족과 헤어지는 것을 매우 어려워하기 때문에 집에서 어린이집으로 전이과정에서 교사의 배려가 필요하다.
- 맞이하기 과정에서 가장 큰 영향을 미치는 요소는 교사–영아 사이의 애착이다.
- 부모와 안정애착을 형성한 영아는 상대적으로 교사와도 안정애착을 형성하기가 쉽다.
- 6개월 이후 영아는 격리불안을 보이기 시작하면서 9개월에서 만 2세 이전까지의 영아들은 운다든지 달라붙는 행동을 하면서 격리불안이 나타난다.
- 교사는 다음을 고려하여 영아가 가족과 좀 더 편안하게 헤어질 수 있도록 한다.
  - 영아의 눈높이에 가족사진을 붙여 줌으로써 가족과 연결되어 있다는 느낌을 가지도록 하며 인형이나 쿠션을 준비해 두어 포근함을 느끼도록 한다. 또 집에서 가져온 장난감이나 담요를 준비하여 상실감을 덜어준다.
  - 헤어질 때 충분한 시간을 주고, 적응기간을 두어 서서히 적응할 수 있도록 하며 "괜찮아"라고 말하기보다 "엄마랑 헤어져서 슬프구나."하며 감정을 이해해주는 것이 좋다. 헤어질 때 일정한 행동패턴을 유지하면 안정감을 줄 수 있다.

2) 하원하기

하원시간은 또 다른 배려가 필요하다. 교사와 부모가 정보를 교환하는 소중한 기회이므로 영아와 하루를 지내면서 가장 긍정적인 측면을 이야기해 준다.

영아가 새롭게 습득한 기술이나, 언어, 영아가 했던 재미있는 행동, 영아가 그린 그림이나 표현에 대한 정보를 집으로 가는 영아와 부모에게 제공한다. 만나지 못할 경우에는 기록물로 남겨서 공유할 수 있다.

2. 식사 및 간식(수유 및 이유식)

1) 수유 및 이유식

- 영아교실은 영아의 수유 및 이유식에 필요한 젖병, 모유, 유아용 분유, 아기용 이유식 병, 접시, 숟가락 등 음식을 저장하고 준비할 수 있는 공간이다.
- 식사 및 간식 영역을 구성하는 데 고려해야 할 사항은 다음과 같다.
  - 기저귀 갈이대나 화장실은 떨어져 있어야 한다.
  - 음식을 준비하고 젖병을 따뜻하게 할 수 있는 기구와 개인 이유식이나 분유, 젖병을 놓아둘 수 있는 선반과 작은 냉장고가 있어야 한다.
- 수유시간은 교사와 영아가 일대일 상호작용하는 시간이고, 20분 정도 소요된다.
- 이유식은 유동식에서 고형식의 음식을 먹는 과정이다.

젖을 빨던 영아는 숟가락으로 받아먹고, 음식을 씹고 부수어 삼켜 넘기는 자율적인 행동으로 발달해 가는 과정이다. 기본적으로 영양 공급은 물론이고, 소화기능을 발달시키고 다양한 맛을 보며 좋은 기분을 경험하고 좋은 식습관을 형성할 수 있어야 한다.

2) 식사 및 간식

식사 및 간식시간에 영아와 긍정적인 상호작용을 할 수 있다. 음식에 대한 긍정적인 태도를 발달시키고 영아의 발달수준에 따라 먹는 것과 관련된 새로운 기술을 습득한다.

- 편안하고 즐거운 분위기에서 식사를 할 수 있게 한다. 영아가 먹고 있는 음식의 냄새와 맛, 오전에 했던 활동, 오후에 할 활동 등과 같은 이야기를 나눈다.
- 다 먹은 영아들이 친구들이 먹을 때까지 기다리도록 격려한다.
- 새로운 음식을 먹어보도록 격려한다.
- 스스로 먹으려고 하는 것을 격려한다.
- 역할놀이영역에 접시와 숟가락, 그릇, 컵, 주전자를 제공하여 식사시간에 필요한 기술을 연습하도록 격려한다.

3. 기저귀 갈기 및 대 · 소변 가리기

하루 일과 중 많은 시간을 보내는 곳으로 안락하고 매력적이며 편리하게 사용할 수 있도록 구성한다. 교사에게 필요한 것(기저귀, 물티슈, 깨끗한 옷, 비닐장갑, 표백제 등)은 활동실 가까이에 정리되어 있어야 한다.

1) 기저귀 갈기

- 왼쪽에는 세면대, 오른쪽에는 기저귀갈이대가 있으면 좋다. 기저귀갈이대는 안전하고 위생적이어야 하며 교사가 사용하기 편리해야 하고, 선반에는 기저귀나 물티슈 등을 정리해두고, 교사의 손이 쉽게 닿을 수 있어야 한다. 바닥에서 70~80cm가 적당하다.
- 일대일의 상호작용이 일어나는 시간이며, 교사의 가장 중요한 책임은 영아의 안전과 건강을 지키는 것으로 반드시 손을 깨끗이 씻어야 한다.

2) 대소변 가리기

- 만 1~2세 사이에 대변을 조절할 수 있게 된다. 24개월이 되면 혼자서 변기를 사용할 수 있지만, 개인차가 큰 과업이다. 배변조절을 서두르면 영아에게 불안감을 주어 부정적인 영향을 미칠 수 있다.
- 기저귀 갈이와 화장실 사용에 대해 긍정적으로 생각할 수 있도록 표정과 태도에 주의를 기울여야 한다.
- 신체크기에 따라 변기와 세면대를 마련한다.

4. 청결지도 : 손 씻기

- 손을 잘 씻는 습관을 형성하는 것은 위생적인 생활을 위해 반드시 필요하다.
- 식사 전이나 바깥놀이 후 교실에 들어왔을 때, 코를 풀거나 화장실에 다녀온 후에 반드시 손을 씻어야 한다.
- 교사가 손을 자주 씻어 청결함을 유지하는 모델이 되어야 한다.

- 손을 씻을 때 옷이 젖지 않도록 소매를 걷어주고, 낮은 세면대가 설치되어 있어야 한다.
- 물은 너무 뜨겁거나 차지 않아야 하며, 손을 깨끗하게 씻는 방법에 대한 순서도를 그림이나 사진으로 부착해 놓아야 한다.
- 종이수건은 영아의 손이 쉽게 닿을 수 있는 곳에 위치해야 한다.

5. 옷 입기

- 영아들은 옷 입기를 하면서 눈과 손의 협응력을 기르고, 공간 안에서 자신의 몸에 대하여 지각하며, 연속적인 행동으로 이어지는 과업 안에서 자신의 능력과 관련된 다양한 경험을 한다.
- 영아들의 옷을 입히는 것은 매우 어렵지만 교사는 영아가 옷을 입는 동안에 일어나는 상호작용을 통해 옷 입는 시간이 영아의 유능감을 발달시킬 수 있는 교육적인 시간이 되도록 노력해야 한다.
- 여분의 옷을 준비해두어 더러워지거나 젖으면 바로 갈아입힐 수 있어야 하고, 개인장에는 영아의 사진이나 영아가 알아볼 수 있는 그림을 붙여놓아 자신의 장임을 알 수 있도록 한다.

11

CHAPTER

영유아 기본생활지도

1. 기본생활지도의 개념

1) 의의

기본생활습관은 우리의 일상생활에서 요구되는 기본적인 예절과 규범으로 저학년 학생들이 개인으로서, 가족의 일원으로서, 학생으로서 그리고 사회와 국가의 일원으로서 지키고 배워야 할 인사, 바른 언행, 효도, 우애, 공중 도덕 등을 말하며, 인간은 평소의 생활에서 기본 생활행동 양식이 고정되어 언제나 같은 형태로 나타날 때 건전한 인성의 바탕을 이루게 되며, 궁극적으로는 다른 사람과 더불어 살아갈 수 있는 민주시민으로서의 자질을 형성하게 된다. 따라서 기본생활습관이란, '개인이 한 인간으로서 삶을 살아가는 데 있어서 부딪힐 수 있는 다양한 환경에 대해 기본적으로 지니고 지켜야 할 행동 양식'으로 정의한다.

2) 기본생활습관지도의 목적

우리나라의 교육은 홍익인간의 이념을 바탕으로 하며 제7차 교육과정이 추구하는 인간상은 다음과 같다.

첫째, 전인적 성장의 기반 위에 개성을 추구하는 사람
둘째, 기초능력을 토대로 창의적인 능력을 발휘하는 사람
셋째, 폭넓은 교양을 바탕으로 진로를 개척하는 사람
넷째, 우리 문화에 대한 이해의 토대 위에 새로운 가치를 창조하는 사람
다섯째, 민주시민의식을 기초로 공동체의 발전에 공헌하는 사람

제7차 교육과정에서 전인적 성장의 기반 위에서 기초 능력과 폭넓은 교양, 민주시민의식을 토대로 자기 주도적인 삶을 살아갈 수 있는 개방적이며 다면적인 인간

상을 추구하는 것이다. 여기서 기초능력, 민주시민의식 등이 '기본이 바로 된 어린이' 기르기 교육과 직결되는 것이라 할 수 있다.

2. 기본생활지도의 과정 및 내용

1) 과정

생활습관지도를 위한 프로그램을 개발함에 있어 다음과 같은 점을 고려하였다.

첫째, 4개영 역(청결, 질서, 예절, 절제)을 참고할 문헌, 도서를 수집한다.

둘째, 지도할 내용이 아동의 일상생활과 관련이 있고, 부모가 가정에서 지도 가능한 내용인가를 고려한다.

셋째, 부모가 가정교육을 실시함에 있어서 지식과 정보가 될 수 있는 것인가를 탐색한다.

넷째, 일정한 양식을 구안하여 프로그램을 개발한다.

2) 내용

기본생활습관 교육의 내용으로서 무엇을 선정할 것인지에 대해 학자들에 따라 구체적인 내용은 다르나 그 경향은 유사하다고 볼 수 있다. 제7차 '바른 생활'과 교육과정에서는 학생들로 하여금 '올바른 생활'을 영위하는 데 가장 기본이 되는 생활습관을 형성하도록 하기 위해 생활의 장을 중심으로 하는 영역 구분에서 탈피하여 내용을 중심으로 영역을 설정하고 그 영역에서 강조하고자 하는 행위를 영역의 명칭으로 정하였다. 이렇게 하여 설정된 '바른 생활'과의 내용영역은 '내 일 스스로 하기', '예절 지키기', '다른 사람 생각하기', '질서 지키기', '나라 사랑하기' 등 5개이다.

박찬옥에 따르면 기본생활습관 교육내용은 문화적 · 역사적 전통 속에서 그 가치를 인정받아 전달되어 온 행동과 현재의 공동체 생활에서 일상화된 가치 있는 덕목, 아동의 일상생활에서 경험하거나 경험 가능한 덕목들을 그 중심 내용으로 선정된다.

윤애희는 기본생활교육 내용을 예절, 청결, 질서, 절제로 구분하였으며, 영아는 기본생활습관 교육에 관한 교사의 태도 조사에서 기본생활습관 교육 내용을 청결, 예절, 질서, 절제, 이타성으로 제시하였다.

이 경우는 기본생활습관 교육의 내용은 다른 사람과의 관계에서 예절, 질서, 절제, 화합, 사회 윤리와 책임과 같은 것으로서 자립심과 자기 절제를 기르는 데 기본이 되는 내용이라 하였다.

현해정은 기본생활습관의 내용을 생리적 생활에 필요한 식사, 수면, 배설, 옷 입고 벗기 등을 비롯하여 공동생활에 적응하기 위한 예절, 질서, 절제, 청결, 환경보호로 나누었다. 이것은 기본생활습관을 개인생활과 공동생활로 분류한 경우라고 볼 수 있다.

이와 같이 기본생활습관 교육의 내용으로서 무엇을 가르칠 것인지에 대하여 학자들마다 제시하고 있는 구체적 내용은 서로 조금씩 다르다. 그러나 이러한 내용들을 종합해 볼 때, 공통적으로 나타나는 기본생활습관 교육 내용은 예절, 질서, 절제, 청결임을 알 수 있다. 국립교육평가원의 연구 결과를 중심으로 기본생활습관 교육 내용을 정리하면 다음과 같다.

(1) 예절

예절이란 기본적으로 나 아닌 다른 사람을 존중하고 이해하는 예의 범절을 뜻한다. 예절교육은 가정에서의 예절, 집단에서의 예절, 국가에 대한 예절로 구분할 수 있고 그 내용을 살펴보면 다음과 같다.

첫째, 가정생활에서의 예절로서 부모와 웃어른 존경하기, 형제 · 자매와 사이좋게 지내기이다. 부모와 웃어른 존경하기에는 웃어른께 항상 인사하기, 부모님이 하시는 일을 도와 드리기, 웃어른께 높임말 쓰기, 옷을 아무 데나 놓지 않기, 친구 집에 갈 때 부모님 승인받기가 포함된다. 형제 · 자매와 사이좋게 지내기에는 형제 · 자매끼리 양보하기, 형 · 언니는 동생을 사랑하고 동생은 형 · 언니의 의견을 존중하기가 포함된다.

둘째, 집단생활에서의 예절로서 기본예절, 친구와 사이좋게 지내기, 다른 사람의 권리와 의견 존중하기이다. 기본예절에는 가족, 친척, 이웃, 교사들에게 인사하기, 친구들과도 정다운 인사 나누기, 때와 장소에 따른 인사말하기, 고맙습니다, 미안합니다, 괜찮습니다로 표현할 수 있기, 고운 말씨 쓰기, 식사 예절을 지키기, 친구 집에서 너무 오랫동안 있지 않기, 다른 사람의 이야기 끝까지 듣기가 포함된다. 친구와 사이좋게 지내기에는 놀잇감은 친구와 나누어 쓰기, 싸움을 걸어올 때 말로 해결하는 방법 익히기, 다른 친구 방해하지 않기가 포함된다. 다른 사람의 권리와 의견 존중하기에는 다른 사람의 물건을 함부로 뺐지 않기, 다른 사람의 의견을 무시하거나 마음대로 행동하지 않기, 한번 정한 규칙은 지키기, 다른 사람에게 방해되지 않게 말하기가 포함된다.

셋째, 국가에 대한 예절로는 우리나라 이름 알기, 우리나라 국기 알기, 태극기 소중히 다루기, 태극기를 게양하거나 내릴 때는 차려 자세하기, 애국가 알기, 애국가를 부를 때는 차려 자세로 경건히 부르기, 우리나라 꽃 알기, 우리나라를 대표하는 대통령 알기가 포함된다.

(2) 질서

질서란 아동들로 하여금 집단생활을 위한 공공 규칙이 있음을 알고 이를 지켜야 함을 이해시켜 행동으로 규범을 지킬 수 있도록 하는 것이다. 질서교육에는 차례 지키기, 약속이나 규칙 지키기, 교통 규칙 지키기가 해당되고 그 내용은 다음과 같다.

첫째는 차례 지키기이다. 여기에 포함되는 내용으로는 줄서서 차례 지키기, 복도, 계단, 교실 등에서 조용히 다니기, 놀이활동을 할 때나 수돗가, 화장실에서 차례 지키기, 실내 · 외 놀이 기구를 이용할 때 차례 지키기가 포함된다.

둘째는 약속이나 규칙 지키기이다. 여기에는 놀이 규칙 지키기, 친구나 성인과의 약속을 지키기, 서로 양보하기가 포함된다.

셋째는 교통 규칙 지키기이다. 여기에는 교통 표지 알기, 횡단보도로만 건너기, 차가 섰을 때 건너기, 좌우 살피며 놀지 않기, 차 안에서 안전벨트 매기, 차 안에서 돌아다니지 않기, 왼쪽으로 걷기가 포함된다.

(3) 청결

청결이란 이 닦기, 세수하기, 목욕하기, 손 씻기, 속옷 갈아입기, 손 · 발톱 깎기, 머리 손질하기 등과 같은 자기 몸에 대한 청결과 물건 정리, 집안 청소, 집 주변의 청결, 나아가서 생활 주변에서 발생하는 오염 방지나 자연보존과 같은 환경 보존에 관한 청결을 들 수 있다.

아동 스스로 자신의 몸을 청결히 유지하고 가정과 학교, 생활 주변에 대한 청결에 관심을 갖고 아동 스스로 해결할 수 있는 내용을 지도하여 건강하고 깨끗한 사회를 이루어 행복한 삶을 영위할 수 있도록 한다.

(4) 절제

절제는 일상생활을 하면서 자신의 행동과 생각을 알맞게 조절하는 것을 뜻한다. 절제교육에는 아껴 쓰기, 아껴 쓰는 여러 가지 방법 알기, 장소나 상황에 따라 감정을 조절하여 표현하기로 구분할 수 있다. 이에 대한 구체적인 내용은 다음과 같다.

첫째, 아껴 쓰기이다. 여기에는 물, 전기, 음식, 놀잇감, 시간 등을 아껴 쓰기, 가진 물건 사지 않기, 가진 물건 잘 간수하기가 포함된다.

둘째, 아껴 쓰는 여러 가지 방법 알기이다. 여기에는 물건의 바른 사용법 알고 지키기, 물건 소중히 다루기, 저축하기, 일과계획과 물건 구입 계획하기, 다시 쓸 수 있는 물건 찾아보기가 포함된다.

셋째, 장소나 상황에 따라 감정 조절하여 표현하기이다. 여기에는 우는 것, 화내는 것, 소리지르는 것 조절하기, 갖고 싶은 것 조절하기, 먹고 싶은 것 조절하기, 참기(인내하기)가 포함된다.

기본생활습관지도는 개인차에 대응하는 개별지도 및 예절 · 질서 · 절제 · 청결 · 경제생활로 기본생활습관을 정착하는 데 큰 성과를 거두었고, 가정과의 연계 지도 교육에 기여하였다. 학습활동참여 의욕을 높혔고, 창의력과 자신감, 발표력이 향상되었으며, 교수-학습활동이 아동 중심의 학습으로 변했고, 주위의 여러 환경이 교육의 장이 된다는 것을 알게 되었다.

그리고 지역적 특성이나 개인차를 고려한 원아와 교사 간의 친화가 조성되었고, 부모와의 유대관계가 많이 호전되었다. 교사의 학습지도방법이 개선되었으며, 교사 위주의 수업에서 탈피 아동 중심의 내실 있는 활동이 이루어졌다. 유아의 실천에 따른 생활변화(자율적 실천습관 육성)에 대해 이야기를 나누고, 잘 되지 않는 항목에 대해 반복 지도함으로써, 생활습관에 대한 올바른 고취와 웃어른에 대한 예절 및 자기 할 일에 대한 자발적인 마음이 올바른 생활태도를 기를 수 있다.

기본생활이란 아동이 일상생활을 영위해 나가는 데 있어서 요구되는 기본적이고 필수적인 행위를 말하는데, 기본생활습관을 인격 속에 내면화시켜 가는 교육은 단순한 지식 전달이나 기술 습득과는 달라서 일상적인 생활과 전 교육활동을 통하여 가정 · 학교 · 사회에서 학부모와 선생님과 사회의 어른들이 충실한 교육 내용을 가지고 인간과 인간의 접촉, 인격과 인격의 만남을 통해 지도해야 한다. 바른 행동의 실천을 저해하고 있는 가장 큰 원인은 습관화의 미흡이다. 마음은 있으나 좋은 버릇이 몸에 배지 않아 행동화로 연결되지 못하고 있는 것으로 보인다. 따라서 지속적이고 반복적인 습관화 교육 프로그램을 개발하여 지도한다.

3. 기본생활습관지도의 적용

1) 식사 예절 지키기

(1) 규범자료 : 식사 예절

덕목			예절생활
지도항목	방법	장소	내용
급식 시간에 지킬 일	역할놀이	학교 급식시간 가정	① 식사 전에는 꼭 손을 씻습니다. ② 바른 자세로 감사하는 마음과 즐거운 마음으로 식사합니다. ③ 선생님(어른)과 함께 식사할 때 먼저 수저를 들지 않습니다. ④ 음식을 골고루 흘리지 않고 먹으며 정리정돈을 합니다. ⑤ 급식시간에 식판의 음식물을 남기지 않습니다.

(2) 훈화자료 : 즐거운 식사

제목	즐거운 식사	지도 내용	식사 예절
주제	우리는 식탁에서의 바른 예절을 지켜 남에게 불쾌감을 주는 일이 없도록 하여야 한다.		

식생활은 사람의 생명을 유지하는 근원이 될 뿐 아니라 생활의 즐거움이기도 합니다. 따라서 항상 즐거운 식사가 되도록 서로가 노력하며 식생활에 대한 태도나 음식물에 대한 기호는 그 사람의 인격과 교양에 관계되므로 식탁에서의 바른 예절을 지켜 남에게 불쾌감을 주는 일이 없도록 하여야 합니다.
일반적인 식사 예절은 식사하기 전에 반드시 손을 씻어야 되며 늘 감사하는 마음으로 식사해야 합니다. 자세를 바르게 하고 식사를 시작할 때에는 국이나 김칫국물을 먼저 한 숟가락 떠먹고 음식을 먹기 시작하며 젓가락과 숟가락을 함께 쥐고 먹지 말아야 하고 입안의 음식이 다른 사람에게 보이지 않도록 입을 다물고 씹으며, 소리를 내지 않고 반찬을 뒤적거리거나 이것 저것 골라 먹는 것은 삼가야 합니다.
식사 중 재채기나 기침이 날 때 손이나 손수건으로 가리고 하며 즐거운 일이나 반가운 말만하고 될 수 있는 한 안 좋은 말은 삼가야 합니다. 또한 함부로 자리를 뜨지 말고 식사의 속도도 옆 사람과 보조를 맞추는 것이 좋습니다. 식사 후에도 자리를 잘 정리 정돈하고 다른 사람에게 즐겁게 하는 것이 예절입니다.

2) 가족 간 예절 지키기

(1) 규범자료 : 가족 예절

덕목			예절생활
지도항목	방법	장소	내용
부모님께 지킬 일	역할놀이	학교 가정	① 부모님 말씀을 잘 듣고 심부름도 잘합니다. ② 부모님께 존댓말을 쓰고 공손하게 합니다. ③ 부모님께 아침, 저녁 인사를 드립니다.
형제간에 지킬 일	경험사례 발표	학교 가정	④ 가훈을 잘 지키고 따릅니다. ⑤ 형제간에도 예의를 지키며 사이좋게 지냅니다.

(2) 훈화자료 : 부모님의 사랑

제목	부모님의 사랑	내용	가족 간의 예절 지키기
주제	효도는 부모님 마음을 기쁘게 해 드리는 데서 시작됩니다.		

"땅위에 떨어지는 하늘의 빗방울을 보십시오. 그 축복 받은 들판에 새로운 싹이 솟아나오고 있지 않습니까?"우리는 부모의 사랑 속에서 태어나서 걸음마를 배우고 말하는 것을 배우고 글 읽기를 시작합니다. 햇빛이 없이는 한 송이 꽃도 피울 수 없듯이 부모님의 사랑 없이는 지금의 '나'가 존재할 수 없습니다. 아무리 부모가 가난하고 지위가 낮아도 그분은 나의 사랑스런 부모입니다. 왜냐하면 그분 이상으로 나를 감싸고 희생하시는 분도 없다는 사실을 우리는 잘 알고 있기 때문입니다.

옛날 고려장(나이가 든 부모님을 깊은 산골짜기에 내다 버리는 일)이 성행할 때 자식이 돌아갈 길을 잊을까 봐 업혀가는 지게 위에서 소나무 가지를 꺾어다 갈림길마다 표시를 해놓은 부모의 마음이 있었습니다.

우리가 잘되기를 빌면서 부모님이 하신 한마디의 꾸중과 자기의 습관을 바로잡아 주기 위하여 하신 몇 마디 말씀을 우리는 속으로 잔소리로 여겨본 적은 없는지요. 또한 자신의 잘못을 부모님 핑계로 돌린 적은 없나요. 자기가 스스로 노력하고 애쓸 때 부모님은 여러분들을 매우 사랑한다는 사실을 항상 깨달아야 합니다 .

3) 인사 잘하기

(1) 규범자료 : 인사예절

덕목			예절생활
지도항목	방법	장소	내용
선생님께 지킬 일	역할놀이	학교	① 선생님을 만나면 바른 자세로 '안녕하세요?' 말하며 공손히 인사합니다. ② 선생님 앞을 지날 때나 마주칠 경우 가볍게 인사(목례)합니다. ③ 선생님과 친구에게 상냥한 말씨를 쓰고 진지하게 듣습니다.
친구나 웃어른께 지킬 일	역할놀이	학교 사회	④ 등 · 하교시 친구에게 가볍게 인사하거나 손을 흔들며 '안녕?'하고 인사합니다. ⑤ 웃어른을 만나면 바른 자세로 공손히 인사합니다.

(2) 훈화자료 : 선생님, 도와드릴게요

제목	선생님, 도와 드릴게요!	내용	인사 예절 지키기
주제	학교에서 선생님의 일을 도와드리는 것은 곧 선생님에 대한 예절이며 은혜에 보답하는 것이다.		

학교에서는 우리들을 가르쳐 주시는 선생님이 계십니다. 가정에서 부모님을 도와 드려야 하듯이 학교에서는 선생님 심부름이나 여러 가지 학급 일을 도와드릴 경우가 있습니다. 선생님을 도와드림은 선생님에 대한 예절임과 동시에 스승의 은혜에 보답하는 것입니다.

선생님의 심부름이나 학급 일을 도울 때 그 내용과 순서를 알고 열심히 행하며 그 일을 마치고 결과를 선생님께 말씀드리면 무척 기뻐하시고 칭찬도 해 주십니다.

그러나 심부름하는 도중에 다른 일을 하거나 학급 일을 하면서 한눈 팔거나 게으름 등 요령만 피우면 선생님은 매우 슬퍼하십니다.

또한 어떤 일을 할 때는 열심히 배우는 자세로 정성껏 일을 해 나가는 것이 좋습니다. 마지못해 억지로 하면 짜증만 나고 남 보기도 흉합니다. 그러므로 즐거운 마음으로 정성을 다하면 그 일이 즐겁고 신이 나며 힘들지 않고 멋있게 해결됩니다.

'일하면서 배운다'는 옛말이 있습니다.
선생님일과 학급 일을 자진해서 즐거운 마음으로 돕는 가운데 일도 배우고 선생님과도 정다워집니다. 당장은 앞에 이익이 없다고 해서 요령을 피우지 말고 작지만 정성을 다하는 마음을 보여야 합니다. 이러한 마음들이 모여서 나중에 학급을 빛내고 커다란 보람이 메아리칠 때 선생님에 대한 존경과 사랑, 그리고 감사하는 마음이 영원해지고 올바른 행동이 생활화됩니다. "선생님 감사합니다."

12

CHAPTER

자유선택활동

1. 언어영역

1) 환경구성

언어영역은 밝고 조용하고 안정된 공간에 배치해 유아들이 언어활동에 집중할 수 있도록 배려해야 한다. 언어교육이 반드시 언어영역에서만 이루어지는 것은 아니나 '듣기', '말하기', '읽기', '쓰기와 쓰기에 관심 가지기' 활동을 주로 하게 하여 유아의 의사소통능력을 길러 줄 수 있는 영역이다. 동화책, 손인형, 융판용 동화자료, 융판, 그림자료 등을 제공한다.

언어생활은 유아가 일상생활에서 언어 사용을 즐기며, 의사소통능력을 기르고, 바른 언어 사용 능력과 태도를 기르기 위한 영역이다. 유아가 일상생활에서 언어 사용의 즐거움을 경험하기 위해서는 무엇보다 유아가 가지고 있는 언어능력을 발견하여 존중해주는 것이 필요하며, 이는 유아들로 하여금 언어에 대한 자신감을 가질 수 있게 만들어 언어 사용이 곧 즐거운 경험이 되게 만든다. 이 영역은 '듣기', '말하기', '읽기', '쓰기'의 네 가지 내용으로 구성되어 있다.

2) 교사의 역할

(1) 만 0~2세 언어영역에서 교사의 역할

영아는 자신을 표현할 수 있는 기회를 많이 주는 것이 좋다. 교사는 영아의 느낌을 언어로 표현해주며, 물건이나 악기로 자신의 느낌을 표현할 수 있는 기회를 준다. 또한 다양한 활동을 경험할 수 있도록 색깔과 질감이 다른 여러 가지 다양한 재료의 탐색활동을 할 수 있도록 한다.

(2) 만 3~5세 언어영역에서 교사의 역할

언어영역은 유아들이 편안하게 책을 보거나 자료를 찾는 것 이외에 말하기, 듣기, 읽기, 쓰기 활동자료를 유아가 고루 경험할 수 있도록 교사는 이 모든 활동을 위한 자료를 동시에 제공할 수 있고 균형 있게 제시한다.

3) 언어영역에서 교사-유아의 상호작용

유아는 타인과의 상호작용에 있어서 언어적, 비언어적으로 상호작용하게 되는데, 연령이 증가함에 따라 상호작용에서 사용하는 어휘의 수도 증가하며, 상호작용 시 언어 역할의 비중도 커지게 된다. 또한 유아는 자신을 둘러싼 환경과의 끊임없는 상호작용을 통해 지속적으로 발전하며, 상호작용이 수직적인 영향력을 행사하는 성인과의 관계에서 점차 수평적인 관계의 또래로 전이해 간다. 이윤영, 이문옥(2010)은 유아들이 가정이나 유아교육기관, 지역사회에서 생활하면서 가족, 교사, 또래 등 많은 사람들을 만나게 되고 다양한 인간관계를 경험하게 되는데, 이러한 관계를 통하여 유아는 자신을 표현하고 다른 사람과 소통하고자 하는 의사소통의 욕구가 생기며 이러한 의사소통의 가장 기본적인 수단은 언어라고 하였다.

즉, 이러한 상호작용에 있어 유아의 언어능력이 발달하면서 점차 언어로 상호작용하는 것이 증가하며, 교사나 또래와의 언어 상호작용도 늘어나게 된다. 유아의 언어발달은 이러한 타인과의 언어 상호작용 수준을 질적으로 높여 주며 타인과의 언어 상호작용 수준의 질적인 변화는 다시 유아의 언어발달에 도움을 주게 되므로 유아의 언어 상호작용과 언어발달은 상호적인 관계에 있다.

유아는 유아교육기관을 통해 물리적 · 인적 환경과의 상호작용을 하게 되며, 특히 일상적 교육과 교육과정을 통해 이루어지는 인적 환경과의 상호작용은 유아의 발달에 영향을 미치는 중요한 요인이 된다. 교사는 유아교육기관에서의 인적 환경

중 하나이며 교사와 유아의 상호작용은 교육과 보호에 있어서 어떤 질적 요소보다도 유아의 성장과 발달에 영향을 미치는 변인이 되는데, 특히 유아교육기관의 질은 교사와 유아의 상호작용의 질로 판단될 수 있다.

이러한 교사와 유아의 언어 상호작용은 교실의 다양한 상황에서 지속적으로 이루어지는데, 교사가 유아와의 언어 상호작용에서 상황마다 발달적, 개별적으로 적절하고 민감하게 반응을 해준다면 교실의 전반적인 분위기는 안정되고, 개별 유아의 자존감은 향상되며 또래들과 긍정적으로 상호작용하는 곳이 될 것이다. 이에 교사는 유아와 언어 상호작용하는 데 있어서 유아의 변화에 민감하게 관심을 가지고 격려해주어 유아의 언어발달과 올바른 언어 상호작용 태도를 형성할 수 있도록 지도하여야 한다.

4) 언어영역 교구와 활동방법

(1) 만 0세반

<table>
<tr><td>활동주제</td><td>기차인형</td></tr>
<tr><td>활동목표</td><td>기차놀이를 하며 기차가 달리는 소리를 내본다.</td></tr>
<tr><td>교구 및 활동자료</td><td>기차인형</td></tr>
<tr><td>내용범주</td><td>의사소통〉말하기〉발성과 발음으로 소리 내기</td></tr>
<tr><td>활동방법</td><td>① 기차인형을 탐색한다.
– 여러 가지 인형이 있네요. ○○는 노란색 인형이 맘에 드나봐요.
– 인형 기차를 만지니까 말랑말랑하고 딸랑딸랑 소리도 나요.
② 기차인형을 이어 붙여본다.
– (인형 기차를 이어 붙이며) 인형을 이으니까 기차처럼 길어졌네요.
– 칙칙 폭폭, 기차인형이 나갑니다. 길을 비켜 주세요.

[기차인형 제작방법]
① 인형 속에 솜과 딸랑이를 넣고 끝부분을 바느질한다.
② 인형양말기차를 탐색한다. 끝에 까끌이와 보들이를 각각 붙여 바느질한다.
③ 기차인형을 동그란 모양 생긴 것, 눈에 보이는 것으로 이어 붙여 왕관, 벨트 등으로 활용하여 영아의 흥미에 따라 놀이할 수 있다.</td></tr>
<tr><td>활동사진</td><td> </td></tr>
</table>

(2) 만 1세반

활동주제	돼지 곰돌이 푸 친구 피그렛 인형과 인사해요
활동목표	- 돼지 곰돌이 푸 친구 피그렛 인형으로 돼지의 이름을 알아본다. - 말소리와 몸짓으로 인사를 나눈다.
교구 및 활동자료	돼지 곰돌이 푸 친구 피그렛 인형
내용범주	의사소통〉말하기〉친숙한 사물의 이름 말하기〉말소리와 몸짓으로 의사표현하기
활동방법	① 돼지 곰돌이 푸 친구 피그렛 인형을 탐색한다. - 이것은 무슨 인형인가요? - ○○는 어떤 돼지를 좋아해요? - 눈과 입이 큰 이 돼지는 개구리예요. ② 돼지 곰돌이 푸 친구 피그렛 인형을 손에 끼고 이야기를 나눈다. - (토끼 곰돌이 푸 친구 피그렛 인형을 손에 끼고 이야기하며) ○○아, 안녕? 나는 토끼야, 넌 누구니? - 나는 아침에 깡충깡충 뛰어서 원에 왔어. 너는 원에 어떻게 왔어? - 난 아침밥으로 당근도 아주 많이 먹고 왔단다. 넌 무엇을 먹고 왔니? ③ 돼지 곰돌이 푸 친구 피그렛 인형에게 자신을 소개하며 인사를 나눈다. - 누가 먼저 멍멍이에게 자신의 이름을 소개해 볼까요? - ○○는 어떤 놀이를 좋아하는지도 말해볼까요? - 서로 악수를 하며 인사해 봐요. - 손을 흔들며 '안녕'하고 인사해 봐요.
활동사진	  

(3) 만 2세반

활동주제	크고 작은것 대로 놓아볼까요?
활동목표	– 크고 작은 것 비교를 경험하고, 같은 크고 작은 것의 사물끼리 짝짓는다. – 크고 작은 것와 관련된 어휘를 사용한다.
교구 및 활동 자료	눈이 큰 새 크고 작은 것 인식퍼즐, 크고 작은 것대로 놓을 수 있는 교구
내용범주	자연탐구〉과학적 탐구〉비교하기〉어휘 익히기
활동방법	① 주어진 교구를 탐색한다. – 눈이 큰 새가 있어요. – 막대기가 있어요. ② 막대 길이를 비교해 본다. 눈이 큰 새 크고 작은 것을 비교해 본다. – (교구를 보며) 어떤 것이 가장 길어요? – 어떤 눈이 큰 새가 가장 작은가요? – 제일 큰 눈이 큰 새는 어디에 있을까요? – 큰 것부터 차례로 놓아 볼까요? – 길이가 가장 긴 것부터 차례로 놓을 수 있나요? ③ 색깔을 비교해 보는 확장 활동을 할 수 있다. – 가장 긴 막대기는 어떤 색인가요?
활동사진	 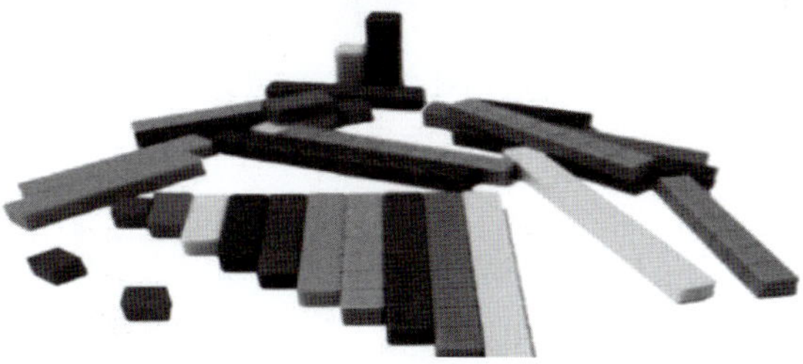

(4) 만 3세반

활동주제	어떤 모양 생긴것 눈에 보이는것 일까?
활동목표	– 동그라미, 세모, 네모를 구분할 수 있다. – 비슷한 모양 생긴 것 눈에 보이는 것의 사물을 찾아낼 수 있다.
교구 및 활동자료	도형 끼우기 교구, ○, △, □ 모양 생긴 것 눈에 보이는 것 카드 및 물건, 활동지, 잡지나 신문
내용범주	– 의사소통〉말하기〉낱말과 문장으로 말하기 – 의사소통〉듣기〉바른 태도로 말하기
활동방법	〈도입〉 ① 교구의 ○, △, □ 모양 생긴 것 눈에 보이는 것을 모두 빼서 보여 주며 제시한다. – ○, △, □의 이름은 무엇일까요? 어떤 특징이 있을까요? – 지붕처럼 뾰족한 세모가 있어요. – 사물함처럼 반듯한 네모가 있어요. ② ○, △, □ 모양 생긴 것 눈에 보이는 것 교구나 물건을 손으로 만져보며 차이를 느껴본다. 〈전개〉 ① 교실 안에서 ○, △, □ 모양 생긴 것 눈에 보이는 것을 찾아본다. – 교실 안의 물건 중에 ○ 모양 생긴 것 눈에 보이는 것을 가진 것은 무엇이 있을까요? ② 교사가 미리 준비한 ○, △, □ 모양 생긴것 눈에 보이는것 의 물건을 제시하여 모양 생긴 것 눈에 보이는 것의 이름을 말해본다. – 벽돌 블록은 무슨 모양 생긴 것 눈에 보이는 것인가요? ③ 두 가지의 물건을 동시에 보여주면서 같은 모양 생긴 것 눈에 보이는 것인지, 다른 모양 생긴 것 눈에 보이는 것인지 말해본다. – 동화책과 텔레비전은 같은 모양 생긴 것 눈에 보이는 것인가요? 다른 모양 생긴 것 눈에 보이는 것인가요? 〈마무리〉 – 잡지나 신문에서 ○, △, □ 모양 생긴 것 눈에 보이는 것을 찾아 분류하여 붙여보는 활동지 활동을 한다.
활동사진	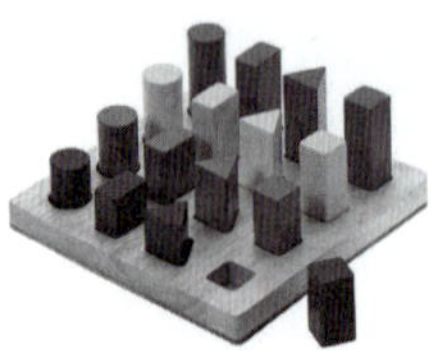  

2. 쌓기 영역

1) 쌓기 놀이영역 구성

(1) 쌓기 놀이환경

유아교육기관에서의 쌓기 놀이는 주로 실내 놀이에서 이루어진다. 쌓기 놀이활동을 하기 위해 필요한 공간은 유아 1~2인당 2.2m^2 정도로 3~4명일 경우 6.6m^2가 적당하다. 특히, 허쉬(Hirsch, 1974)는 놀이실 바닥 공간의 크기는 약 1/3 정도가 되어야 한다고 주장하고 있다.

쌓기 놀이 영역은 유아의 왕래가 없는 곳으로 배치해야 만드는 과정이나 구조물이 훼손되지 않고 집중해서 만들 수 있다. 또한 쌓기 놀이영역의 바닥은 편평해야 유아들이 안정감 있는 구조물을 쌓을 수 있다. 그 밖에 블록을 보관할 교구장을 마련해야 하는데, 허쉬(1974)에 의하면 쌓기 놀이영역에는 가로 120cm, 세로 30cm, 높이 90cm 크기의 교구장이 최소한 3~4개 정도 필요하다.

특히, 블록의 교구장은 유아의 키 높이에 맞게 하고, 많은 블록을 보관해 두어도 무게의 견고함과 블록의 종류와 다양한 크기에 따라 적절한 칸에 보관할 수 있는 적절한 칸의 크기 종류의 보관도 필요하다. 예를 들면, 반 단위 블록이나 작은 원기둥 같은 크기의 작은 블록은 선반의 간격이 33cm인 칸에, 삼각기둥처럼 중간 크기의 블록은 선반의 간격이 45cm인 칸에, 큰 블록은 선반의 간격이 60~93cm인 칸에 분류하여 보관하면 낭비 없는 공간을 활용할 수 있다.

2) 쌓기 영역 환경구성

다양한 종류의 조각 형태로 구성된 개방적인 놀잇감인 블록을 활용하여 자신의 의지대로 자유롭게 표현하는 쌓기 영역활동은 유아의 창의성 향상을 위한 놀이활동으로 주목받고 있다. 쌓기 영역은 내면의 동기화된 자발적인 놀이활동은 외부

제약 없이 자신의 생각을 자유롭게 놀이로 옮길 수 있으며, 결과에 대한 부담감 없이 놀이과정 속에서 문제상황을 다각도로 탐색하고 실험하면서 문제해결을 위한 다양한 아이디어를 산출하고 정리해 볼 수 있기 때문이다. 그러나 모든 쌓기 놀이가 유아의 성장과 발달에 긍정적이라고 보기 어렵다. 특히, 유아가 하는 놀이 가운데는 탐구, 발견, 집중으로 어우러지는 놀이가 있는가 하면 반복적이고 산만하며 내용이 없어 보이는 놀이도 있기 때문이다. 그러므로 쌓기 영역이 보다 교육적이고 가치 있는 놀이로 발전하기 위해서는 블록의 개방성이 존중되는 질 높은 쌓기 영역 환경이 제공되어야 한다.

이러한 쌓기 영역의 환경구성은 교육적 가치 실현에 아주 중요하다. 특히, 쌓기 영역 환경의 기본요소는 유아가 쌓기 놀이에 자발적으로 참여하여 자유로운 분위기 속에서 놀이환경을 적극적으로 탐색하고 선택 · 결정하며, 주변의 인적 · 물적 환경과 다양하게 상호작용할 수 있도록 도와주는 것이다. 이를 위해 다양한 크기와 형태의 조각을 이용하여 입체적인 구조물을 구성하는 쌓기 놀이의 경우 놀이 시간, 놀이 공간, 영역 배치와 통합, 블록의 양과 종류, 유아 경험, 구성한 구조물의 정리방법 등이 고려되어야 한다.

쌓기 놀이영역에 준비해 두어야 할 교재 · 교구는 다양한 적목류(유니트 블록, 공간 블록, 종이 블록, 우레탄 블록 등), 크고 작은 모형 교통기관들(비행기, 트럭, 기차, 자동차, 병원차, 경찰차, 배, 우주선, 사람, 동물), 사회 극적 놀이에 필요한 소품들(동물 가면, 교통 표지판, 신호등, 간판 표시물 등) 외 만들기에 아이디어를 주는 책들, 화보 등이다.

(1) 블록 제공

쌓기 영역에서 블록을 유아들에게 제시할 때는 적절한 수량을 제공해야 한다. 절적한 수량의 블록 제공은 유아의 구성놀이와 협동놀이를 증진시킬 수 있으나 블록 수가 부족한 경우에는 단조로운 형태의 구조물을 만들게 된다. 이정화(1997)는 유아에게 적절한 수량의 블록을 제공해야 오랜 시간 동안 보다 다양하게 스스로의 생각을 펼칠 수 있지만 블록의 수가 지나치게 많으면 유아들은 자료를 처리할 능력이 부족하여 적절히 구성하기보다는 오히려 산만하게 배회하는 경향이 있다고 설명했다. 유아에게 적합한 쌓기 놀이 환경을 마련해주기 위해 제공해줄 수 있는 블록은 다음과 같다.

먼저 3세 유아는 복잡한 형태의 블록보다는 단순한 구조물을 만들 수 있는 기본 형태의 블록이나 큰 블록을 제공한다. 너무 다양한 형태나 많은 블록을 제공하는 것은 3세 유아의 수준에 맞지 않기에 적당한 양을 준비해주며, 실제 형태와 유사한 소품들을 함께 구성해 준다. 4세 유아는 3세 유아들보다 좀 더 복잡한 입체 구조물을 만드는 시기이므로 기본 형태의 블록과 함께 원기둥과 널빤지 등과 같은 다양한 블록을 제공해준다. 또한 이 시기는 풍부한 상상력과 주변 인물을 모방하여 동일시하는 놀이가 특징이므로 생활주제에 따라 다양한 소품을 함께 구성해 준다.

5세 유아는 문제해결능력과 창의적인 구성능력을 발달시키기 위해 교사가 제작한 여러 가지 블록과 개수를 충분히 제공하여 유아 자신의 일상적 경험을 충분히 재구성하고 경험하지 않은 세계도 표상할 수 있도록 활동카드나 사진 등의 자료들을 함께 구성해준다.

(2) 주제와 소품의 제공

주제와 놀잇감의 배치에 따라 유아의 놀이행동이 달라지므로 교사는 연령과 주제에 적합한 소품과 블록을 제공해주어야 한다. 주제와 소품이 제공된 쌓기 놀이는 유아에게 놀이의 동기를 유발시켜 놀이가 더 오랜 시간 지속되고 극놀이로 확장될 수 있다. 특히, 쌓기 영역에서는 극놀이와 구성놀이가 주로 이루어지므로 가상놀이를 통하여 유아가 환경을 이해할 수 있도록 다양한 블록과 소품으로 이용할 수 있는 놀잇감을 제공해주어야 한다.

3) 연령별 쌓기 놀이 환경구성의 유의점

유아의 연령별로 적합한 쌓기 놀이환경을 구성할 때 유의할 점은 다음과 같다.

유아교육현장에서 사용되는 쌓기 놀이의 자료는 매우 다양하고 폭넓다. 각각의 모양도 재료에 따라 다양하다. 특히, 쌓기 놀잇감은 플라스틱, 나무, 종이, 우레탄 등의 재료로 만든 여러 가지 크기와 모양의 블록뿐 아니라 구조물을 구성하는 데 필요한 모든 소품과 재료들을 포함한다.

현재의 블록은 나무 외에도 스펀지, 우레탄, 플라스틱, 종이 등의 다양한 재료들로 만들어졌으며 쌓기 외에 끼우기 기능을 가진 경우도 있으므로 단순한 적목 쌓기 장난감보다 더 큰 의미를 가졌다고 할 수 있다. 유아들의 연령에 따라 제공하는 블록의 종류나 양도 조절하여 쌓기 놀이가 활발히 일어날 수 있도록 도와주어야 한다.

(1) 3세

① 3세 유아는 블록을 가지고 수평으로 쭉 늘여 놓거나 수직으로 위로 탑 쌓기 그리고 다리 만들기 등의 단순한 구조물을 만들기 때문에 복잡한 형태의 블록보다는 기본 형태의 블록이나 종이 벽돌 블록을 제공한다(기본 형태 : 정사각형, 삼각형, 직사각형).

② 블록을 높이 쌓으면 무너진다는 것에 대한 예측능력이 덜 발달되었으므로 가능한 안전을 고려한 블록을 제공하는 것이 바람직하다.

③ 블록 몇 개를 이용해 집, 자동차, 도로, 다리 등의 구조물을 손쉽게 만들 수 있도록 안전하고 가벼운 큰 블록을 제공하는 것이 바람직하다.

④ 쉽게 끼우고 손쉽게 뺄 수 있는 플라스틱 블록을 제공한다.

⑤ 다양한 블록 종류보다는 양을 충분하게 준비한다.

⑥ 실물 형태의 유사한 소품, 바퀴 달린 자동차, 물건을 싣고 나를 수 있는 끌차, 세울 수 있는 사람, 인형 종류를 제공한다.

⑦ 주제에 따라 다양한 소품들을 첨가 및 교체시켜주면 소재의 다양성을 통해 확장놀이가 가능해 블록구성이 활발해질 수 있다. 자료로는 카펫, 영역을 표시할 색 테이프, 스펀지 블록, 우레탄 블록, 큰 종이벽돌 블록, 헝겊 블록, 단위 블

록, 나무, 자동차류, 끌 수 있는 놀잇감, 주제에 따라 교체해 줄 수 있는 소품들(예 : 가족 인형모형, 경찰모형, 동물모형, 나무, 의자, 소방대원, 여러 종류의 차 등) 등이 있다.

(2) 4세

① 4세는 3세에 비해 좀 더 세련되고 복합적인 입체 구조물을 만든다. 따라서 기본 형태 이외에 원기둥, 널판지 등과 같은 다양한 종류의 블록을 제공한다.

② 조각을 끼워서 만들 수 있는 다양한 플라스틱 블록을 준비한다.

③ 생활 주제에 따라 다양한 소품(예 : 동물, 사람모형, 소방대원 등 자동차와 교통 표지판)을 제공한다.

④ 4세 유아는 상상력이 풍부하고 놀이가 일상생활이나 주변 인물을 모방하고 동일시하는 놀이를 많이 하므로 역할놀이에 관련된 소품(예 : 운전핸들, 경찰모자 등)을 준비한다. 자료로는 쌓기 놀이를 위한 카펫, 영역 구분을 위한 색 테이프, 나무 유니트 블록, 종이 벽돌 블록, 종이 원통 블록, 여러 색의 주사위 블록, 레고 블록(기본 레고 외 주제에 따라 경찰이나 소방서, 뱃놀이 세트 등을 첨가함), 와플 블록, 인형류, 소품(가족 인형, 직업 인형), 동물류 소품(농장이나 동물원 동물), 교통기관류 소품(큰 자동차, 작은 자동차, 트럭, 기차, 비행기), 교통 표지판, 여러 가지 액세서리(소방관 모자, 경찰 모자, 농부 모자, 헬멧), 기타 자료들(주제 관련된 사진이나 화보, 잡지, 신문을 이용한 게임 도구들)이 있다.

(3) 5세

① 쌓기 놀이는 본인의 일상에서 경험한 것을 재구성할 뿐만 아니라 경험하지 않은 세계를 표상하므로 보다 다양한 소품(예 : 현미경, 잠수함, 도르레, 지구본 등)을 제공한다.

② 다양한 쌓기 활동의 확장 경험을 위해 건축물 사진, 쌓기를 위한 활동 카드를 제공한다.

③ 블록의 양도 증가하므로 충분한 양의 블록을 제공해준다. 자료로는 다양한 종류의 블록(단위 블록, 종이벽돌 블록, 와플 블록), 카펫이 깔린 바닥, 낮은 교구장 칸막이, 소품(헝겊 인형류, 가족 인형, 반편견 인형, 장애인 인형, 동물 등), 교통기관(크고 작은 여러 가지 탈 것의 모형들), 교통 표지판, 기타 놀이 소품(공공기관 직업모자, 상가 건물이나 집 등) 등이 있다.

4) 교사의 역할 및 활동방법

쌓기 영역에서 유아가 놀이를 하고 있을 때, 교사가 개입하는 순간은 다음과 같다.

첫째, 유아의 놀이를 지켜보는 것으로 교사가 존재하는 것 자체만으로도 쌓기 놀이를 장려할 수 있다.

둘째, 교사는 유아의 구성물에 대한 적절한 질문을 통해 문제해결을 도와주는 조언, 또는 격려를 해줌으로써 유아들의 구성능력과 사고력을 자극한다. 또 사고력 증진을 위해 실물이나 새로운 구성물, 모양을 제시하거나 같은 구성물이 있는 책이나 사진을 제공한다. 또한 새로운 보조자료를 첨가하여 정보를 제공하고 상상력을 강화하도록 돕는다.

셋째, 교사는 유아가 쌓기 놀이에 흥미를 갖도록 다양한 방법으로 유도해야 한다. 교사는 유아가 등원하기 전에 단순한 구조물을 만들어 놓거나, 다양한 방법으로 블록 구성물을 만들도록 소개한 카드와 함께 다양한 블록을 제시하여 블록에 관한 관심을 고취시키도록 한다.

넷째, 교사는 유아의 안전관리에 철저해야 한다. 유아들에게 쌓기 놀이에 대한 규칙을 지키도록 해야 하는데, 예를 들면 블록을 밟거나 던지지 않도록 지도하며, 친구가 만든 구성물을 함부로 부수지 않도록 하고, 블록 쌓기를 할 때는 블록을 쌓아두는 교구장으로부터 약 30cm 이상 떨어진 곳에서 놀이하도록 하여 다른 유아가 블록을 꺼내는 데 지장을 주지 않도록 하며, 블록 구성물을 자신의 키보다 높게 쌓지 않도록 지도해야 한다.

다섯째, 교사는 정리정돈 규칙을 강조해야 한다. 교사는 블록의 정리방법을 제시하고 블록을 정리하는 것이 즐거운 학습이 되도록 하며, 정리하는 시간을 충분하게 준다. 정리시간은 의도적이고 만족스러운 활동이 될 수 있도록 한다.

여섯째, 교사는 유아가 만든 구성물을 보존시키는 역할을 하며 유아가 타인의 작품을 존중하는 습관을 기르게 한다.

5) 쌓기 영역의 교사-유아 상호작용

쌓기 놀이란 비례적인 크기의 모양과 블록과 소품을 이용하여 입체적인 구조물을 제작 구성하여 이루어지는 놀이를 말하며, 쌓기 놀이의 블록은 비구조화된 놀잇감으로 유아들에게 다양한 학습과 성장의 기회를 제공하고 활동 중심의 사고를 길러주는 매개체로서 유아들의 사고와 지식을 넓혀준다. 또한 블록은 다양한 모양과 크기, 재질로 되어 있어 유아들이 자유롭고 쉽게 구조물을 구성할 수 있으며, 쌓기 놀이를 통해 짓고, 만들고, 만든 것을 변형시키고, 때로는 허물고 다시 짓는 활동을 통해, 유아의 신체적 발달, 정서적 발달, 사회성발달, 언어발달, 조형능력발달, 수학능력발달에 도움을 준다. 쌓기 놀이의 교육적 가치의 내용을 구체적으로 살펴보면 다음과 같다.

첫째, 신체적 발달을 촉진시킨다. 유아들은 블록을 잡고 운반하고 쌓고 다양한 구성물을 만들어 보는 과정을 통해 대근육과 소근육을 움직이면서 신체적 발달을 돕고, 복잡한 구성물을 만드는 과정에서 신체적 기술 및 눈과 손의 협응력과 양손의 협응력이 증진되며, 손과 손가락의 조작력이 발달하게 된다.

둘째, 정서적 발달을 촉진시킨다. 유아들은 쌓기 구조물을 자유롭게 만들었다가 마음에 들지 않으면 무너뜨리고 다시 만들어 무너뜨리는 행동 자체를 즐기면서, 유아에게 정서 이완을 경험하게 함으로써 정서적 조절력을 발달시킨다. 또한 쌓기 놀이를 통해 인내심, 자기확신, 자아존중감이 증가되고 다양한 역할과 기술을 경험하고 발견하는 기쁨을 배우며 자존감을 느끼게 된다.

셋째, 사회성발달을 돕는다. 유아들은 쌓기 놀이를 하면서 서로에게 도움을 주고, 각자의 기술과 생각을 다른 사람과 나누어봄으로써 서로에 대해 존중하는 것을 배우고, 블록구성을 통해 집단에 참여하므로 다른 유아와 함께 구성한다는 만족감과 책임감을 갖게 된다. 또한 유아가 블록구성을 계획하고 실행할 때 집단적인 상호작용을 통해 서로의 의견을 교환하여 계획한 것을 표현하고, 계획을 변경하거나 달성하는 데 자신의 의견을 반영하는 법도 배우게 된다.

넷째, 언어발달을 촉진시킨다. 유아들은 쌓기 놀이 구조물을 만들면서 여러 가지 형태의 블록을 수직, 또는 수평으로 쌓아가는 과정을 통해 다른 유아와 협동하여 구조물을 계획하고, 다양한 언어를 교환함으로써 의사소통능력이 촉진되며, 다양한 놀잇감의 이름을 알게 됨으로써 어휘력이 증진되므로 읽기, 쓰기 학습에 도움이 된다.

다섯째, 창의성발달을 돕는다. 쌓기 놀이 블록은 용도가 정해져 있지 않는 비구조화된 놀잇감이기 때문에 유아가 원하는 대로 다양하게 구성할 수 있으므로 창의력이 무한하게 증진될 수 있으며, 블록은 유아에게 이미 주어진 세계를 주는 것이 아니라 유아가 창조할 세계를 주는 것이라고 하며 블록이 유아에게 창의적 소질을 키워주기에 적절하다.

3. 수학영역

1) 중요성

아동은 수학영역에서 사물들을 조작하고 탐색해 봄으로써 수 이해의 기초능력이라고 할 수 있는 비교하기, 분석하기, 분류하기 능력과 순서대로 배열하는 능력 등을 발달시킨다. 또한 유아들은 구체적인 경험을 통하여 수의 개념을 명료히 할뿐만 아니라 일상생활에서 중요한 의미를 지니고 있는 부분과 전체의 관계를 이해할 수도 있게 된다.

2) 교사의 역할

수학영역은 혼란스러움을 피할 수 있는 조용한 장소에 구성하며 바닥에는 카펫이나 자리를 깔아서 유아들이 편안하게 활동에 몰두할 수 있도록 하고 아동 혼자서 활동하는 개별공간과 3~4명의 아동이 소집단으로 활동하는 소그룹공간을 갖추도록 책상과 의자를 적절하게 배치한다. 유아의 경험을 확장시켜 주기 위해 언어, 조작, 과학 등의 영역과 인접하도록 구성하고 수에 대한 기본 개념을 익힐 수 있도록 수준별로 다양하고도 충분한 활동 등을 마련해 주어 흥미를 지속시킬 수 있도록 한다.

3) 교육 예시안

교육명	교육 내용	교육 형태	교육목표
수막대로 붕대 길이 재기	기초적인 측정과 관련된 경험하기	수/셈하기	수막대로 붕대와 압박 붕대의 길이를 재어볼 수 있다.
수의 구슬로 병원에 필요한 물건 사기	수의 기초 개념 이해하기 수/셈하기	수/셈하기	• 십의 구슬을 모아 백의 구슬로 바꾸는 연습을 통하여 십진법 자릿수의 명칭을 인식한다. • 단위들 사이의 크기를 비교할 수 있다.
수막대로 몸길이 재어서 침대 만들기	기초적인 측정과 관련된 경험하기	수/셈하기	수막대를 이용하여 몸길이를 재어보고, 같은 길이의 침대를 만들 수 있다.
수막대를 이용하여 시력 검사판으로부터 떨어진 길이 재어보기	기초적인 측정과 관련된 경험하기	수/셈하기	수막대를 연결하여 가장 큰 수와 가장 작은 수를 알아볼 수 있다.
우리 동네에 있는 병원 그래프	기초적인 통계와 관련된 경험하기	그래프	우리 동네에 가장 많은 병원에 대해 알 수 있다.

4) 교재 · 교구

체계적인 수학교육의 지도를 위하여 분류자료, 순서 짓기 자료, 수의 이해 및 공간 개념의 이해를 돕는 자료, 측정을 위한 자료 등을 제공한다.

- **분류자료** : 다양한 크기, 모양, 색깔의 단추, 조개껍데기, 돌, 병뚜껑, 플라스틱, 패턴 블록 등
- **순서 짓기 자료** : 지름이나 높이가 다른 원기둥, 수 막대, 나사와 나사 구멍 등
- **수의 이해를 돕는 자료** : 셀 수 있는 물체, 숫자게임 도구, 주사위를 이용한 게임, 수 막대와 구슬, 수와 숫자 카드
- **공간의 이해를 돕는 자료** : 근접성, 순서, 안과 밖, 연속성의 개념 이해를 돕는 도형과 패턴 카드 등
- **측정을 위한 자료** : 막대, 줄, 끈, 클립, 평형저울, 자, 체중계, 계량컵과 계량스푼

4. 과학영역

1) 중요성

생물, 무생물, 여러 물질과 자연현상 등과 같은 자연환경을 감상하고 탐구하며 이해하기 위한 활동들이 이루어진다. 유아는 관찰, 실험 등의 과학적 탐구활동을 통하여 문제해결능력을 갖게 되고, 물체의 운동에 대해 이해하게 되며, 자신의 신체, 생물과 무생물 등과 관련된 자연현상, 사물의 공통점과 차이점, 상호관계, 인과관계 등 사물 간의 관계성을 이해하게 되며, 실생활에 과학적 기술과 개념을 적

용할 수 있는 능력을 발달시킨다.

2) 교사의 역할

과학영역은 조용하고 햇빛이 잘 들며 물의 공급을 쉽게 받을 수 있도록 수돗가 가까이에 배치하는 것이 좋다. 호기심을 불러일으키며 분류하기, 질문하기, 검증하기, 예측하기, 대화하기 등의 탐구과정 및 과학적 기술을 실제 상황에 적용하여 논리적 사고를 촉진시킬 수 있는 자료들을 비치한다.

3) 교육 예시안

놀이명	놀이 내용	놀이 형태	놀이목표
병원에서 사용하는 물건 중 자석에 붙는 것과 붙지 않는 것	물체와 물질 탐색하기	실험	자석의 성질을 이해할 수 있다.
청진기에서 들리는 소리 알아보기	도구와 기계에 관심 가지기	관찰/탐색	청진기의 사용방법과 청진기에서 들리는 소리를 탐색할 수 있다.
우리 몸의 뼈 알아보기	우리 몸에 대하여 알아보기	관찰/탐색	뼈의 종류와 각 부분의 명칭을 알 수 있다.
엑스레이 필름 관찰하기	우리 몸에 대하여 알아보기	관찰/탐색	엑스레이 필름에 나타난 모양을 관찰하고 탐색할 수 있다.

4) 교재 · 교구

- **측정도구** : 접시저울, 용수철저울, 천칭, 대저울, 신장기, 자, 온도계, 계량컵, 계량스푼, 초시계, 모래시계
- 일반 도구, 동물류, 곤충류, 식물류, 표본류, 일반 물체, 기계류, 현미경, 확대경 등의 관찰도구
- **동물 · 식물류** : 개구리, 달팽이, 거북이, 물고기류, 토끼, 강아지, 나팔꽃, 고

구마, 감자, 콩, 잔디, 보리, 봉숭아, 금잔화, 개구리밥, 부레옥잠화

- 기타 자료 : 그림책과 사전류, 그림책

5. 조작영역

1) 중요성

조작놀이영역에서는 유아들이 소근육을 사용하여 다양한 교재 · 교구를 끼우고 맞추고 쌓는 등의 놀이를 한다. 유아의 흥미와 자발적인 활동을 유발시키는 조작놀이를 통해 유아는 집중력과 지구력을 증진시키게 된다. 또한 문제상황을 끊임없이 탐색하고 극복하는 과정을 통하여 자신감과 자율성이 발달된다. 그밖에 조작놀이를 하면서 손의 조작능력을 향상시킬 뿐 아니라 형태나 크기에 대한 개념을 인식하고 물체 사이의 인과관계를 학습하게 된다.

2) 영역구성

조작놀이영역은 수학영역이나 쌓기 놀이영역과 통합하여 구성할 수도 있다. 이 영역에서는 유아들이 소근육을 이용하여 조작, 구상, 게임 및 일상생활 활동 등의 정적인 활동을 주로 하므로 조용하고 유아들의 왕래가 많지 않은 장소에 배치한다. 유아들은 의자뿐 아니라 바닥에 앉아서 조작놀이를 하므로 낮은 책상도 준비하고 바닥활동 공간을 충분히 마련하며 부분 카펫도 깔아 주는 것이 좋다.

조작놀이 교재 · 교구는 유아의 발달수준과 개인차, 생활주제 등을 고려하여 선택하되 유아들이 싫증을 내지 않도록 2~3주 단위로 교체해 주어야 한다. 제공되는 교재 · 교구는 간단하고 쉬운 것부터 복잡한 것으로 점차 난이도 수준을 높여

나가야 한다.

그밖에 조작놀이 교재 · 교구는 작은 조작으로 구성된 것이 많으므로 종류별로 쟁반이나 바구니에 담아 교구장에 진열한다. 진열할 때는 각 교재 · 교구의 위치를 그림이나 글자, 숫자 등으로 표시해 주면 정리정돈에 효과적이다.

(1) 3세

- 퍼즐 조각은 5~10쪽 정도가 적절하며 손잡이가 있거나 배경판에 조각 그림의 윤곽이 그려져 있어서 맞추기가 손쉬운 퍼즐이 적합하다.
- 플라스틱 블록류는 유아의 손에 적절한 크기로 끼워 맞추기가 손쉬워야 한다.
- 끼우기 구슬은 손으로 잡기 편한 형태, 크기여야 하며 구멍도 커야 한다. 끈의 끝이 빳빳해야 끼우기가 좋다.
- 작은 물건 옮겨 담기도 초기에는 도구를 이용하지 않고 손으로 옮겨 담게 하여 물건의 다양한 감촉을 느낄 수 있는 기회를 준 후에, 숟가락으로 옮겨 담기를 하게 한다.
- 자신의 옷을 입고 벗을 수 있는 자립능력을 발달시키기 위해 찍찍이 붙이기, 단추 끼우기, 지퍼 올리기 등의 일상생활 훈련 틀을 제공한다.

(2) 4세

- 퍼즐 맞추기는 10~20쪽 정도가 적절하지만 개인차에 따라 그 이상도 가능하다.
- 짝맞추기 교재 · 교구는 숫자와 개수 맞추기, 용도에 따라 맞추기 등 다양한 짝맞추기를 할 수 있는 교재 · 교구를 준비한다.
- 꽃 블록이나 텍스 블록 등 다양한 플라스틱 블록류를 비치해 둔다.
- 작은 물건을 옮기는 활동에서도 옮기는 도구를 다양하게 하여(예 : 핀셋, 나무젓가락 제공) 난이도 수준을 높이거나 분류 접시를 제시하여 색깔이나 모양에 따른 분류활동으로 확대시킨다.

(3) 5세

- 퍼즐 맞추기는 일반적으로 15~30쪽까지도 가능하나 개인에 따라 그 이상도 가능하다.
- 구성활동에 관련된 책이나 화보를 비치해 둔다.
- 끈 끼우기 자료 이외에 간단한 바느질을 할 수 있도록 큰 플라스틱 바늘과 실, 두꺼운 종이, 부직포, 헝겊 등을 제공한다.
- 손의 조작능력을 고려해 볼 때 리본 묶기와 벨트 채우기 등의 일상생활훈련이 가능하므로 이에 연관된 교재 · 교구를 준비한다.
- 다양한 조작활동을 할 수 있는 게임자료(예 : 주사위 게임)를 비치해 준다.
- 각 교재 · 교구의 시용법이나 활동 순서를 제시한 활동 카드를 준비해 준다.

3) 교재 · 교구

조작놀이에 활용되는 교재 ' 교구는 상품화된 교재 · 교구 이외에 자연물이나 주변의 생활용품 등 종류가 다양하다.

(1) 퍼즐(조각 그림 맞추기)

퍼즐은 몇 개로 분절된 그림 조각을 적절히 맞추어서 본래의 그림을 완성시키는 교재 · 교구이다. 난이도에 있어서 그림 조각이 1, 2개로 되어 있는 단순한 퍼즐에서 15~25조각으로 나누어진 복잡한 퍼즐까지 있으며 주요 그림만 분절된 퍼즐이 있는가 하면, 배경판까지 분절되는 퍼즐, 조각이 직선으로 나누어진 퍼즐, 복잡한 선으로 나누어진 퍼즐 등 여러 가지가 있다.

(2) 포개지거나 끼워 맞추는 교재 · 교구

플라스틱이나 나무 우레탄 등을 사용하여 크기 순서나 모양, 길이에 따라 포개거나 끼워 맞출 수 있도록 제작된 교재 · 교구이다.

(3) 짝맞추기 교재 · 교구

여러 조각 가운데 색깔, 모양, 개수, 용도 등을 기준으로 같은 짝을 찾아서 맞추는 교재 · 교구이다.

(4) 플라스틱 블록

레고 블록, 코코 블록, 꽃 블록 등의 플라스틱 블록은 여러 형태의 플라스틱 조각을 서로 끼워서 구조물을 만들 수 있다.

(5) 끈 끼우기

여러 종류의 끈, 리본 등을 구슬이나 끈 끼우기 판에 끼우는 교재 · 교구이다. 구슬은 크기, 형태, 색깔 등에 따라 다양한 것이 있는데, 구슬과 구멍의 크기에 따라 조작활동의 난이도가 달라지므로 이를 고려해야 한다.

(6) 작은 물건 옮겨 담기

여러 색상의 구슬이나 콩, 호두 등을 손가락이나 스푼, 핀셋, 소독저를 사용하여 옮겨 담게 한다.

(7) 일상생활 훈련 틀

유아가 일상생활을 독립적으로 해 나가는 데 필요한 몇 가지 기본 조작활동으로 단추, 리본, 지퍼 등을 연습해 볼 수 있도록 제작된 교재 · 교구이다.

4) 지도방법

조작영역은 흥미와 자발성을 유발시키는 조작놀이를 통해 집중력과 지구력을 증진시키게 된다. 문제상황을 끊임없이 탐색하고 극복하는 과정을 통하여 자신감과 자율성이 발달되고 형태나 크기에 대한 개념을 인식하며 물체 사이의 인과관계를 학습하게 된다.

조작놀이영역은 조용하고 건조한 곳에 위치해야 하며, 개별적 활동이나 소집단 활동이 이루어지도록 구성하는 것이 좋다. 주로 논리 · 수학적 개념이나 어휘 및 소근육발달을 위한 각종 교구나 자료들을 비치할 수 있도록 하고 주로 개별적인 탐색활동을 많이 하게 되므로, 소근육, 수 개념, 모양과 크기 개념, 언어발달을 도와 줄 수 있는 교구를 마련해야 한다.

조작활동자료로는 가능하면 영 · 유아가 직접 만지며 조작이 가능할 수 있도록 준비되어야 하며, 유아가 주변에서 볼 수 있는 자연물로 되도록이면 적절히 제공되어야 한다.

6. 음률영역

1) 연령별 음률영역 환경구성

(1) 만 3세

- 유아들에게 익숙한 동요나 유치원에서 배운 노래, 자유선택활동시간이나 간식시간의 배경음악 등이 녹음된 테이프와 카세트를 준비한다.
- 악기를 연주하기보다 소리를 탐색하는 데 관심이 많으므로 간단한 생활악기와 리듬악기 등을 제공한다.

- 간단한 신체표현이 가능하도록 부분 카펫을 깔아 놓는다.
- 리본, 스카프, 가면 등의 신체표현도구를 제공함으로써 창의적 표현을 해볼 수 있게 한다.
- 빠르기가 다른 음악 테이프를 준비해 준다.
- 녹음기를 사용하여 자신의 노래 소리를 들어볼 수 있도록 한다.
- 일기장에는 악기의 그림이나 사진을 붙여주어 정리 정돈할 때 도움이 되도록 한다.

(2) 만 4세

- 익숙한 노래에 맞추어 리듬악기를 연주할 수 있도록 다양한 리듬악기를 비치해 놓는다.
- 가락악기를 제공한다. 가락악기 중에 입으로 부는 악기, 예를 들면 멜로디온이나 피리 등은 여러 유아가 함께 사용할 경우 비위생적이므로 부적합하다.
- 신체를 이용하여 좀 더 창의적 표현을 하도록 리본 막대나 스카프 등을 제공한다.
- 노랫말을 쉽게 이해하고 기억하는 데 도움이 되도록 그림이나 글자로 융판자료, 막대자료 등을 제작하여 제공한다.

(3) 만 5세

- 다양한 가락악기를 제공한다.
- 짧은 시간 동안(15분 이내) 음악을 감상할 수 있으므로 녹음기, 다양한 음악(동요, 고전음악, 민요, 왈츠, 종교음악, 록음악 등) 테이프, 음악 관련 그림책, 헤드폰 등을 비치해 놓는다. 녹음기에는 유아가 작동할 수 있도록 기본적인 조작법을 표시해 놓고 녹음테이프에 곡명을 그림이나 글자로 표시해 놓는다.
- 악기 연주나 노래 부르기 등을 녹음하여 들어볼 수 있도록 빈 테이프를 제공

한다.

- 악기 연주나 노래 부르기를 할 때 박자, 음정 학습에 도움을 주는 그림 악보나 색깔 악보를 제시한다.
- 재미있는 노랫말이나 간단한 동화 내용에 따라 노래 극놀이를 할 수 있으므로 극놀이에 필요한 소품을 준비한다.
- 간단한 동화 내용(예 : 작은 오리, 피터와 늑대)을 노래극이나 악기 연주 또는 신체로 표현해 볼 수 있도록 막대 인형, 녹음기와 테이프 등을 준비한다.

2) 교사의 역할

음악시간을 구분해서 지도하려고 하는 것보다 그때그때 유아의 자유로운 활동이나 다른 활동을 할 때 즉흥적으로 음악적 활동과 연결시킬 수 있는 융통성이 요구된다.

(1) 유아음악에 대한 이론적 배경

유아에게 적절한 음악활동을 이끌어 내기 위해서는 유아의 발달수준이나 행동 특성에 관한 지식은 물론, 기초적인 음악이론에 관한 지식의 습득이 선행되어야 한다.

(2) 음악경험의 계획

유아들이 그들의 사고와 감정을 표현하는 매개체로서 음악을 사용하고 음악을 즐길 수 있도록 하려면 교사의 계획이 필요하다. 유아들에게 적절한 계획을 세우기 위해 유아들이 무엇을 알고 있고 어떻게 음악을 느끼는지 발견해야 한다.

(3) 새로운 아이디어 찾기

유아들을 위한 최고의 음악적 경험은 교사의 형식적인 훈련이 거의 존재하지 않는 그룹 속에서 제공된다. 끊임없이 음악경험을 위한 아이디어를 찾는 노력과 창의성의 개발은 교사의 능력을 증진시켜 줄 것이다.

(4) 노래 목록 만들기

교사가 알맞은 시기에 적당한 활동을 유도하고 지도하려면 그때그때 활용할 수 있는 노래들의 목록을 만들어 보면 좋다.

(5) 노래 익히기

목록에 기록된 곡들을 완전히 익힌다. 처음부터 끝까지 암기하고 있는 노래는 정확히 익히고, 알고는 있지만 인쇄물로 본 적이 없는 노래는 악보를 만들어 보고, 가사는 제공할 수 없고 선율만 알고 있는 노래는 새로운 노랫말로 개작하여 불러본다.

(6) 레코드의 활용

교사 자신이 노랫말을 받아 적음으로써 배울 수 있고 유아들과 함께 따라 부를 수 있는 경우도 있을 것이다.

(7) 교사 자신의 흥미

특별한 목적을 가지고 계획된 활동이라 할지라도 유아들의 흥미를 끌지 못하면 효과적으로 유도할 수 없다. 그러므로 교사 자신에게도 흥미의 원칙을 적용시켜야 한다.

(8) 악기의 활용

한 번 들은 음악을 즉흥적으로 연주해 낼 수 있거나 자유자재로 조옮김을 하여 유아들에게 알맞은 음조로 연주할 수 있다면 음악활동에 커다란 도움을 줄 것이다. 자신에게 맞는 악기를 선택하여 연주법을 익혀 두면 음악활동 지도에 자신감을 줄 것이다.

(9) 즉흥적인 표현의 장려

유아들이 음악을 듣고 표현할 기회를 되도록 많이 마련해 준다.

(10) 자극적인 환경 제공

학습과 창의적인 반응을 길러 주는 많은 놀이기구, 책, 악기와 음반, 미술 재료들, 그 밖의 물건들로 자극적인 환경을 제공한다.

3) 지도방법

① 유아의 음악적 감수성 및 능력을 최대로 개발시키기 위해서는 최적의 음악환경이 필요하다.
② 학습안은 유아들의 나이차, 음악적 욕구, 타 영역과의 연계성, 점차적 진도, 반복과 복습 등이 고려되면서 계획되어야 한다.
③ 음악놀이자료는 다양하고도 질이 좋아야 한다.
④ 모든 음률활동은 충분한 계획과 준비하에 이루어져야 한다.
⑤ 교사는 모범적인 연주와 노래를 유아들에게 보여서 좋은 모델이 되어야 한다.
⑥ 녹음할 때는 특히 더 음질에 대하여 관심을 가져야 한다.
⑦ 유아들이 해낼 수 있다는 성취감과 자신에 대한 만족감을 가질 수 있게 한다.
⑧ 지도 시에는 면밀한 관찰과 유아 개개인 평가를 정확하게 해야 한다.
⑨ 다양한 음악활동을 포함하고, 포괄적이며 총체적인 지도가 이루어지도록 해야 한다.
⑩ 음악놀이지도의 소요시간과 진행 속도는 유아의 집중력, 흥미도를 고려해야 한다.

7. 조형영역

1) 구성 및 특징

아동에게 있어 놀이는 그들 생활의 일부분이며 아동발달에 놀이는 중요한 영향을 끼친다. 리드(Read)는 "놀이란 어린이가 세계를 발견하는 유일한 방법이며 정신적 평정을 가져다 줄 수 있는 가장 중요한 행위"라고 하였는데, 이는 자유스러우며 재미있게 자기 자신을 순수하게 드러낼 수 있는 놀이 활동 속에서 비로소 자신의 참다운 내면의 세계가 진실되고 자연스럽게 표출될 수 있음을 의미하며, 그런 활동과정 속에서 억눌린 감정을 정화하고 자기를 생동감 있게 표현할 수 있으며 예술적인 활동으로까지 발전될 수 있음을 뜻하는 것이다.

놀이의 형식을 취한 조형놀이는 관찰하고 흉내를 내거나, 자유롭게 탐색하며 표현하는 즐거운 활동으로 지시나 강요 없이 스스로 표현적 충동과 발상을 가슴으로 느끼게 하며, 그 느낌을 생동적이고 창의적으로 표현하게 한다. 이러한 활동은 아동을 보다 정서적으로 풍부하게 해주며 창의적인 사고력과 표현력을 길러주어 조화로운 인격 형성을 돕는 데 큰 도움을 준다. "미술교육은 아동이 조형학습을 통하여 스스로의 표현에 따르는 경험을 얻게 하고 예술적인 감상능력을 기르며 더 나아가서는 인간 형성, 즉 자아 형성을 돕는 교육이므로 최종적인 작품 및 기능의 결과에 중점을 두기보다는 진행되는 과정상의 활동을 중요시하며 자유롭고 재미있게 표현하는 가운데 저절로 창의성 계발과 아동의 정서적 · 사회적 · 지적 · 신체적 발달을 도모해야 할 것이다.

오늘날 미술경향의 필연적이고 중요한 움직임의 하나로 '과정예술(Process art)'을 들 수 있는데, 이 '과정예술'이란 1960년대 미술가의 비연극적인 행위에 의한 표현 형식인 해프닝(Happening)과 이벤트(Event) 그리고 미술가의 신체를 이용하여 표현하는 행위인 퍼포먼스(Performance)의 개념과 긴밀하게 연관된 것으로 작품의 최종 단계로 일반적인 목적 실현을 목적으로 두지 않고 그것을 위한 절차나 작품을 만들어가는 과정을 중요시하며 작품의 주제로 삼고 있다.

이러한 경향은 아동의 조형교육에서도 나타나는데, 아동 조형교육의 궁극적인 목표는 훌륭한 예술가나 미술가를 양성하기 위한 기능을 기르는 것이 아니라, 다양한 미적 경험을 갖게 하여 미의식과 스스로 창작할 수 있도록 표현활동과 진행과정에 중점을 두어 생동적 · 종합적인 활동으로 전개되도록 해야 할 것이다.

이런 점에서 볼 때, 미술적 놀이인 조형놀이는 재미있고 즐거운 표현활동이라는 특성을 가지며, 아동에게 잠재된 무한한 가능성을 발견하고 조화로운 인격형성발달을 돕는 잠재력을 가진다.

2) 교육적 의미

미술과의 표현영역이 평면표현과 입체표현으로 크게 나누어 볼 수 있는데, 근래에 와서 조형놀이가 미술과에 점차 대두되는 이유를 살펴보면 다음과 같다.

첫째, 조형놀이영역으로 현대미술의 다양한 양상들을 교육에 도입시킬 수 있다는 것이다. 현대미술은 그 양상이 급격하게 변하고 있으며 다양하고 파격적인 표현들이 등장하고 있다. 교육에서는 아동이 현대미술의 다양한 양상들을 이해하고 감상할 수 있는 기초를 마련해 주어야 하기에 현대미술에서 이루어지고 시도되고 있는 표현과 작업들을 학생들에게 접할 수 있는 기회를 마련해 주어야 한다. 그렇지만 현대미술의 모든 양상을 조형놀이에 도입할 수는 없으므로 그 흐름의 기본개념이나 핵심적인 논리가 되는 것을 선정하여 아동의 수준에 맞게 도입해야 하는 것이다.

둘째, 학생에게 자유롭게 형식에 얽매임 없이 표현할 수 있는 기회를 부여할 수 있다는 것이다. 아동이 미술시간에 각 영역의 이름이 있음에 따라서 표현상의 창의력과 상상력을 제한할 가능성이 있다. 그러므로 학생들이 자유롭게 자신의 내면이나 표현주제를 어떤 형식에 구애받음 없이 각자의 개념, 상상, 생각, 관찰, 느낌 등이 제한 없이 반영될 수 있는 길을 열어주는 것이 필요한 것이다.

셋째, 아동의 미술 이해지도에 있어서도 조형놀이영역이 필요하다는 것이다. 미적 안목을 높이기 위해서는 표현과 이해, 감상이 통합되어 지도되어야 하며, 표현영역에서 이해나 감상과 통합하여 지도할 수 있는 영역이나 제재가 필요하다. 조형놀이는 아동이 자유롭게 조형을 즐기는 영역이기 때문에 이해나 감상과 통합시켜 지도하기가 훨씬 여지가 넓고 쉬울 것이다.

넷째, 아동의 미적 안목과 조형능력, 창의성을 높일 수 있는 좋은 기회를 부여할 수 있다는 점이다. 미술교육의 목적이 미적 안목의 육성과 조형능력의 함양, 창의성 계발에 있다고 볼 때, 조형놀이는 이런 목적을 달성하는 데 아주 좋은 기회를 부여할 수 있는 지도가 가능한 영역이다.

다섯째, 교사의 재량권을 넓히고 방임적인 미술을 방지하기 위해서도 조형놀이는 필요하다. 그동안 미술교육에서 창의성을 가장 강조하면서도 좋은 결과를 보지 못했던 것은 창의성을 계발한다는 생각으로 '간섭 없는 방임적인 표현지도'에 치우쳤기 때문이다. 아동의 창의성이 저절로 무엇인가 이루어질 것이라는 막연한 기대와 구체적 대안이 없는 방임상태에서는 스스로 무력감을 조장할 뿐이다.

조형놀이지도는 표현을 통해 이해와 감상을 통합하여 지도하는 영역이고 교사가 재량권을 가지고 학생에게 지도할 수 있는 여지가 많다. 창의적 · 정서적 · 사회적인 목적을 지닌 조형놀이는 아동의 일상생활을 보다 즐겁게 영위하도록 도와주며 그들 자신의 사고와 느낌과 창의적인 상상력을 마음껏 펼칠 수 있도록 도와준다. 또한 그것은 그들이 여러 가지 재료를 다루는 경험 및 능력을 길러주며 주위 환경을 보다 개성적으로 꾸미려는 의지와 인위적인 디자인에 대한 미의 인식을 넓히고 예술가적인 취향을 기르도록 도와준다. 그러기 위하여 보다 폭넓은 조형놀이의 미적 경험이 되어야 한다. 아동다운 자기표현이 중시되어야 한다.

조형놀이의 궁극적인 목표를 생각할 때, 미술교육이 아동들에게 어떤 특정한 소질이나 지도만을 가르치는 방향으로 의도된다면, 한 차원 낮은 기능적인 육성으로 전락하게 될 것이다. 따라서 미술교육은 다양한 미적 경험을 통해 미적 감수성 · 정서 · 창의성을 기르는 데 중점을 두어야 하며 아동에게 예술가적 품성을 기대하는 '예술교육적' 관점을 취해야 할 것이다.

그러므로 표현의 결과보다는 표현과정을 중요시하며 표현에 대한 즐거움과 자신감, 또 자유스러운 분위기에서의 자기표현활동에 중점을 두어 생동적 · 종합적인 활동을 전개하여 원만하고 조화로운 인격 형성을 도모해야 할 것이다. 이와 같이 아동의 조형표현은 '자기표현'이 근본임을 인식하고 조형놀이를 통한 경험이 아동에게 미치는 교육적 의의를 살펴보면 다음과 같다.

첫째, 창의적인 자기 표현을 통하여 조화로운 인성을 계발한다.

둘째, 내면적인 정화의 효과를 지닌다.

셋째, 아름다운 자연이나 훌륭한 미술품 등을 감상하거나 이용 가능한 재료를 탐색하고 관찰하는 가운데 시지각을 예민하게 해준다.

넷째, 탐구력 및 조작을 통하여 지적인 성장을 꾀한다.

다섯째, 광범위한 미적 경험을 통하여 풍부한 정서를 기를 수 있다.

여섯째, 민주시민으로서 지녀야 할 사회적인 성장을 꾀한다.

일곱째, 신체적인 발달 및 운동기능의 협응력을 발달시킨다.

여덟째, 조형놀이를 통한 다양한 경험은 다른 교과의 학습효과를 증진시켜준다.

이상과 같이 조형놀이를 통한 다양한 프로그램의 학습은 아동의 전인적이고 자발적인 교육에 있어서 바람직한 효과를 가져다주며 아동을 이해하고 그들의 창의적인 성장을 촉진하기 위한 큰 잠재력을 지니고 있다고 할 수 있다.

3) 조형놀이의 교사의 역할

일반적으로 학교 미술활동은 많은 아동 수, 제한된 시간과 공간, 다양한 재료 이용상의 문제점 등 여러 가지 여건에 의해 상투적인 방법과 재료로 일률적인 조형활동 형태로 반복 진행되고 있다. 즉, 고정된 교과과정에 따른 교사의 주제 제시와 함께 관련된 설명만으로 모든 미술수업이 아동 작품 제작의 실기 위주로 진행되고 있다.

초등학교 아동의 미술교육 목표는 조형활동의 경험을 통하여 표현감상능력과 창조성 계발에 따른 정서 함양에 그 뜻이 있으므로, 작품 제작 위주의 기능성보다는 미적인 감각을 지닌 예술적 의미의 교육이 필요하다. 그러므로 우선 흥미롭고 즐거운 마음으로 참여할 수 있는 다양한 활동 내용과 방법이 제시되어야 하며, 결과보다는 과정에 중심을 두어 창의적이며 아름다운 정서를 지닌 인성교육에 힘써야 할 것이다.

미술교육의 핵심인 창의성은 여러 가지 경험에 의해서 크게 신장될 수 있으므로 교사의 성의와 적극적인 참여 여부에 따라 아동의 잠재능력이 크게 나타날 수 있다. 그러나 정서 교과인 미술교육이 일률적인 교과과정상의 편제에 맞추어 진행되고 있는 것은 문제성이 있다고 보여진다.

창의성 계발에 목표를 둔 미술교육은 일률적인 구조에 속박되지 말고 학생들의 흥미와 경험에 맞는 체험과 표현의 자유를 주어 각자 독특한 개성과 사물에 대한 고정된 시각에서 벗어나 아동의 정서에 맞는 다양한 표현방법과 내용, 재료의 체험을 제공하며 미적 정서와 창의성을 지닌 인간으로 육성해야 할 것이다. 학생의 표현을 창의적으로 이끌고 그들의 생각을 넓히며 그들의 경험을 다양하게 하는 데 있어 교사의 역할을 매우 중요하다.

특히, 아동은 활동적이며 활발한 표현 의욕을 가지고 있는 시기이므로, 다양한 내용과 재료활동방법이 필요하며, 아동미술교육에 있어 흥미롭고 풍부한 조형활동이 되도록 놀이적 작업에 응용하는 데 도움이 되게 하고자 창의적인 표현을 위한 효과적인 조형놀이 프로그램을 제시할 필요가 있다. 프로그램 제시의 주안점은 다음과 같다.

첫째, 주변에서 쉽게 구할 수 있는 재료를 이용하여 미술작품으로 나타낼 수 있다는 자신감을 갖게 한다.

둘째, 협동제작을 통하여 사회성과 각자의 역할을 배운다.

셋째, 미술표현의 조형감각과 더불어 창의력, 감성력을 기르는 데 있다.

4) 조형놀이영역의 내용

미술과 표현영역에서 평면표현은 2차원의 표현을 포괄하고 입체표현은 3차원의 표현을 포괄하게 한다. 그러나 조형놀이의 경우 새롭게 그 내용을 선정해야 하며, 어떤 근거에 의하여 어떤 내용을 선정할 것인가의 문제는 매우 중요한 사항이다. 내용 선정에 있어서는 여러 가지 검토와 체계적인 연구가 필요하다고 보이는데 그 대체적인 방향을 살펴보면 다음과 같다.

첫째, 재료나 기법에 대한 기본적인 표현 가능성의 탐색이다. 무엇으로 표현할 것인가의 방법은 무엇으로 표현할 것인가의 재료와 어떻게 표현할 것인가의 기법과 관련된다. 장르나 형식에 기반을 둔 표현의 경우 재료나 기법이 이미 정해져 있는 경우가 많다. 그러므로 조형놀이의 영역에서 재료나 기법에 대해 자유롭고 자율적으로 다양하게 탐색할 수 있는 기회를 부여하는 것이 좋다. 즉, 종이를 가지고 다양한 기법을 탐색해 보거나 찰흙으로 여러 가지 형태를 만들어보는 활동 같은 것이 여기에 해당한다. 종이를 가지고 찢어보고, 잘라보고, 구겨보고, 구멍을 뚫어보고, 태워보고, 물에 적셔보고, 두드려보고, 비틀어보는 등의 기본 활동을 통해 그 가능성을 탐색해 본 후 자신의 표현의 의지에 맞는 기법을 정하여 스스로 표현과 연결시킬 수 있는 것이다.

둘째, 2차원과 3차원으로 구분하기 어려운, 즉 차원을 파괴하는 표현영역을 포함시켜야 한다. 현대미술의 표현에서는 평면표현에 어떤 오브제, 즉 나무나 물감 튜브, 공구 등의 실물을 붙여 표현하거나, 캔버스 자체를 잘라서 실제적인 공간을 주는 등의 표현이 등장하고, 화지에 콜라주로 여러 가지 재료를 붙여 표현하거나 실 등으로 엮어서 나타내기도 하며, 종이를 입체화시켜 표현하기도 한다. 또한 캔버스에 그림을 그린 후에 여러 개를 결합하여 입체적으로 나타내기도 하고 철판 위에 페인트 같은 매체로 그림을 그리기도 한다. 이러한 모든 것들은 그것이 입체표현인지 평면표현이지 구분을 어렵게 하며 그런 차원을 파괴하는 혁신적인 표현들을 교육에서 도입해야 한다. 그것을 수용할 수 있는 영역이 바로 조형놀이영역인 것이다.

셋째, 다른 예술영역이나 다른 교과와 통합하는 활동을 통한 조형놀이이다. 교육이 자아실현을 목적으로 한다고 할 때, 그 자아는 인성의 통합된 한 형태이다. 자아는 한 개체가 외부와의 접촉을 통한 경험과 사회화를 통해서 점진적으로 자신을 인식하게 하는 것이다. 그런 자아의 형성이나 실현은 조화롭고 균형 있는 삶의 영위를 돕는 통합적 학습의 과정으로 가능하다. 그래서 미술 자체 내의 여러 장르를 넘어서고 통합하는 다양한 조형표현도 필요하지만, 다른 예술영역과 미술을 통합하는 활동이나 다른 교과와 미술을 통합하여 조형을 탐색해 볼 수 있는 시간이 마련되어야 한다.

이것은 아동에게 유연하고 융통성 있는 창의적인 사고를 할 수 있는 기회를 부여할 것이다. 미술이 다른 예술이나 교과영역과 따로 분리된 것이 아니라 삶 속에서 하나가 되어야 할 것이며, 그것이 자신의 삶과 하나가 되어야 한다는 것을 이런 조형놀이를 통해 깨닫게 하는 것이 중요한다. 조형놀이영역을 통해 급격하게 발달하는 미술 매체를 탐색할 수 있는 기회를 부여하는 것은 아주 중요한 일인 것이다.

8. 역할영역

1) 환경구성

역할영역의 기본적인 환경구성은 가정집의 구조로 구성하는 것이 좋다. 어린 아이들일수록 가정집 같은 분위기에 친근감을 느낄 수 있다. 활동적인 영역에 배치하고 공간을 넓힐 수 있는 여유를 두고 마련한다. 쌓기 놀이영역과 가까이 배치하면 좋다.

전신거울을 비치하고, 연령이 높아짐에 따라 다양한 직업과 흥미에 맞는 소품을 제공하는데, 이때 가능한 실제 물건들로 비치한다.

소품은 유아가 스스로 원활하게 조작하고 사용할 수 있어야 하는데, 안전에도 신경을 써서 유리제품이나 끝이 날카로운 소품 등은 제공하기 전에 안전을 충분이 점검해 본다.

역할 영역에 구성해 줄 수 있는 자료는 다음 표와 같다.

〈표 12-1〉 역할 영역 구성자료

환경 구성	가구류/부피 큰 물품류	소품류(실물/모형)
가정집	침대, 화장대, 옷장, 소파, 탁자, 싱크대, 그릇 정리장, 모형 냉장고	쿠션, 아기 담요, 옷, 신발, 스카프, 벨트, 넥타이, 모자, 시계, 전화, 액세서리, 화장품, 그릇, 컵, 요리도구, 플라스틱 음식모형
병원놀이	침대, 진찰 책상, 의자, 대기실 공간	의사 가운, 간호사 모자, 체온계, 청진기, 진료도구, 진료 카드, 차트, 의료보험 카드, X-ray 사진
가게놀이	상품 진열대, 탁자, 의자, 냉장고	계산기, CCTV, 점원 옷, 쇼핑카트, 제품, 카드, 돈
우체국놀이	탁자, 소파, 의자, 현금자동화기기	창구, 저울, 시계, 컴퓨터, 제품안내서, 전화, 우편함
소방서놀이	의자, 책상/상자로 구성한 소방차	소방수 옷, 모자, 소방호스, 사다리, 소방차
미장원놀이	의자, 파마기계모형	파마기계, 헤어 캡, 드라이기, 머리핀, 머리장식, 머리세팅기, 잡지, 분무기
교통기관놀이(역/공항)	기관 객차 모형(의자, 짐 놓는 곳, 문), 탑승구, 승차 홈	비행기, 여권, 짐, 저울, 승차권
공연놀이	무대, 무대 막(커튼), 관객용 의자	무대, 다양한 의상, 대본, 음악, 연극 소품, 조명기기, 음향기기, 마이크, 공연입장구

2) 교재 · 교구

다양한 역할놀이를 할 수 있도록 상업적인 교재 · 교구뿐 아니라 가정이나 주변에서 사용하는 일상용품, 교사가 특별히 제작한 것 등을 제공한다.

(1) 상업적 교재 · 교구

역할놀이를 촉진시킬 수 있는 상업적인 자료로는 소꿉놀이 세트, 인형류, 병원놀이 세트, 가게놀이 세트 등이 있다. 상업적인 교재 · 교구를 선택할 때는 유아의 흥미를 자극하고 활용도가 높으며 안전하면서 위생적이고 경제적인 점을 고려해야 한다.

(2) 일상용품

가정이나 우리 주변에는 역할놀이에 사용할 수 있는 물품이 많다. 예를 들어, 부엌용품과 화장 도구, 아빠 양복과 넥타이, 고장난 전기제품 등을 사용할 수 있다. 일상용품을 사용할 때는 유아의 발달수준에 적합하고(크기, 무게, 기능 등) 유아의 창의성과 상상력을 키울 수 있으며 안전한 것을 선택한다.

(3) 제작 가능한 교재 · 교구

교사가 놀이 내용에 필요한 교재 · 교구를 제작하여 제공한다. 제작이 간단한 역할놀이용품은 유아가 직접 만들어 사용할 수 있는데, 폐품을 이용하면 더욱 효과적이다.

3) 연령에 적합한 역할놀이영역 구성

(1) 3세

- 가정생활에 연관된 역할놀이를 주로 하므로 가족놀이에 필요한 교재 · 교구를 제공한다.
- 실물이나 실물과 유사한 교재 · 교구, 예를 들어 모형 음식, 식물과 비슷하며 눈과 팔 · 다리 등이 부분적으로 움직이는 인형류를 제공한다.

- 너무 많은 교재 · 교구는 부적합하므로 적정량의 교재 · 교구를 제공해 준다.
- 가정과 같이 아늑한 분위기를 조성하는 데 필요한 가리개, 간이 커튼 등을 준비한다.

(2) 4세

- 유아들이 일상생활에서 쉽게 접할 수 있는 다양한 역할을 놀이로 표현해 볼 수 있도록 실물이나 유사한 역할놀이용품(병원놀이, 가게놀이, 음식점놀이, 선생님놀이 등)을 제공한다.
- 기존의 교재 · 교구를 다양한 용도로 창의적으로 활용하도록 격려한다(예 : 농구골대를 미장원 머리 말리는 기구로 활용).
- 정리정돈에 도움이 되도록 각 교재 · 교구의 위치 표시를 그림이나 글자로 해놓는다.

(3) 5세

- 유아들이 다양한 역할놀이를 해볼 수 있도록 실물이나 실물과 유사한 역할놀이용품을 제공한다.
- 크기를 축소시켜 놓은 소형 인형과 인형 옷, 가구 등을 제공한다.
- 다양한 직업과 사회구성원의 역할뿐 아니라 상상적 놀이 내용에 적합한 교재 · 교구를 비치해 놓는다.
- 여아와 남아가 함께 참여할 수 있도록 유도하는 교재 · 교구를 비치한다.
- 역할놀이에 필요한 소품을 유아 스스로 만들어 사용할 수 있도록 자료를 제공한다(예 : 의사반사경, 간호사모자, 종이 생선, 과일, 돈).
- 역할놀이에 필요한 규칙을 의논하여 기록한 규칙판이나 사진, 그림자료 등을 벽에 붙여 놓는다.

4) 교사의 역할

역할놀이에서의 영유아들은 성인의 도움 없이도 즐겁고 유익한 경험으로 만들어 갈 수 있다. 영유아들이 역할놀이를 할 때 교사가 할 수 있는 교수와 역할을 살펴보자.

첫째, 역할놀이에서 모델링과 좋은 예를 제시할 수 있다. 새로운 역할놀이가 진행될 때 교사가 하는 말, 행동 등은 좋은 모델링이 된다. 다른 사람들과의 의사소통방법에 대해서 좋은 예를 제시한다. 예를 들면 교사가 의사 역할을 하며 "밖에 나가셔서 처방전 받아가세요."라고 말하는 것이 아이들에게 역할에 대한 아이디어를 제공할 수 있다. 능숙한 언어적 상호작용의 모델링을 통해 병원놀이, 가게놀이, 식당놀이 등에서 적절한 언어적 의사소통의 시범을 보여 줄 수 있다.

둘째, 사물, 행동, 상황의 가작화를 돕는다. 역할영역에서 놀이는 모두 '~인 척 하는 놀이'이다. 모형싱크대에서 진짜 물이 나오지 않으며 소방수 모자를 쓴다고 해서 진짜 소방수가 되지 않는다. 예를 들어, 수영장 놀이를 할 때 물은 없지만 수영하는 동작을 하며 놀이한다.

셋째, 역할놀이 시 갈등, 주요역할에 대한 중재를 한다. 유아들이 선호하는 역할은 다양하지만 제한적일 때도 있다. 역할놀이가 이루어지려면 다양한 역할이 필요하다. 예를 들면, 소꿉놀이를 할 때 엄마는 한 사람만 필요하지만 아이들의 경우 서로 엄마를 하고 싶어서 큰 엄마, 작은 엄마, 셋째 엄마도 역할을 분배하는 것을 종종 관찰할 수 있다. 이때 놀이가 풍성해지기 위해 교사의 중재가 필요하다.

넷째, 역할놀이는 교구가 많다. 정리정돈을 위해 긴 시간이 필요하다. 영유아들이 놀이를 하다가 다른 영역으로 이동할 때 자신이 이용한 교구는 정리하도록 한다. 자유선택활동시간 중간에 교사 중에는 영유아들이 재미있게 놀이하는 역할영역에 가서 정리정돈을 하고 다시 놀도록 하는 경우가 있다. 이 경우는 진행되는 놀이의 흐름이 끊어지게 된다. 단 너무 많이 어지러졌고, 놀이가 중단되었을 때 자유선택활동 중간이라도 정리할 수 있다.

13

CHAPTER

영아 실내 · 외놀이지도

1. 영유아 놀이의 의미와 목적

1) 영유아 놀이의 개념

유아들은 대부분의 생활이 놀이로 이루어지므로 놀이는 곧 아동의 생활 전체라고 할 수 있다. 결국 유아교육이 최대한의 교육적 성과를 얻으려면 놀이를 통하여 이루어지는 것이 바람직하다는 입장을 지지한다면, 유아의 놀이는 유아의 성장발달과 유아교육에 결정적 의미를 가진다고 볼 수 있다. 영유아 놀이의 긍정적 특징은 다음과 같다.

첫째, 신체적 성장발달에 도움을 준다. 놀이는 달리기, 매달리기, 미끄러지기, 손으로 조작하기 등과 같은 다양한 놀이 동작은 신체의 양적 성장뿐만 아니라 생리적 기능발달도 촉진시키며 바른 자세를 형성시키고 대근육, 소근육의 운동능력을 더욱 발달시킨다.

둘째, 사회성발달을 돕는다. 유아는 성장발달해 가면서 자기 자신을 통제하고 주장해 가며 자기 주변 사람들과 상호작용을 빈번하게 하는데, 이때 놀이는 사회적 상호작용의 중요한 수단이 된다. 유아는 여러 상황에서 자신이 취해야 할 행동양식이나 도덕적 기준, 규칙, 성역할 등 많은 사회적 학습을 통하여 사회적 존재로 성장한다. 그리고 유아가 성장해가면서 점차 상상놀이에서 벗어나 현실의 문제와 관련된 상황을 스스로 설정해서 놀이를 하기도 한다.

셋째, 유아의 창의성발달을 촉진시킨다. 역할극이나 상상놀이를 통해 유아의 상상력과 창의력이 확대 심화된다는 것이 창의성 연구자들의 공통된 견해이며, 놀이 경험을 한 유아가 지적 활동이나 모방, 수렴적인 활동을 한 유아보다 창의성 과제를 더 잘 수행한다고 했다.

넷째, 놀이는 유아의 정서발달에 크게 영향을 미친다. 프로이트(Freud)에 의하면 놀이가 정서적 좌절이나 갈등을 해소하는 훌륭한 도구가 된다고 하였다. 놀이를 방편으로 하는 투사를 통해 내적 긴장을 완화하고 자신의 부정적 감정과 애정을 표현할 수 있으며, 놀이활동을 통해 얻게 되는 성취감은 아동의 긍정적 자아개념 형성에 도움을 준다.

다섯째, 언어발달을 돕는다. 유아들은 놀이를 통해 끊임없이 언어적 모방을 하고 자신들이 알고 있는 어휘를 반복하여 사용해볼 기회를 가지며 많은 언어적 시행착오 과정을 거치면서 발음이나 어휘력, 문법을 체계화시킨다.

2) 각 학자들의 영유아 놀이의 정의

(1) 영유아 놀이에 대한 몬테소리와 듀이의 정의

몬테소리(Montessori, 1870)는 놀이를 사회적응을 위한 준비활동으로 이해하였으나, 프로이트(Freud, 1961)는 놀이를 인간의 본능으로 자아와 초자아발달에 중요한 작용을 하는 것으로 보며, 놀이를 사회적으로 받아들일 수 없는 느낌, 희망, 욕구를 해결해주는 방법으로 보았다. 또한 듀이(Dewey, 1933)는 놀이를 유아의 신체, 정서, 인지, 사회발달을 도모하는 수단으로 간주하였다.

(2) 영유아 놀이에 대한 피아제와 비고츠키의 정의

피아제(Piaget)는 놀이가 인지발달의 지표나 부산물이라 보고 놀이를 구성된 인지를 공고화하고 세밀화하는 동화에 의하여 지배되는 활동이라고 하였으나, 비고츠키(Vygotsky)는 놀이의 사회문화적 맥락을 중시하면서 놀이가 인지발달의 원인적 역할을 한다고 보았다.

(3) 영유아 놀이에 대한 프로이트의 정의

놀이를 기능적인 것으로 분류한 프로이트는 놀이를 두 개의 양식으로 분석하였다. 첫 번째 양식은 개인의 욕구와 바람을 만족시키는 것이며, 두 번째 양식은 사회적 상호작용에서의 외부세계와 관련이 있는 것이다. 즉, 인간은 사회적 존재이며, 사회환경에 적응해야 한다는 것이다. 그의 견해에 의하면, 인간의 건전한 적응을 위해서는 개인의 욕구와 사회적 욕구 사이의 균형이 요구된다. 프로이트가 설명한 두 가지의 적응양상인 사회적 반응-일(work)과 개인적 반응-놀이(play)는 피아제에 의해서 지지를 받았다.

2. 영유아 놀이의 특징

교육적 놀이란 다음의 특성을 지닌다. 위에서 논한 놀이의 많은 특징-동기, 선택, 유아의 현실감각, 긍정적 정서-은 유아에게 초점을 두고 있다. 그러나 교육은 유아 외부에 존재하는 경향이 있다. 즉, 교육은 대개 교육목적, 교육을 통해 의도하는 결과를 포함하고 있다. 반면, 놀이는 비실제적이며, 내적으로 동기화되고, 스스로 시작하며, 목표보다는 수단에 더 관심을 두는 활동이다. 그렇다면 교육적 놀이란 교육목적, 목표, 결과를 하나 이상의 주요한 놀이의 특징에 연결시키는 것이라 할 수 있다. 영유아 놀이의 특징은 다음과 같다.

첫째, 놀이는 내적으로 동기화된 자발적인 행위로 놀이의 동기가 개인 내부로부터 나오며 자기 자신을 위하여 놀이를 한다. 놀이는 외적 통제나 결정에서 자유로운 자기조절적 활동이다.

둘째, 놀이의 자유 선택성으로 성인의 지시에서 벗어나 유아 스스로 선택-결정함을 의미한다.

셋째, 놀이에 대한 긍정적 정서이다. 즐거움은 놀이를 계속적으로 수행하게 하는 본질적 가치를 부여하며, 동시에 유아 스스로 가치 있게 여기도록 하는 본질적 기쁨을 제공하게 된다.

넷째, 놀이의 과정 지향성이다. 놀이는 목표보다 과정을 더 중요시하게 하며, 활동 그 자체에 초점을 맞추게 된다. 성취할 목표에 대한 부담이 없으므로 유아는 다양한 활동을 자유롭게 시도한다.

다섯째, 놀이의 비실제성이다. 놀이 상황과 사건은 일상 경험으로부터 놀이를 분리시키는 놀이의 틀(상황)에 의해 규정지을 수 있다. 비실제성은 놀이의 모든 형태-사회극놀이, 조작놀이, 블록놀이, 게임 놀이-에 적용된다. 실제에 대한 가상성은 유아가 여기와 지금의 현실적 구속에서 벗어나 새로운 가능성을 경험하도록 해준다. 이러한 놀이의 특징들은 여가적 놀이에 포함된다.

3. 영유아 놀이 시 교사의 역할

체계적이고 교육적인 놀이지도가 주어질 경우 놀이지도를 하는 교사나 참여하는 유아가 놀이에 보다 적극적으로 참여하도록 해주고, 역동적이고, 정교해지고, 복잡하고 성숙하게 해주어 놀이가 보다 효율성 있는 유아활동이 되게 해 준다. 놀이지도의 중요성은 교사가 유아들과 얼마나 많은 상호작용을 하느냐에 있지 않고 어떻게 상호작용하느냐에 있다. 교사가 지원적이고 반응적인 방식으로 지도하면 놀이가 활성화될 수 있다.

우선 교사는 재료를 제공하고 유아들이 놀이를 독립적으로 할 수 있도록 격려해야 한다. 현장에서 놀이자료를 준비하는 것으로 놀이를 위한 준비가 다 되었다고 생각하는 교사도 있으나, 놀이전개방법이나 발전된 놀이 형태로 이끌기 위해서는 바람직한 놀이지도방법이 필요하다. 유아들의 놀이를 주의 깊게 관찰하고 반응적인 방식으로 지도하여 놀이가 활성화되도록 해야 한다.

놀이지도는 교사-유아 간 친밀한 인관관계를 형성할 수 있고, 놀이의 지속시간이 늘어나게 되어 놀이가 더 정교해진다. 놀이지도를 통해 협동심, 공유하기, 협상하기, 리더십 및 문제해결 기술을 발달시킬 수 있는 기회를 유아에게 제공함으로써 유아는 다른 사람들과 어울려 지내는 방법을 익히게 된다. 또한 탐색활동을 증가시키고, 교사가 아이들의 놀이를 지원해 주고 놀이에 참여하면 유아의 언어와 문제해결력 발달이 촉진되며, 자유롭게 감정을 표현하게 하고 부정적 감정을 감소시킨다. 놀이지도는 이 원칙에 입각하여 유아의 의도와 발달에 맞추어 적절한 시기에 적절한 방법으로 놀이를 지도할 때 효과를 극대화할 수 있다.

1) 관찰자의 역할

관찰자다. 이 지도방법은 교사가 유아들의 놀이를 관객처럼 구경하며 관찰하는 것이다. 교사는 놀이영역 가까이에서 유아들이 놀이하는 것을 바라보며 관심을 보이고 고개를 끄덕이거나, 진행 중인 놀이가 중요함을 인정하는 비언어적 표현을 한다.

2) 무대 관리자의 역할

무대 관리자다. 이 지도방법은 유아의 놀이에 개입하지 않고 놀이가 시작되면 놀이영역 가까이에서 놀이를 위한 준비를 돕고, 놀이의 배경을 꾸미는 데 도움을 주는 등 적극적인 역할을 하는 방법이다. 놀이를 촉진하기 위해 놀이주제와 관련된 적절한 제안과 비지시적인 진술을 하기도 한다.

3) 병행 놀이자의 역할

병행 놀이자다. 이 지도방법은 교사가 유아의 곁에서 동일한 놀이자료를 가지고 놀지만 유아와 직접적인 상호작용은 하지 않는 것이다. 기능놀이와 구성놀이에 효과적인 지도방법이다.

4) 공동 놀이자의 역할

공동 놀이자다. 이 지도방법은 교사가 유아의 놀이에 동등한 파트너로 참여한다. 그러나 중심 역할은 유아가 하도록 하고 대개 주변 역할을 맡는다. 이 방법은 놀이를 활성화하고 교사와 유아 간의 친밀감을 형성한다.

5) 놀이 리더의 역할

놀이 리더다. 이 지도방법은 공동 놀이자처럼 유아들의 놀이에 적극적으로 참여한다. 그러나 놀이 리더는 상당한 영향력을 행사하며, 놀이 이야기를 풍부하게 하고 놀이를 촉진하기 위해 의도적으로 개입한다. 이 지도방법은 유아들이 놀이를 시작하는 데 어려움을 느끼거나 진행 중인 놀이에 흥미를 잃어 중단하려고 할 때 사용되면 효과적이다.

6) 놀이 지시자의 역할

지시자다. 이 지도방법은 교사가 유아의 놀이를 통제하고 유아에게 무엇을 할지 지시하는 것이다. 교사가 역할을 지정해 주거나 놀이전개를 지시하기도 한다.

7) 교수자의 역할

교수자다. 이 지도방법은 질문을 통해 학습을 위한 매개체로 놀이를 활용하는 것이다. 교사는 놀이를 잠시 중단하고 유아에게 학습과 현실 지향적인 질문을 한다.

4. 영유아 놀이의 운영

1) 기능놀이(공, 줄, 풍선, 북, 장구, 탬버린)

유아 혼자서 주변 유아가 사용하는 것과는 다른 놀잇감으로 하는 단순 조작 놀이 혹은 반복적인 대소근육 운동으로 두드리기, 흔들기, 감기, 떨어뜨리기 같은 대상의 속성을 나타내는 반복적인 근육운동놀이를 한다(예 : 한 유아가 공을 튀기면서 놀이하거나 혼자 바닥에서 모형 자동차를 굴린다).

2) 구성놀이(블록, 나무블록, 그림컵)

유아 혼자서 주변의 유아가 사용하는 것과는 다른 놀잇감으로 조작하여 구성하거나 무엇인가를 만드는 놀이로 짓기, 쌓기, 물체를 배열하기 같은 가작화된 주제 없이 어떤 것을 창조하거나 구성하여 놀이한다(예 : 한 유아가 혼자 블록으로 구성물을 만든다).

3) 극화놀이(동물인형, 장난감모형, 그림판)

유아 혼자서 주변의 유아가 사용하는 것과는 다른 놀잇감으로 다른 사물이나 동물, 역할을 표현하는 놀이 혹은 상상 놀이를 한다(예 : 한 유아가 장난감 전화기로 혼자서 전화하는 가상놀이를 한다).

4) 규칙 게임(그림카드, 곤충모양카드, 색종이)

유아 혼자서 주변의 유아가 사용하는 것과는 다른 놀잇감으로 사전에 설정한 규칙을 가지고 게임을 한다(예 : 한 유아가 규칙이 정해진 카드놀이를 한다).

5) 함께하는 기능놀이(장난감 자동차, 장구, 실타래, 종, 기차모형, 미니피아노)

다른 유아와 놀기보다 장난감을 가지고 혼자 놀이하는 것으로 단순조작놀이 혹은 반복적인 대소근육운동으로 두드리기, 흔들기, 감기, 떨어뜨리기 같은 대상의 속성을 나타내는 반복적인 근육운동놀이를 한다(예 : 두 유아들이 각각 장난감 자동차를 바닥 위에 굴리고 있다. 서로 인식하고 있으나 상호작용을 하지 않는다).

6) 함께하는 구성놀이(로봇 장난감, 볼링핀, 성 쌓기 블록, 소방차)

다른 유아와 근접한 거리에서 상호작용은 하지 않고 주변의 유아와 동일한 혹은 유사한 놀잇감으로 구성하거나 무엇인가를 만드는 놀이로 짓기, 쌓기, 물체를 배열하기 같은 가작화된 주제 없이 어떤 것을 창조하거나 구성하여 놀이한다(예 : 세 명의 유아들이 블록으로 자신의 로봇을 만들고 있다. 서로 인식은 하고 있으나 상호작용을 하지 않을 뿐 아니라 관심을 갖지 않는다).

7) 함께하는 극화놀이(부엌놀이 장난감, 그림접시, 강아지인형, 모형전화기)

다른 유아와 근접한 거리에서 상호작용은 하지 않고, 주변의 유아와 동일한 혹은 유사한 놀잇감으로 다른 사물이나 동물, 역할을 표현하는 놀이 혹은 상상놀이를 한다(예 : 두 유아가 역할놀이영역에서 놀이활동을 하고 있다. 각각 요리를 하는 시늉을 하고 있고, 가상적인 음식을 준비한다. 유아들은 상대 유아가 놀이활동하는 것을 인식하고 있으나 서로 상호작용은 하지 않는다).

8) 함께하는 규칙 게임(그림판과 모형, 과일모형, 그림책, 동물모자)

다른 유아와 근접한 거리에서 상호작용은 하지 않고 주변의 유아와 동일한 혹은 유사한 놀잇감으로 사전에 설정한 규칙을 가지고 게임한다(예 : 두 유아가 서로의 놀잇감을 가진 후 그 놀잇감 규칙에 따라 놀이 활동을 한다. 상대 유아의 놀이 활동은 인식하고 있으나 서로 상호작용은 하지 않는다).

5. 전이활동

1) 전이활동의 개념

전이활동은 영유아들이 어린이집에서의 일과생활 속에서 진행되는 보육활동 가운데 실내자유놀이, 실외놀이, 간식 및 식사 등에 이르는 주요 일과에서 일상적인 일과로 옮겨 갈 때 실행할 수 있는 간단한 놀이 및 활동이라는 개념으로 설명할 수 있다. 즉, 활동을 옮겨가는 과정 속에서 시행되는 활동이라는 점을 들어 전이활동이라고 지칭한다.

전이라는 용어에는 자리나 위치 등을 다른 곳으로 옮긴다는 의미가 담겨져 있다. 이러한 용어의 의미에 근거하여 시도되는 활동이 전이활동인 것이다.

따라서 전이활동은 하나의 구체적인 활동에서 다음의 활동으로 넘어갈 때의 시간을 활용하여 전개되는 활동이라는 개념이 내포되어 있다. 전이활동시간에 교사의 구체적인 지시가 없을 경우, 해당 영유아들이 어떠한 활동을 해야 될지 모르는 경우가 있어 문제가 발생할 수 있기 때문에 교사는 전이활동에 대한 구체적인 상황을 염두에 두고 영유아들을 보살필 수 있어야 한다.

또한 전이활동은 하나의 활동에서 다음의 활동으로 옮기는 과정에서 영유아들이 구체적인 활동지침이 없기 때문에 마음대로 돌아다니거나 또는 뛰어다니지 않도록 주의시키고자 하는 계획되지 않은 시간을 구상하는 것이기도 하다. 이처럼 구체적으로 계획되지 않은 활동이 전이활동이라고는 하지만 영유아들이 마음대로 또는 개인적으로 행동하지 않도록 하면서 다음 활동으로 질서 있게 넘어가기 위한 것이 전이활동이 가지는 개념이라는 점에서 교사는 항상 전이활동에 알맞은 여러 가지 활동들을 구상하여 즉각적으로 시도할 수 있어야 한다.

이처럼 전이활동을 시도하는 목적은 하나의 활동영역에서 다음의 활동영역으로 넘어가는 짧은 시간 동안 영유아들의 자유분방한 행동 속에서 발생할 수 있는 여러 가지 문제상황들을 예방하고자 하는 데 있다. 또한 전이활동을 통해 짧은 자유시간을 보다 유용하게 활용함으로써 다음에 전개되는 활동이 보다 자연스럽게 이어질 수 있도록 하기 위한 목적도 지니고 있는 것이 전이활동이다.

이러한 목적을 지닌 전이활동은 비록 짧은 시간인 동시에 구체적으로 계획된 시간이나 활동이 아닐지라도 분명한 목표가 있는 의미 있는 시간이라고 볼 수 있다. 이러한 까닭에 전이활동을 시도할 경우에는 다음과 같은 사항들을 유념하여 시도할 필요가 있다.

첫째, 전이활동을 하게 될 경우에는 가능하다면 하루의 보육일정 가운데서 이루어지게 될 전이활동시간을 잘 계획하여 전이활동시간이 길어지지 않도록 해야 한다. 즉, 보육교사는 하루 일과 중에 필요한 전이활동시간 동안 구체적으로 무엇을 해야 할 지에 대한 구상을 늘 머릿속에 계획하면서 준비할 필요가 있다. 그래야 보다 효과적이고 유용한 전이활동시간이 될 수 있다.

둘째, 전이활동이 필요한 경우에는 영유아들에게 전이활동에 대한 구체적인 이야기를 하면서, 해당 시간 동안에 영유아들이 구체적으로 무엇을 어떻게 해야 할 지에 대해서 보다 상세하게 설명해 줄 수 있어야 한다. 그래야만 영유아들이 우왕좌왕하지 않으면서 짧은 시간을 유용하고 질서 있게 활용할 수 있는 것은 물론, 다음 활동으로 잘 넘어갈 수 있게 된다.

이를 하나의 예를 들어 설명하자면, 실외활동을 마치고 실내활동으로 넘어가게 될 경우, 전이활동으로 교실에 들어가서 실외활동에서 사용했던 물품들을 정리하고 아침 활동시간에 모였던 상태로 동화책이나 그림책을 읽을 준비를 하도록 하자는 구체적인 행동지침을 알려줄 필요가 있다. 이러한 구체적인 행동지침을 교사가 알려줄 경우, 영유아들은 이를 시행하면서 다음 활동 역시 자연스럽게 준비할 수 있게 된다. 그러나 이러한 구체적인 행동지침 없이 아이들을 실내로 들여보낼 경우, 아이들은 비록 짧은 시간이라 할지라도 어떠한 행동을 해야 될지 몰라 돌발행동 및 문제행동을 일으키거나 의미 없는 시간이 길어질 경우, 지루함을 느끼게 되면서 다음 활동에 지장을 초래할 수 있다.

이처럼 전이활동은 하나의 활동에서 다음의 활동으로 넘어가는 과정을 자연스럽고 질서 있게 보내고자 하는 활동이기 때문에 반드시 교사의 지침이 있어야 하는 활동이다. 또한 교사의 구체적인 지침이 있을 경우, 영유아들은 물론, 교사 역시 다음 활동을 잘 준비하고 진행할 수 있게 된다. 즉, 교사의 구체적인 지침을 통한 전이활동은 짧은 시간 동안을 유용하게 활용하는 필요시간이 될 수 있다.

2) 전이활동의 종류

영유아의 활동에서 다음의 활동으로 보다 자연스럽게 넘어가기 위한 준비 시간인 전이활동의 종류에는 다음과 같은 것들이 있다.

첫째, 식사 후의 전이활동을 들 수 있다. 식사 후의 전이활동에서는 가능하면, 식사 자리를 정돈하게 한 후에 다음 활동을 하도록 유도할 필요가 있다. 즉, 식사 시간이 각자 다르다는 점을 유념하여 모든 아이들이 다 먹을 때까지 먼저 먹은 아이들을 기다리도록 하는 것은 피하는 것이 좋다.

따라서 다음 활동이 계획되지 않았을 경우에는 식사가 끝난 아이들에게 미술활동의 하나로 간단한 그림을 그리게 한다거나 또는 그림책 내지 동화책을 읽도록 권유할 필요가 있다. 또한 전이활동시간은 짧은 시간을 활용한다는 의미가 있기 때문에 짧은 시간 동안 그림 그리기가 끝나지 않았을 경우에는 후에 그림을 마저 그릴 수 있도록 장소를 따로 제공하거나 아이들이 그린 그림을 일시적으로 보관해 주도록 한다.

식사 후 다음 활동을 시작하기 전까지 단 몇 분이라도 기다려야 할 경우에는 식사를 마친 아이들이 테이블 위에서 길지 않은 시간 동안 간단하게 할 수 있는 놀이 활동을 권장하거나 개인적인 놀잇감을 제공해줄 필요가 있다. 이 경우, 아이들을 돌보는 보육교사가 한 명 이상이라면, 한 교사가 아이들이 식사하는 것을 도와주는 동안 다른 교사는 아이들이 다음 활동을 준비할 수 있도록 돕거나 간단한 놀이 활동으로 전이활동을 시도할 수도 있다.

이때 연령이 있는 유아들의 경우에는 교사가 유아들과 함께 다음 활동을 위한 준비를 함께 진행할 수도 있다. 또한 식사 전이나 식사 후의 전이활동에서 빠져서는 안 되는 활동은 식사를 하기 전에 손을 씻는 것과 식사를 하고 난 후의 주변 정리 등이다. 이러한 기본적인 식사예절 및 정리습관을 가질 수 있도록 하는 것은 반드시 필요한 활동이다.

둘째, 실외활동의 전이활동을 들 수 있다. 실외활동의 전이활동에서는 단지 몇 분의 시간이라도 아이들을 분산시키는 것이 좋다. 이때 아이들이 신고 있는 신발의 종류, 셔츠의 색, 이름의 첫 자 등을 불러주면서 분산시키는 방법을 시도하도록 한다. 또한 계절에 따라 외투를 입고 나가야 할 경우에는 아이들이 서로의 옷 입기를 도와줄 수 있도록 권장하는 전이활동을 할 수도 있다.

특히, 실외활동을 하기 위한 전이활동시간에는 아이들이 돌발적이고 개인적인 문제행동을 하지 않도록 하기 위해서 각별하면서고 세심한 주의가 반드시 필요하다. 따라서 실외활동을 하기 전의 전이활동시간의 가장 이상적인 방법은 첫 번째 유아가 준비될 경우, 해당 유아를 실외로 나가게 하면서 한 교사가 따라 나가서 돌봐주고, 다른 유아들은 준비가 되는 대로 따라 나가게 한 다음에 남아 있던 다른 교사가 준비가 늦은 유아들을 데리고 나오는 방법이다.

그러나 만일의 경우, 교사가 한 명 뿐이라면 유아들이 서로 준비를 도와주는 동안에 재미있는 노래를 부르도록 하는 것이 좋다. 또한 실외활동 시에 준비된 놀잇감이 모든 유아들이 좋아하는 것일 경우라면, 한꺼번에 유아들이 몰릴 수 있으며, 이에 안전사고가 발생할 수도 있기 때문에 놀이활동시간 전에 순서를 미리 정해놓을 필요가 있다. 즉, 놀잇감을 사용할 유아들의 순서를 정해 놓은 다음에 순서에 맞게 활동할 수 있도록 하거나 주방에 있는 요리시계를 사용하여 유아들의 교대시간을 정해 놓는 방법을 활용할 수도 있다.

셋째, 자유선택활동시간의 전이활동을 들 수 있다. 자유선택활동시간의 전이활동에서는 아이들이 놀이가 끝나기 전, 5분 후에 해당 놀이활동이 곧 끝날 것이라는 것을 예고해주도록 한다. 이때 예고하는 방법으로는 탬버린을 흔든다거나 예고시간에 고정적으로 사용되는 노래를 틀어주는 방법이 있다. 이렇게 한다면 아이들은 노래나 탬버린 소리를 통해 놀이활동이 끝난다는 것을 자연스럽게 인지할 수 있으며, 이는 무언의 약속이 되는 동시에 아이들이 놀이활동에 집중할 수 있는 것은 물론, 다음 활동을 마음으로 준비하는 데 도움을 줄 수 있다.

이러한 과정은 아이들로 하여금 전이활동이 하루일과의 한 과정이라는 것을 인지할 수 있도록 하기 때문에 교육적인 효과가 있다. 또한 이러한 기본습관의 인지는 결과적으로 교사의 아이들에 대한 통제를 자연스럽게 하는 동시에 편리하게 통제할 수 있도록 하기 때문에 효과적이면서 유용하다.

넷째, 정리시간의 전이활동을 들 수 있다. 정리시간에 교사의 도움 없이 보다 빨리, 효과적으로 정리하기 위해서는 모든 자료를 넣어 놓는 교구장에 해당 물품들의 이름이나 사진 등을 붙여야만 한다. 또한 아이들이 쉽게 정리할 수 있도록 정리할 때 사용하는 자료들에 해당하는 걸레, 빗자루, 쓰레받기 등을 유용하게 사용할 수 있도록 제공해야 하는 것은 물론, 아이들이 이들 물품들을 제대로 사용할 수 있도록 확실한 사용방법을 알려주어야 한다.

정리시간에 정리를 재미있게 하기 위해서 정리 게임을 구성하는 것도 하나의 방법이다. 즉, 모든 아이들이 정리로봇이 되도록 한다거나 또는 이 세상에서 가장 조용한 정리팀이 되도록 유도할 경우, 아이들은 보다 효과적이고 재미있게 정리시간을 보낼 수 있으며, 제대로 된 정리습관을 가질 수 있게 될 것이다.

또한 물품을 정리하는 동안 노래를 부르는 것은 아이들로부터 협동심을 이끌어 내는 데 효과적인 방법이다. 정리를 잘하는 아이를 기억해두었다가 정리시간을 마친 뒤에 그에 따른 적절한 보상으로 칭찬 및 격려를 해주는 것도 필요하다. 이때 구체적으로 아이의 행동을 칭찬해주도록 한다.

다섯째, 귀가시간의 전이활동을 들 수 있다. 귀가시간의 경우, 아이들이 부모님이나 차량을 기다리면서 하고 있었던 여러 활동들을 집으로 가져가서 마저 할 수 있도록 할 필요가 있다. 즉, 그림이나 미술활동을 했을 경우, 아이가 원하면 집으로 가져가서 할 수 있도록 한다. 또한 하원 시, 아이들이 서로 악수를 하거나 껴안아주면서 하교 인사를 하는 것으로 하루를 마칠 수 있도록 권장한다.

14

CHAPTER

영유아 대 · 소집단활동지도

1. 집단활동의 효율적 운영방법

대 · 소집단활동이란 한 반의 유아가 모두 함께 한 집단으로 모여 활동을 진행하거나 혹은 2~4개의 소집단으로 나누어 실시하는 집단활동을 말한다. 대 · 소집단활동은 대집단활동과 소집단활동으로 구분할 수 있으며 일반적으로 15~30분 정로 계획하고 운영하되, 유아들의 흥미와 욕구 및 상황에 따라 융통성 있게 운영해야 하고, 교사는 활동의 주제나 종류 및 특성, 유아들의 흥미나 욕구에 따라 집단의 크기를 결정할 수 있다. 대 · 소집단활동은 대체적으로 자유선택활동에 비해 교사 참여가 크지만 유아들이 적극 참여하여 아이디어를 교환할 수 있도록 하고, 유아 스스로 실제 활동해 봄으로써 지식을 확장시키거나 개별 활동으로 연결시킬 수 있도록 하는 것이 바람직하다. 대 · 소집단활동을 통해 유아는 '우리'라는 공동체의식을 알 수 있으며 대 · 소집단 속에서 질서와 규칙을 지키며 다른 사람을 배려하고 협동하는 것을 익히는 기회를 가지게 된다.

대 · 소집단활동의 효과적인 교수학습을 위해 교사가 고려해야 할 사항을 제시해 보았다.

첫째, 교사는 즉각적이고 무계획적으로 활동을 진행하지 않아야 하며 미리 영유아와 함께 할 활동과 환경을 계획하고 조직해야 한다. 미리 활동을 계획하고 조직하는 것은 대 · 소집단의 활동이 원활하게 진행될 수 있도록 도우며 영유아들이 안정감 있게 활동에 참여할 수 있게 되어 결과적으로 영유아의 발달을 촉진시킬 수 있게 된다. 또한 교사는 자신이 준비한 수업을 통해 영유아에게 지식을 주입시키려고 하는 것이 아니라 영유아들이 활동, 놀이를 통해 다양한 경험을 해보고 많은 것들을 탐색해 볼 수 있는 기회를 갖는 것에 중점을 두어야 한다. 즉, 학문 중심의 교수가 아닌 영유아가 생활환경 및 일상생활경험을 통하여 사물이나 상황에 대한 지식과 태도와 다양한 기술을 학습하는 것을 중요하게 생각해야 한다.

둘째, 교사는 유아의 흥미와 요구, 발달 정도, 이해 정도 등을 고려하여 대 · 소집단활동을 계획하여 교수하도록 하며 계획된 활동 이외에도 영유아의 흥미와 요구, 상황, 이해 정도 등에 따라 교구를 추가로 제공해 주거나 대체활동을 진행할 수 있어야 한다. 즉, 교사는 영유아의 흥미, 요구, 발달, 이해 정도 등을 고려하고 활동을 통해 영유아가 기쁨, 만족감, 성취감을 느껴보는 것 등에 초점을 두어야 한다.

셋째, 영유아는 자신의 요구와 흥미, 필요에 의한 자발적인 학습의 맥락에서 효과적으로 학습하게 된다. 즉, 영유아는 그들 스스로 배우고자 하는 능동적이고 자발적인 동기유발이 촉진될 때 효과적으로 배울 수 있게 된다는 것이다. 동기유발을 위해서는 영유아 자신이 참여하고 있는 활동에 대한 목적을 가질 수 있도록 교사가 교재, 교구, 활동을 그들의 발달 단계나 능력을 고려하여 맞추어 주어야 한다.

넷째, 영유아는 발달특성상 추상적 개념이나 원리보다는 구체적인 실물, 자료를 통해, 즉 실물 중심의 구체적인 경험을 통해 사물에 대한 지식을 보다 쉽게 학습할 수 있으므로 교사는 대 · 소집단활동을 계획할 때 이를 반영하여 다양한 교구, 구체적인 실물자료를 준비해주어 효과적인 교수–학습을 하는 데 도움을 줄 수 있다.

다섯째, 인간은 성격, 지능, 발달특징, 흥미와 요구, 선호도, 사회 · 경제적 배경 등 모든 면에서 개인차를 가진다. 영유아 역시 성숙의 정도, 발달특징, 기질, 흥미와 호기심, 경험, 부모의 양육방식 등에 따라 이해 정도가 다르고 학습능력도 다르다. 미국 유아교육협회에의 '발달에 적합한 실제'에서 제시한 연령의 적합성, 개별적 적합성, 문화적 적합성의 개념 역시 영유아의 개인차를 중요하게 고려하고 있다. 따라서 영유아의 대 · 소집단활동의 효과적인 교수–학습을 위해서는 교사가 대 · 소집단활동을 진행할 때에도 개별 영유아의 고유하고 개별적인 특성을 이해하고 고려하여 개별 영유아가 모두 참여할 수 있도록 배려하며 활동을 진행할 필요가 있다.

여섯째, 교사가 영유아의 특성과 흥미에 맞지 않는 대 · 소집단활동을 영유아에게 교수하는 것도 교수–학습의 효과를 떨어뜨리는 요소가 되지만 교사와 영유아 사이에 언어적 · 비언어적 상호작용이 적고 교사가 영유아의 속도에 맞추지 않고 기계적으로 활동을 진행하기만 하는 것 또한 교수–학습의 효과를 떨어뜨리는 결정적 요소가 된다. 교사는 활동을 하며 영유아에게 닫힌 질문과 기계적이고 단순한 칭찬을 하기보다는 열린 질문과 진심어린 칭찬, 단순한 칭찬이 아니라 행위에 대해 구체적으로 칭찬해주는 것이 효과적인 교수-학습을 위한 전략이 될 수 있다.

다음은 대 · 소집단활동의 효과적인 교수를 위해 사용할 수 있는 구체적 전략을 제시해 보았다.

첫째, '인정하기'는 교사가 영유아가 스스로 지속적으로 활동을 할 수 있도록 관심과 주의를 기울여 주고 유아의 반응에 긍정적 격려를 제공해 주는 것을 의미한다.

둘째, '지원하기'는 교사가 영유아가 다음 단계로 도약할 수 있도록 과제해결에 도움을 주는 조력자의 역할을 하는 것을 의미한다.

셋째, '함께 구성하기'는 문제나 과업의 과정을 교사가 영유아와 함께 문제를 생각하고 고민하고 조사하며, 배우고 해결해 나가는 것을 의미한다.

넷째, '모델 보이기'는 개별 영유아 또는 영유아와 영유아 간 관계에서 바람직하게 나타나야 할 행동이나 상호작용을 직접 영유아에게 보여 주는 것을 의미한다.

다섯째, '지시하기'는 교사가 세부적이고 구체적으로 특정한 방향이나 행동의 양상을 제공하거나 알려주어 실수나 시행착오를 줄이는 것을 말한다.

여섯째, '촉진하기'는 영유아가 다음 단계의 과제나 기능을 할 수 있도록 교사가 교사의 도움의 양을 조정하여 제공하는 것으로 문제해결을 위한 다리를 놓아주는 것이라고 할 수 있다.

일곱째, '비계설정'은 영유아가 혼자 해낼 수 있는 지점에서 누군가의 도움으로 교사의 기대치에 영유아가 도달할 수 있도록 도움을 주고 시도해 볼 수 있는 기회를 마련해 주는 것을 의미한다.

다음으로 대 · 소집단의 몇 가지 활동을 제시하고 제시한 활동에 따라 교사가 효과적인 교수-학습을 위해 고려해야 할 것을 제시했다.

① 이야기 나누기

이야기 나누기를 효과적으로 교수-학습하기 위해서는 교사는 일방적으로 가르쳐 주고 지시하는 시간이 아니라 유아가 자신의 경험을 이야기하고, 의견을 제시하며, 결과를 함께 생각해 보는 시간으로 유아 주도적인 학습이 일어나도록 유아에게 기회를 많이 부여해야 하며 가능한 모든 유아들이 이야기 나누기에 참여하도록 하는 것이 좋다. 하지만 영아의 경우에 모든 영아가 집단활동에 참여하기를 기대하는 것은 무리가 있으므로 활동에 참여하다가 자유롭게 놀이하기를 원하는 영아가 있으면 이를 허용해 주어야 한다.

② 문학활동

문학활동을 효과적으로 교수-학습하기 위해서는 교사가 유아의 연령, 발달수준, 문학적 수준 등을 고려하여 활동을 계획하여야 하고, 문학활동은 매일의 일과에 골고루 구성되는 것이 좋으며, 생활 주제와 관련된 동화 · 동시 · 동극을 선정하는 것이 좋다. 동화 · 동시 · 동극을 선정할 때는 동 · 서양 등 여러 문화권의 문학 작품을 고루 선정하는 것이 바람직하다. 또한 문학활동은 동화 듣기, 동시 감상해 보기, 동극 해보기 등 다양한 활동을 제공하여 유아들의 흥미를 이끌어 낼 수 있도록 하는 것이 효과적이다.

③ 음률활동

음률활동의 효과적인 교수를 위해 교사는 유아들에게 노래 부르기, 노래가사 바꾸어 부르기, 노래에 따른 율동하기, 악기 다루기, 다양한 장르의 음악 듣기, 음악 듣고 신체로 표현하기 등의 다양한 활동으로 구성하여 골고루 제공해야 한다. 또 유아들이 음악을 즐겁게 감상하고 접하며 심미적 체험을 할 수 있도록 교사들은 음률활동을 계획적이고 체계적으로 준비해야 한다.

④ 신체활동

대 · 소집단으로 동작활동을 운영할 때에는 유아 스스로 자신의 몸과 동작에 대한 탐색의 과정을 충분히 가지고 이를 토대로 자유롭고 창의적인 표현활동이 나타날 수 있도록 지도하는 것이 중요하다. 따라서 유아의 연령과 신체발달수준을 고려하여 적절한 활동을 선정하도록 해야 한다. 또 동작활동을 선정한 후에는 동작활동에 필요한 충분한 공간이 있는지 고려해야 하며, 활동할 때 필요한 자료(리본막대, 공, 훌라후프, 음악 등)를 충분히 제공하도록 한다.

⑤ 게임

교사는 게임을 선정할 때 유아의 연령과 발달수준, 흥미와 관심을 고려해야 하며, 교실의 크기를 고려하여 게임의 유형을 정해야 한다. 또한 게임에 필요한 준비물을 면밀히 마련하여 소외되는 유아가 없도록 해야 한다. 또한 교사는 게임을 통해 긍정적이고 성공적인 경험을 할 수 있도록 단순하고 쉬운 게임부터 제시하기 시작하여 점차 복잡한 게임을 제시하며 유아들이 게임의 승패나 경쟁성, 승부욕보다는 게임을 하는 과정과 게임의 규칙을 지켜 정당하게 게임에 참여할 수 있도록 지도해야 한다.

2. 일과운영

1) 영아의 일과운영

영아가 하루 동안 놀이하고 양육받으며 시간을 어떻게 보낼 것인가에 대한 내용을 일과라고 하며, 일과는 정해진 시간을 보다 적절하게 활용할 수 있는 기본 틀을 제공한다. 어린이집 영아 학급의 하루 일과는 영아의 발달특성을 고려하여 통합적으로 이루어진다. 여기에서 '통합'이란 영아의 경험, 흥미 및 요구와 보육 내용을 통합한다는 의미로, 영아의 신체 · 사회 · 정서 · 언어 · 인지발달 등 영아의 전인적 발달을 돕는다. 일반적으로 영아학급은 통합적 하루 일과를 위하여 쌓기 영역, 언어영역, 역할영역, 창의영역, 대근육영역, 탐색 · 조작영역의 6가지 영역으로 구성되어 있다. 즉, 하루 일과의 보육 내용과 활동은 일상생활과 놀이를 중심으로 교사 주도 활동이나 계획된 대 · 소집단활동보다는 교사와 영아 또는 영아와 영아 사이에 자연스럽게 일어나는 일상적인 상호작용을 통해 모든 영역이 통합적으로 이루어지도록 구성된다.

2) 영아를 위한 일과계획

영아를 위한 일과계획을 할 때는 다음의 사항들을 고려해야 한다.

첫째, 영아의 개별적 · 집단적 요구, 교사의 목표, 어린이집의 정책 등을 반영하면서 이들 간의 균형을 맞출 수 있어야 한다.

둘째, 하루 일과는 월별 주제를 기초로 계획 · 운영하되, 영아의 발달과 흥미를 중심으로 일과 순서를 정하고 각 활동에 대해 계획한다.

셋째, 사전에 영아의 배변시간이나 낮잠시간 등을 파악하여 일과계획 및 운영에 참고한다.

넷째, 교육활동과 일상적 생활을 구분하지 않으며, 신체활동과 일상생활 속에서 놀이를 중심으로 한 활동을 함께 운영하도록 한다.

다섯째, 정적 활동과 동적 활동, 개별활동과 집단활동, 실내놀이와 실외놀이 등을 다양하고 균형 있게 계획하도록 한다.

여섯째, 교사와 영아, 영아와 영아, 영아와 교구 등 여러 유형의 상호작용이 일어날 수 있도록 계획하되 효과적인 수행을 위해 활동을 수행해 본 후 평가하고 재조정한다.

일곱째, 영아가 심리적으로 안정감을 가질 수 있도록 계획하여야 한다.

여덟째, 영아의 초기 적응시기에는 가능한 일과를 단순히 계획해야 한다.

3) 영아를 위한 일과계획에서 교사가 고려해야 할 사항

일과계획은 각 영아의 발달특성과 신체 리듬에 따라 융통성 있게 운영되어야 하는데, 이때 교사가 고려해야 할 사항은 다음과 같다.

첫째, 교사가 볼 수 있는 곳에 하루 일과를 적어 놓아 각 활동이 일어나는 시간을 교사에게 상기시켜 줄 수 있도록 한다.

둘째, 매일 일정한 순서로 일어나는 일과들(예 : 식사, 간식, 낮잠 등)을 영아의 눈높이에 맞게 그림이나 사진을 이용해서 붙여 놓음으로써 영아 자신이 하게 될 다음 활동을 예측할 수 있도록 한다.

셋째, 교사는 영아가 옷의 지퍼를 열고, 양말을 신고 벗으며, 이불장에서 이불을 꺼내오는 등 여러 가지 일에 참여하도록 기회를 주고 스스로 하도록 인내심을 가지고 기다려 준다.

넷째, 영아는 개별적 상호작용과 배려를 더 필요로 하기 때문에 대집단활동보다 소집단활동을 실시한다.

다섯째, 하루 일과 안에서 여러 차례 실외놀이를 하는 것이 좋다. 실외놀이는 영아에게 대근육운동 기술을 훈련하고 발달시킬 수 있는 많은 기회를 제공한다. 영아는 실외에서 에너지를 발산하고 맑은 공기를 마시며, 실내 경험과는 또 다른 환경을 탐색할 수 있다.

여섯째, 낮잠 준비는 규칙적으로 하되 영아가 집에서 가져온 이불이나 장난감을 가지고 잘 수 있도록 배려한다.

일곱째, 영아를 위한 매일의 활동시간을 개개인의 욕구를 충족시킬 수 있도록 융통성 있게 운영한다. 즉, 교사는 예측 가능한 일과를 계획하고 운영하되, 영아 개인의 요구를 고려하여 융통성 있게 운영해야 한다.

4) 영유아 일과운영 시 교사의 역할

(1) 애타주의적 봉사정신

교사가 감당해야 할 일상적인 과업인 돌봄은 사회적 기능에 꼭 필요한 것이며, 애타주의적 봉사정신이 있어야 하고, 필요하다면 시간 이외 일도 기쁨으로 해낼 수 있어야 하며, 기분이 좋건 싫건 어떤 경우에든지 항상 수준 높은 과업 수행을 해내되, 그들 자신이 가지고 있는 지식과 원리와 기술에 따라 자율적으로 수행할 수 있어야 한다.

(2) 돌봄의 가치 인식

돌봄이란 영아에게 필요한 최선의 것이 무엇인지를 지속적으로 고려하고 그것이 이루어질 수 있도록 자신의 모든 에너지를 쏟아야 하는 상당한 노력과 수고가 들어가는 공적인 행위로, 돌봄의 가치를 인정하고 돌봄이 전문화의 중요한 요소이다.

(3) 교육적 경험

교사는 어린 영아도 학습능력이 있어서 주변을 탐색하고, 언어를 배우고, 사물과 관계를 맺으면서 많은 것을 학습한다는 것을 인식해야 한다. 그러나 영아도 이런 능력들을 저절로 학습하지는 않으며 일상생활 속에서 함께 이루어진다. 따라서 교사는 영아의 일상생활의 경험을 양질의 교육적 경험으로 연결시키는 것이 매우 중요하다.

(4) 상호작용

교사는 영아와의 상호작용에서 정서적 유대관계를 수립해야 한다. 생후 첫 3년은 인지발달에 앞서 정서적 안정감과 애착관계 수립 등 사회 · 정서발달이 이루어지는 시기로, 영아의 다양한 반응에 대해 따뜻함, 민감함, 신속함으로 대처함으로써 안정된 애착관계를 형성하는 데 주의를 기울인다. 이러한 교사의 역할은 영아에게 의미 있는 양육자로서 영아로 하여금 세상을 신뢰하게 하고 나아가 학습의 동기유발을 일으키는 주요한 요인이 된다.

(5) 환경조성

교사는 영아가 자신의 능력을 사용하여 활동을 수행함으로써 성취감을 느낄 수 있도록 환경을 준비하고 상호작용하도록 한다. 영아는 탐구를 즐기며 탐구를 통해 인지적 발달을 이루어간다. 따라서 영아에게 인과관계를 알거나 또는 시행착오를 통해 탐구하는 자료를 충분히 제공해 주어야 하며, 일상생활과 놀이 속에서 다양한 놀잇감을 가지고 연습해 볼 수 있도록 허용한다. 그러나 양육자와의 정서적 유대관계가 확립될 때 자유로운 탐색활동이 일어나며, 불안정하고 부정적인 관계일 때 교사를 신뢰하지 못하며 탐구행동은 제한을 받고 위축되는 등 영아의 인지적 발달은 정서적 안정과 관계가 깊음을 인식해야 한다.

(6) 정서적 대화

교사는 영아와 정서적 대화를 나누어야 한다. 영아는 말을 이해하기 전에도 정적이고 격려하는 목소리를 알아차리며, 영아를 인정하는 따뜻한 표현들은 정서적 비타민과 같아서 이들을 건강하게 자라도록 돕는다.

3. 이야기 나누기 지도

이야기 나누기는 교사와 영유아가 함께 모여 앉아 서로 정보를 교환하거나 서로의 생각을 들어보거나 의사 결정하기 등을 하는 것이다. 이와 같은 활동을 통해 주변 사물이나 현상 등에 대한 영유아의 지식과 흥미의 범위를 넓혀주고 호기심을 가지고 탐색해 보는 과정에서 영유아의 탐구능력과 태도를 기를 수 있다. 또한 영유아들이 새로운 소식이나 다른 사람의 이야기를 경청하는 태도를 기르며, 자신의 생각이나 느낌, 경험 등을 언어를 통해 표현할 수 있게 된다.

이야기 나누기의 주제는 주로 하루 일과계획 및 평가, 날씨, 계절의 변화, 주변 사물이나 사회현상, 사람들의 활동 등 일상생활에 관련된 것과 진행 중인 교육 주제와 관련된 것으로 이루어질 수 있다. 이를 구체적으로 살펴보면 다음과 같다.

첫째, 일과계획은 활동의 계열성에 의해 이루어지는 일련의 과정으로 이 계획 시간은 교사와 영유아가 오늘 수행하게 될 보육활동들에 대해 이야기 나누는 것이다. 영유아는 자신의 생각에 관해 상상해보고 활동을 진행하는 방법에 대한 생각을 해볼 수 있으며 자신감과 더불어 자신의 판단에 대한 책임감 및 독립심을 습득할 수 있다.

둘째, 주말 지낸 이야기 발표하기는 영유아들이 주말 동안 지낸 자신의 경험을 이야기하는 것으로 자기가 경험한 것을 조직적으로 시간적 배열을 통해 이야기하도록 돕는 것이다. 이때 교사는 영유아가 자신의 경험을 조직화할 수 있도록 상황에 따라 적절히 질문한다.

셋째, 새 소식이나 새로운 물건 소개하기 등은 영유아들이 집에서 가져온 새 소식이나 물건을 나누어 보는 활동이다. 이 활동을 통해 영유아는 집단 앞에서 발표할 기회를 얻으며 논리적인 순서로 토론할 수 있도록 격려된다. 이 과정에서 영유아는 듣는 법과 상대방의 질문에 대답하는 법도 배우게 된다.

넷째, 주제에 대한 이야기 나누기이다. 하루 일과의 주제에 따라 교사가 주제와 관련된 자료를 준비하여 영유아와의 의사소통을 통해 언어와 사물을 연관시켜 볼 수 있도록 함으로써 개념학습에 도움을 주는 것이다. 그날의 주제에 따른 개념들을 언어를 통해 서로 토의하고 질문해보는 활동들은 풍부한 그림, 실물, 표본, 자료들을 제시함으로써 교육적 효과를 높일 수 있다.

다섯째, 집단토의활동은 교사의 말이나 다른 영유아의 의견을 듣고 고려하며 자신의 의견을 말하는 활동으로 자신의 생각을 나누고 의견 불일치를 조정하며 사회화되어 가는 활동이다. 영유아 간의 문제 발생 시 교사는 판단자로서의 역할을 하는 것이 아니라 모든 영유아를 한 곳에 모아 문제가 무엇이지, 영유아 한 사람 한 사람의 생각을 들어보는 것이 좋다.

여섯째, 이야기 꾸미기나 자신의 작품을 발표하는 활동을 할 수 있다. 그림이나 작품 등을 보고 영유아들이 자신의 자유롭고 창의적인 상상을 표현하도록 하며 반대로 자신의 이야기나 작품을 설명함으로써 발표력을 길러주고 다른 영유아의 생각과 작품을 음미할 기회를 준다.

일곱째, 평가하기이다. 평가시간은 영유아들이 하루 일과 중 자신이 행한 수행과 행동을 평가하거나 하루의 마지막 평가에서 그날 일어났던 일을 정리, 요약하고 반성하여 다음의 계획을 세울 수 있다. 평가시간은 짧아야 하며 시간 길이나 연령, 참여능력 등에 따라 다양하게 운영되어야 한다.

이야기 나누기 시간의 효과적인 운영을 위해 주제의 특성에 따라 소집단이나 대집단으로 집단을 구성하여 유아와 교사, 유아와 유아가 서로 마주볼 수 있는 원이나 반원 형태로 앉아 진행한다. 이야기 나누기는 영아의 주의집중시간을 고려하여 영유아의 흥미가 남아 있을 때 마무리하는 것이 효과적이다. 교사는 이야기 나누기에 필요한 그림자료, 사진자료, 책, 화보, 비디오자료 등을 미리 준비하여 정보가 충분히 공유될 수 있도록 한다.

교사는 수렴적 질문과 확산적 질문을 적절히 활용하여 대화를 촉진하고 영유아가 생각할 수 있는 충분한 시간적 여유를 주어야 한다.

4. 동화, 동시, 동극

동화나 동시는 영유아를 대상으로 한 서정적이거나 환상적 혹은 사실적인 이야기로서 영유아들에게 예술적인 심미감을 길러주며 모국어의 아름다움을 느낄 수 있게 해주고 상상력을 길러주어 언어발달을 도모한다.

영유아들은 동화나 동시를 듣고 동극을 보거나 상연하는 과정에서 문학적 경험을 하고 언어의 울림과 리듬, 소리의 아름다움을 맛보고 즐기며 사고력, 상상력, 어휘력을 넓히게 된다.

영유아에게 들려줄 동화는 주제가 간단하면서도 명료하고 대화체가 풍부하며 영유아에게 친숙한 사건으로 구성되어 있는 것이 좋으며 반복과 운율이 있어 리듬감이 있고 쉽게 기억할 수 있으며 진행하고 있는 생활 주제와 관련이 있으면 더욱 효과적이다. 동화는 교사가 지접 구연을 통해 들려주는 것이 좋으며 매체 사용 시에는 동화의 내용에 적합한 매체를 활용하는 것이 좋다.

동시는 생활 주변이나 자연현상에 대한 내용, 신비롭고 환상적인 내용, 유머가 담긴 내용으로 다양하게 선정하되 리듬과 운율이 있는 것으로 하여 적절한 음악을 배경으로 하는 것도 좋다.

동극은 동화의 내용을 중심으로 극화하는 활동이다. 동극은 줄거리가 간단하면서도 재미있는 행동 중심의 이야기를 들려준 후 이야기에 나오는 등장인물의 역할을 분담하고 간단한 무대를 만들어 상연해볼 수 있다.

동화 · 동시 · 동극은 매일의 일과에 고루 포함되어야 하며, 진행하고 있는 생활 주제와 관련이 있는 것이 좋다. 동 · 서양의 여러 문화권의 문학작품을 고루 선정하고, 특히 우리나라 전래동화나 우리나라 작가들의 문학작품을 적절하게 안배하는 것이 매우 중요하다.

5. 게임활동지도

게임은 영유아들의 운동능력을 발달시키고 자제력이나 자신감을 기르며 올바른 운동정신을 가지게 한다. 또한 생활 속에서 생기는 억압이나 갈등을 해소하고 정서적으로 만족감을 가질 수 있게 하며 단체의 일원으로 규칙을 지키고 공통된 목적을 위해 구성원과 함께 협력하는 기회도 가진다.

대 · 소집단활동에 좋은 게임에는 편을 나누어서 하는 놀이와 술래를 정해서 하는 놀이가 있다. 게임을 하는 동안에는 영유아가 게임의 결과보다 과정에 관심을 가지며 협동하고 규칙을 잘 지킬 수 있도록 지도한다. 학기 초에는 놀이방법이 단순하거나 규칙이 적은 놀이를 계획하고 점차 규칙이 많은 게임을 계획하는 것이 효과적이다. 게임이 끝난 후에는 평가시간을 통해 규칙과 과정, 기분 등에 대해 평가한다.

6. 음률활동지도

음률활동은 노래 부르기, 음악 감상하기, 악기 연주하기, 소리 탐색하기 등의 활동을 말한다. 노래, 감상, 연주를 위한 노래나 곡 선정은 영유아의 발달수준과 흥미, 작품의 음악성을 고려해야 하며 영유아의 느낌이나 표현을 확장하기 위해 자유롭게 표현할 수 있는 기회를 제공하고 다양한 표현을 적극 격려한다.

노래 부르기는 항상 즐거워야 하며 의도적으로 보육활동계획에 포함하여 새노래 배우기로 진행할 수도 있지만 전이시간이나 영유아의 주의집중 등을 위해서도 사용한다.

악기 연주를 위해 교사는 학기 초부터 한 가지씩 악기를 소개하여 악기의 이름과 사용법을 알게 한 후 한동안 자유롭게 다양한 악기를 다루어보게 한 후에 연주 활동을 하는 것이 좋다.

음악 감상은 영유아들이 여러 형태의 소리를 듣고 각 소리의 차이점을 인식하며 구별하는 능력을 발달시키기 좋은 활동으로 적어도 1주일에 한두 번 음악과 관련된 감상시간을 가질 수 있도록 계획하고 운영한다. 음악 감상 후에는 반드시 영유아가 반응하고 표현할 기회를 주도록 한다.

7. 신체활동지도

신체활동이란 몸을 움직이는 활동으로 크게 기본운동활동과 창의적 신체표현을 포함한다. 기본운동활동은 주로 신체와 정신의 조화로운 발달을 도모하기 위한 기본 동작으로 신체 인식과 이동, 비이동, 조작운동으로 구성된다. 창의적 신체표현활동은 어떤 사물의 움직임이나 상태 등을 모방하거나 상상을 통해 영유아의 창의적인 표현을 도모하는 것이다.

신체활동은 매일 하는 것이 좋으며 일과 속의 특정시간을 정하여 할 수도 있도록 등원 직후, 간식 먹기 전, 실외놀이 시, 낮잠 자기 전, 하원하기 전 등 하루 일과 중 언제든지 할 수 있다. 신체활동은 가능하면 체계적으로 정확하게 하는 것이 좋고 창의적 신체표현을 신체활동 보다는 자유롭게 표현하도록 유도하고 음악을 사용하여 효과를 높일 수 있다. 효과적인 신체활동을 위해서 안전하고 충분한 공간과 활용할 수 있는 도구들을 마련한다.

신체활동을 위한 집단구성은 소집단이 적절하며 연령이 낮을수록 집단의 규모를 작게 구성하는 것이 효과적이다.

참고문헌

고문숙 외(2014). **보육과정**. 경기 : 양서원.

교육과학기술부(2013). 3~5세 연령별 누리과정 해설서. 서울 : 교육과학기술부.

교육과학기술부(2015). 인성교육진흥법. 서울 : 교육과학기술부.

교육과학기술부 · 보건복지부(2012). 5세 누리과정 해설서. 교육과학기술부 · 보건복지부.

구광현 외(2002). **부모역할과 자녀교육**. 서울 : 교육과학사.

권수정 외(2014). **보육과정**. 경기 : 공동체.

권혜진 외(2016). **아이와 교사가 즐거운 놀이지도**. 경기 : 양서원.

김경미 외(2007). **현장 중심 유아과학교육**. 서울 : 창지사.

김경신(2010). 인성교육에 대한 유아교사의 인식과 실태에 관한 연구. 원광대학교 대학원 석사학위논문.

김광은(2004). 성인애착유형과 요인에 따른 성격특성 및 스트레스 대처방식. **한국 심리학회지 상담 및 심리치료, 16**(1), 53-69.

김금주 외(2012). **유아교사를 위한 일과 운영 방법**. 서울 : 학지사.

김대현 외(1999). **프로젝트 학습의 운영**. 서울 : 학지사.

김명희 외(2007). **영 · 유아 교수학습방법론**. 경기 : 양서원.

김상림 외(2013). **보육과정**. 경기 : 양서원.

김선희(2012). 어머니의 초기단절 및 거절 도식이 양육행동에 미치는 영향. 서강대학교 대학원 석사학위논문.

김성희 외(2001). **유아발달**. 교육과학사.

김신옥(2015). **영유아 교수학습방법론**. 경기 : 공동체.

김연순(2003). 애완동물 기르기와 아동의 외로움 및 또래관계. 숙명여자대학교 대학원 석사학위논문.

김영실 외(2006). **영유아를 위한 언어지도**. 경기 : 공동체.

김영옥 외(1995). 유아기 민주시민 교육의 내용, 방법 및 교사의 인식에 관한 연구 - 다문화적 관점을 중심으로. **유아교육연구, 15**(1), 39-58.

김영희 외(2006). 유아교육과정. 서울 : 동문사.

김용숙(2008). 보육과정. 서울 : 서현사.

김은영(2014). 만 2세 영아반 미술놀이 영역의 활성화를 위한 협력적 실행연구. 부산대학교 교육대학원 석사학위논문.

김재춘(2005). 교실 수업 개선을 우한 교수 · 학습 활동의 이론과 실제. 경기 : 교육과학사.

김정원 외(2005). 보육학개론. 경기 : 정민사.

김종만(2007). 아이들 민속놀이 백 가지. 서울 : 우리교육.

김지은 외(2013). 보육과정. 서울 : 창지사.

김지현(2006). 어린이집에서 영아 보육이 지니는 의미. 덕성여자대학교 대학원 박사학위논문.

도남희(2015). 보육교직원의 직무 현황과 개선 방향. 서울 : 육아정책연구소.

도명애(2010). 유아교육교사의 직무스트레스 및 대처방식. 대구대학교 대학원 박사학위논문.

문미옥(2009). 영유아교육과정. 서울 : 창지사.

문미옥(2013). 교육과 보육을 위한 영유아 교육과정. 서울 : 창지사.

박성연 외(2007). 영유아교수법. 경기 : 교문사.

박순호(2017). 영유아 교수–학습방법. 경기 : 공동체.

박찬옥 외(2014). 보육과정. 경기 : 정민사.

박찬옥(2002). 유아놀이지도. 서울 : 학문사.

박혜경(2012). 흥미 영역의 놀이 규칙에서 교사와 유아의 상호작용 전략 간의 관계. 계명대학교 교육대학원 석사학위논문.

성구진(1993). 반편견(anti–bias) 그림동화가 유아의 성역할 고정관념에 미치는 영향. 이화여자대학교 대학원 석사학위논문.

손순복 외(2015). 영유아 교수학습 방법. 서울 : 학지사.

손은주(2014). 영유아 교수방법론. 경기 : 교육과학사.

신재한(2013). 영유아교육과정의 이론과 실제. 경기 : 교육과학사.

신혜원 외(2016). 보육교사론. 경기 : 양서원.

양승희 외(2006). 보육과정. 서울 : 동문사.

양옥승 외(2009). 영유아보육개론. 서울 : 학지사.

양옥승 외(2011). 영아의 발달과 보육. 서울 : 신정.

오미경 외(2016). 놀이지도. 경기 : 공동체.

위영희 외(2013). 영유아교수법. 서울 : 창지사.

유민임(2007). 유아교과교육론. 서울 : 학지사.

윤경순(2011). 어머니와 함께하는 창의성 미술 프로그램이 영아의 표현활동에 미치는 영향. 경기대학교 교육대학원 석사학위논문.

윤정한 외(2006). 영 · 유아 교수 방법론. 형설출판사.

이경순(2003). 유아들의 쌓기 놀이 영역에 관한 질적 연구. 서울여자대학교 대학원 박사학위논문.

이광희(2013). 영유아 교수법과 교수매체. 서울 : 남두도서.

이기숙(2008). 유아교육과정. 경기 : 교문사.

이숙재(2006). 유아를 위한 놀이의 이론과 실제. 서울 : 창지사.

이숙재(2014). 영유아 놀이의 이론과 실제. 서울 : 창지사.

이순형 외(2005). 영유아 보육 · 교육 프로그램의 이해. 서울 : 학지사.

이순형 외(2007). 영 · 유아 교수방법. 서울 : 학지사.

이영석 외(2003). 현대유아교육과정. 서울 : 형설출판사.

이영자(2004). 유아 언어 발달과 교육. 경기 : 양서원.

이원주(2002). 구성주의 유아교육을 위한 유치원 실내 학습 · 놀이 공간 디자인에 관한 연구. 울산대학교 대학원 석사학위논문.

이은화 외(2008). 유아사회교육. 양서원.

이재환(2004). 유아교육 교수학습방법. 교문사.

이현섭 외(2001). 아동발달 심리. 학지사.

임수기(2005). 효율적인 문제학습을 위한 Blended-learning 기법 연구. 한국교원대학교 교육대학원 석사학위논문.

장현주 외(2014). 보육과정. 경기 : 공동체.

전남련(2002). 보육 실습의 실제. 서울 : 형설출판사.

전남련(2006). 보육과정. 경기 : 양서원.

정영희(2005). 유아교육기관에서의 이야기 나누기 수업절차모형 적용 연구. 숙명여자대학교

대학원 박사학위논문.

정옥분(2002). **아동발달의 이해**. 서울 : 학지사.

정옥분(2013). **보육과정**. 서울 : 학지사.

조복희 외(2013). **보육과정**. 경기 : 교육과학사.

조정숙 외(2005). **유아언어교육**. 서울 : 창지사.

하정연 외(2015). **영유아 놀이지도**. 경기 : 공동체.

허미애(2007). 유아교사의 이야기 나누기에 대한 실천적 지식 탐구. 중앙대학교 대학원 박사학위논문.

홍연애(1991). 유아의 성역할 고정관념 발달과 이야기 유형의 효과. **한국아동학회지, 12**, 94-110.

Abidin, R. R.(1992), The determinants of parenting behavior. *Journal of Clinical Child Psychology, 21*, 407-412.

Adams, R. J.(1987). An evaluation of color Preference in early infancy. Infar Behavior and Developrnent. 10

Adams, R. J.(1989). Newborns' discrimination among mid-and long-wavelength stimuli. *Journal of Experimental Child Psychology, 47*,130-141.

Administration on Children, Youth, and Families (1994). Comprehensive child development program: A national family support demonstration, interim report to Congress. Washington, DC: U.S. Department of Health and Human Services.

Ainsworth, M. D. S.(1982). Attachment: Retrospect and prdspect. In C. M. Parkes & J. Stevenson-Hinde (Eds). The place of attachment in human behavior(pp.3-30). New York: Basic Books.

Akai, C. E., Guttentag, C. L., Baggett, K. M., Noria, C. C., & Willard.(2008). Enhancing parenting practices of at-risk mothers. *Journal of Primary Prevention, 29*(3), 223-242.

Albert, D., & Mori, T.(2001). Contributions of cognitive psychology to the future ofe-learning. *Bulletin ofthe Graduate School of Education, 50*, 25-34.

Albrecht, K., & Miller, L. G.(2001). *Innovation: Infant & toddler development*. MD: Gryphon House, Inc.

Amabile, T. M.(1983). *The social psychology of creativity*. New York : Springer–Verlag.

Anderson, E. S.(1984). Acquisition of Japanese. In D. I. Slob in (Bd), The cross–linguistic study of language acquisition (Vol. I). Hillsdale, NJ: Erlbaum.

Anglin, J. M.(1933). Vocabulary development: A morphological analysis Monographs of the society for Research in Child Development, 58(10, Serial No238).

Ardelt, M., & Eccles, J. S.(2001). Effects of mother's parental efficacy beliefs and promotive parenting strategies on inner–city youth. *Journal of Family Issues, 28*(8), 944–972.

Arsenio, W. F., & Kramer, R.(1992). Victimizers and their victims : Children's conceptions of mixed emotional consequences of moral transgression. *Child Development, 63*, 915–927.

Ault, R. L.(1982). 아동의 인지발달. 곽금주 역(1989). 중앙적성출판사.

Ausabel, D. P.(1958). *Theory and problems of child development*. New York: Grane & Station.

Bailey, D. B., & Simeonsson, R. J.(1998). Assessing need of families with handicapped infants. *The Journal of Special Education, 22*(1), 117–127.

Bailey, L. B.(2006). Interactive homework: A tool for fostering parent–child interactions and improving learning outcomes for at–risk young children. *Early Childhood Education Journal, 34*(2), 155–167.

Bandura, A., Grusec, J. E., & Menlove, P. L.(1967). Some determinants of self–monitoring reinforcement systems Journal of Personality and Social Psychology, S.

Bandura(1977). Self efficacy : Toward a unifying theory of behavioral change. *Psychological Review, 84*(1), 191–215.

Bandura, A.(1997). *Social learning theory*. Englewood Cliffs NJ: Prentiee–hall.

Barker, C., & Martin, B.(2009). Dilemmas in teaching happiness. *Journal of University Teaching & Learning Practice, 6*, 1–14.

Bar–tal, D. Raviv, A., & Goldberg, M.(1992). Helping behavior among preschool children: A observational study. *Child Deuelopment, 53*.

Bartholomew, & Horowitz.(1991). Attachment styles among young adults: A test of a four–category model. *Journal of Personality and Social Psychology, 61*(2), 26–224.

Baumgardner, S. R., & Crothers, M. K.(2009). *Positive psychology*. London: Pearson Education.

Baumrind, D.(1973). The development of instrumental competence through socialization. In Minnesota symposia on child psychology(3–46), Vol,7, ED. by A. D. Pick, Minneapolis: University of Minnesota Press.

Baumrind, D.(1984). Child care practices anteceding three patters of preschool behavior. *Genetic psychology Monographs, 75,* 43–88.

Baumrind, D.(1991). Effective parenting during the carly adolescent transition. In P. A. Cowan & E. M. Hetherington(Eds). Advances in Family research(Vol 2). Hillsdale, New Jersey: Erlbaum

Belsky, J.(1984). The determinants of parenting: A process model. *Child Development, 55*(1), 83–96.

Belsky, J.(1996). Parent, infant, and social comextual antecedents of father-son attachment security. *Developmental Psycholrgy, 32.*

Belsky, J., Putnam, S., & Crnic, K.(1996). Coparenting, parenting, and early emotional development. In J. P. McHale & P. A. Cowan(Eds.), New directions for child development: Understanding how family–level dynamics affect children's development: Studies of two–parent families(pp. 93–106). San Francisco, CA: Jossey–Bass.

Benasich, A. A., & Brooks–Gunn, J.(1996). Maternal attitudes and knowledge of child rearing : Associations with family and child outcomes. *Child Development, 67*, 1186–1205.

Berger, K. S.(2003). *Developing Person Through Childhood and Adolescence.* NY: Worth publishers.

Berk, E. L., & Winsler, A.(1995). 어린이들의 학습에 비계설정(Scaffolding) : 비고스키와 유아교육. 홍용희 역. 창지사.

Berndt, T. J.(1999) Friends' inftuence on children's adjustment. In W. A. Collins & B. Laursen(Eds.). Relationships as developmental contexts Mahwah NJ: Erlbaum.

Biller, H. B.(1974). Paternal depreoation: Family, school, sexuality and society. Lexington. MA: Heath.

Bjarklund, D. F.(1995). Children's thinking: Developmental funcinon and undraidual differences(2nded). Pacifie Grove, CA: Books/Cole.

Bloom, B. S.(1964), Stability and nhange in human characeristics. New York: Jphn Willey & Sons.

Bobzien, J., Richels, C., Raver, S. A., Hester, P., Browning, E., & Morin, L(2012). An observational study of social communication skills in eight preschoolers with and without hearing loss during cooperative play. *Childhood Education Journal, 41*(5), 339–346.

Bornstein, M. H., & Sigman, M. D.(1986). Continuity in mental develogment from in infancy. *Child Develoment, 57.*

Bowlby, J.(1952). Maternal care and Mental health. *Originally published in the Bulletin of the World Health Organization, 3,* 355–534.

Bowlby, J.(1969). Attachment and loss: Vol. 1. Attachment. New York: Basic Books.

Bowlby, J.(1988). A secure bass: Clinical application of attachment theary. London Tavistock.

Bowlby, J.(1958). The natureof the child' slieto mother. *International Jowrnal of psychoanahysis, 41.*

Bowlby, J.(1988). A secure base: Parent–child attachment and healthy luenan development New York: Basic Books .

Brady, E., & Hill, S.(1987). Young Children and microcomputers. *Young Children, 39,* 49–61.

Brazeltan, T. B & Nugent, J. K.(1995). Neonatal Behacioral Assessrment Scale(NBAS) Handbook. Boston. MA: The Brazelton Instiute.

Brazeltan, T. B.(1973). Neonatal behauioral assessment scale Philadelphia: Lippin–cot.

Bredekamp, S., & Copple, C.(1999). Developmentally appropriate practice in early childhood programs (Rev. ed.). Washington, DC: National Association for the Education of Young Children.

Bronfenbrenner, U.(1990). Discovering what families do. In D. Blankenhorn, S. Baume, & J. B. Elshtain (Eds.), Rebuilding the nest: A new commitment to the American family (pp.

27–38). Milwaukee, WI: Family Service America.

Brown, W. H., & Odom, S. L.(1994). Strategies and tactics for promoting generalization and maintenance of young children's social behavior. *Research in Developmental Disabilities, 15*(2), 99–118.

Brown–Gorton, R., & Wolery, M.(1988). Teaching mothers to imitate their handicapped children: Effects on maternal mands. *The Journal of Special Education, 22*, 97–107.

Buck, R.(1984). *The communication of emotion*. New York: Guilford.

Bullock, M. & Lutkentaus, P.(1990). Who am I? Self–understanding in toddlers. *Merrill–Paimer Quartely, 36.*

Campbell, S. B., Cohn, J. F., & Meyers, T.(1995). Depression in first–time mother: Mother–infant intervention and depression chronicity. *Developmental Psychology, 60,* 349–357.

Capian, M., Vespo. J. Pedersen, J., & Hay, D. F.(1991). Comflict and its resoluuion in small groups of one – and two – year – olds. *Child Development, 62.*

Carr, W. and Kemmis, S.(1986). Becoming critical: education, knowledge, and action research, London: Falmer Press.

Carter, E. A. & McGoldrick, M.(1980). The Family Life Cycle: A Framework. For Family Therapy. New York: Gardner Press.

Cartwright, G. P.(1974). *Developing observation skills*. New York: McGraw?Hill Book Co.

Chang, C. W., Lee, J. H., Wang, C. Y., & Chen, G. D.(2010). Improving the authentic learning experience by integrating robots into the mixed–reality environment. *Computers & Education, 55*(4), 1572–1578.

Chomsky, N.(1972) *Language and Mind* (2nd ed.). New York : HarCourt Brace Jovanovich.

Chomsky, N.(1986). Language of language: Its nature. origin and use. Praeger Publishers.

Chou, Y. C., Tzou, P. Y., Pu, C. Y., Kröoger, T., & Lee, W. P.(2008). Respite care as a community care services: factors associated with the effects on family cares of adults with intellectual disability in Taiwan. *Journal of Intellectual & Developmental Disability, 33*(1), 12–21.

Clermont, C. M.(1990). *Teletision and development. In R. M. Thomas*(Ed). The encycolopedia of human development and education Theary, research, muddies. Oxford: Peramon Press.

Cohen, S., & Wills, T. A.(1985) Stress, social support and the buffering hypothesis. *Psychol Bulletin, 98*(2), 310–357.

Coleman, P. K., & Karraker, K. H.(1997). Self–efficacy and parenting quality : Findings and future applications. *Developmental Review, 18*, 47–85.

Comenius, J. A.(1910). 대교수학. (정확실 역). 교육과학사.

Coopecrstock, M. S., Bakewell, J., Herman. A., & Schramm W. F.(1998). Effeets of fetal sex and race on risk of very preterm birth in twins, American Journal of Obssetrics Gyusecolgy, Hall.

Coopersmith, S.(1967). Parental characteristics related to self–esteem. In S. Coopersmith (Ed.), Antecedents of self–esteem (96–117). CA : Freeman.

Costa, P. T., & McCrae, R. R.(1988). Personality in adulthood: A six–year longitudinal study of self–reports and spouse ratings on the NEO personality inventory. *Journal of personality and social psychology, 54*. 853–863.

Crain, W.(2005). 발달의 이론[Theories of development: Concepts and application]. (송길연, 유봉현 공역). 시그마프레스. (원전은 2000년에 출판).

Cubertson. J. L., &Gyuke, J.(1990). Assessment of cognitive and motor development in infancy and childhood. In J. H. Johson & J. Goldman(Eds.). Developmental assessmeru in clinical child psychology: A handbook(pp. 100–131). New York: Pergmaon Press.

Damast, A. M., Tamis–LeMonda, C. S., & Bornstein, M. H.(1996). Mother –child play: Sequential interactions and the relation between maternal beliefs and behaviors. *Child Development, 67*(4), 1752–1766.

Danemiller, J. L. & Stephens, B. R.(1998). A. critical test of infant patten preference models. *Child Development, 59*.

Dempsey, I., & Dunst, C. J.(2004). Helpgiving styles and parent empowerment in families with a young child with a disability. *Journal of Intellectual & Developmental Disability,*

29(1), 40-51.

Denham, S, A.(1986). Social cognition, presocial behavior, and emotion in preschoolers : Contextual validation. *Child Development, 57*, 194-201.

DesJardin, J. L., & Eisenberg, L. S.(2007). Maternal contributions: Supporting language development in young children with cochlear implants. *Ear and Hearing, 28*(4), 456-469.

Dianmind, M. & Hospom, J.(1998). *Magic treses of the mind*. NY: Plume.

Donnna S. Wittmer & Sandra H. Petersen(2011) **영아발달과 반응적 교육-관계중심 접근법-**.(이승연, 김은영, 강재희 공역). 학지사.

Dorsey, S., Klein, K., Forehand, R., & Family Health Project Research Group.(1999). Parenting self-efficacy of HIV-infected mothers: The role of social support. *Journal of Marriage and the Family, 61*(2), 295-305.

Dunst, C. J ., Trivette, C. M., & Johanson, C.(1994). Parent-professional collaboration and partnerships. In C. J. Dunst, C. M. Trivette, & A. G. Deal (Eds), Supporting and strengthening families (pp. 29-59). Cambridge, MA: Brookline Books.

Dunst, C. J., Trivette, C. M., & Tompson, R.(1991). New directions for family resource and support programs, In D. G. Unger & D. R. Powell. (Eds), Family as nurturing system: Support across the life span (pp. 19-43). New York: Haworth Press.

Eiseqberg, N. & Miller, P. A.(1987). The Relation of empathy to proeccial and retated bchmumqa Prychologial Bulletin, 101.

Erikson, E. H.(1989). **아동기와 인간발달 8단계 이론[Childhood and society]**. (윤진, 김인경 공역). 중앙적성출판사. (원전은 1964년에 출판).

Erikson, M. F., Sroufe, L. A., & England, B.(1985), The Relationship between quality of attachment and behavior problems in preschool in high-risk sample. In I. Bretherton & E.Waters(Eds). Growing points of attachment theory and research(pp.147-166), Monographs of the Society for Research in Child Development, 50(1-2, Serial No. 209).

Families and Work Institute(2001). **유아의 두뇌발달**. (곽노의, 김유미 공역). 양서원. (원전은

2000년에 출판).

Farmer, E. M. Z., Burns, B. J., Wagner, H. R., Murray, M., & Southerland, D. G.(2010). Enhancing "usual practice" treatment foster care: findings from a randomized trial on improving youths' outcomes. *Psychiatric Services 61*(6), 555–561.

Feedman, H. G.(1982). Thinking without language: psychological implication of deafness. New York: The Free Prss.

Feng, J.(1987). Play and its role in the social development of young children. (ED 320 686, 1–17). Retrieved from Memphis State University.

Fenson, L. & Schell, R. E.(1986). The origins of expioratory play, In P. K. smith(E4.). Childen's play Rescarch devclopment and practical applications. New York: Gordon and Breach.

Fergus, P. Hughes(2010). *Children, play, and development* (4th ed). Sage publications, Inc. 놀이와 아동 발달. 유미숙, 박영애, 유가효, 방은령, 장현숙 역. 시그마 프레스.

Fiavell, J. H., Miller, P. H. & Miller, S. A.(1933). Cognitive development(3rded.). Englewood Cliffs, NJ : Prentice–Hall.

Field, T.(1979). Games parents play with normal and high–risk infants. Child Psychiatry and Human Development, 10, 41–48.

Field, T., Roseman, S., DeSteFano, L., & Koewlerek, J. H.(1981). Play behaviors of handicapped preschool children in the presence and absence of non handicapped peers. Journal of Applied Developmental Psychology, 2, 49–58.

Flavell, J. H.(1985). 인지발달론. 서봉연, 송명자 역(1990). 중앙적성출판사.

Fowler, A. E.(1988). Determinants or rate of language growth in children with Down Syndrome. In L. Nadel (Ed.), The psychology of Down Syndrome. Cambridge, MA: The MIT Press.

Fredrick Leboyer, M. D.(2012). 폭력 없는 탄생[Pour une naissance sans violence].(하윤기 역). 예영커뮤니케이션. (원전은 1975년에 출판).

Galambos, S. J., & Goldin–Meadow, S.(1990), The effects of learning two languages on level of metalinguistic awareness. *Cogniton, 34*, 1–56.

Garder, H.(1933). *Multiple intelligence.* New York: Books.

Genesee,F., Paradise, J., & Cargo, B. M.(2004). Dual language development and disorders: A handbook on bilingualism and second language learning. Balimore. Paul H. Brookes.

Gesell, A. L.(1946). The ontogenesis of in infant behavior in L. Carmichael(Ed). mannal of

Gidden, L. M., Bamberger, K. T., Turek, K. C., & Hill, K. L.(2010). Predicting mother/father-child interaction: Parental personality and well-being, socioeconomic variables and child disability status. *Journal of Applied Research in Intellectual Disabilities, 23*(1), 3-13.

Goleman, D.(1995). *Emotional intellingence*. NY: Bantam Books.

Graves, S., Gargiulo, R., & Sluder, L.(1996). *Young children: An introduction to early childhood education.* St. Paul, MN: West.

Gray, K. M., & Tonge, B. J.(2001). Are there early features of autism in infants and preschool children? *Journal of Paediatrics & Child Health, 37*(3), 221-22.

Gresham, F. M., Sugai, G., & Honer, R.(2001). Interpreting outcomes of social skills training for students with high-incidence disabilities. *Exceptional Children, 67*(3), 331-344.

Griggs, R. A.(2012). 심리학과의 만남[Psychology: a concise introduction]. (3re ed). (신성만, 박권생, 박승호 공역). 시그마프레스.

Guralnick, M. J., & Weinhouse, E. M.(1984). Peer-related social interactions of developmentally delayed children: Development and characteristics. *Developmental Psychology, 20*, 815-827.

Hamilton, M., & Litterick-Biggs, A.(2007). The Incredible Years Parent Training Programme in Tauranga, New Zealand: A research summary.

Harlow, H. F. & Zimmerman, R. R.(1959). Affectional responacs in the infant monkey. *Scicnce, 1,* 30.

Harlow, H. R., Zimmerman, R.(1959). Affectional responses in the infant monkey. *Science, 130*, 421-432.

Harter, S.(1994). Devlopmental changes in self-understanding across the 5 to 7 shift In

A. Sameroff & M. M. Haith(Eds.). Reason and responsivility: The passage through childhood. Chicago: University of Chicago Press.

Held, R.(1995). Binocular vision. In P. D. Gluckman & M. A.

hmberlain, D. B.(2006). 갓난아기 심리학[The mind of your newborn baby]. (김채옥, 이성우, 김은진 공역). 도서출판 바람. (원전은 1998년에 출판).

Hoffman, M. L.(1998). Moral development. In M. H. Bomstien & M. E. Lamb(Eds.). *Deoelopmental psychology: An adoanced textbook*(2nded.). Hillsdale, NewJesesy LErlbaum.

Hoodecheck, J., & Kearns, E.(1990). PAT program description. parent-child programs. district 742 community education's early childhood family education project [revised]. st. *Cloud Independent School District, 742.*

Hoover, L.(1994). Reflective writing as a window on preservice teachers' thought processes. *Teaching and Teacher Education, 10,* 83-93.

Hundert, J., & Houghton, A.(1992). Promoting social interaction of children with disabilities in integrated preschools: A failure to generalize. *Exceptional Children, 58*(4), 311-320.

Izard, C. E.(1971). *The face of emotion*. New York : Appletion-century-crofts.

Izard, C. E.(1977). *Human emotion.* New York : Plenum.

Johnson, H. K., & Smith, J. A.(1981). A comparison of the effects of pure and modified whole language instruction on the decoding skill of kindergartners, Eric Document No. 372-367.

Johom. M. H.(1998). The netral basis of cohnitfive thevelogment In D Kugn & R. S.Siegler(Ed). Handbook of child Psyckotogy: Vol 2. Cohnirion Perceprfin and langange(5th ed.). NewYork: Wfley.

Kail, R. V.(2008). 아동과 발달[Children and their development]. (권민균, 김정민, 최형성 공역). 시그마프레스. (원전은 2007년에 출판).

Kail, R. V.(2002). Children. Upper Saddle River. NJ: Prenolice Hall.

Kaiser, A. P., Hemmeter, M. L., Ostrosky, M. M., Fischer, R., Yoder, P., & Keefer, M.(1996). The effects of teaching parents to use responsive interaction strategies. *Topic in Early Childhood Special Education, 16*(3), 375-406.

Kaminski, J. W., Valle, L. A., Filene, J. H., & Boyle, C. L.(2008). A etaanalytic review of components associated with parent training program effectiveness. *Journal of Abnormal Child Psychology, 36*(4), 567-589.

Kelly, J. F., & Barnard, K. E.(1999). Parent education in a relationship-focused early intervention model. *Topics in Early Childhood Special Education, 19*(3), 151-156.

Kohlberg, L. A.(1969). Stage and sequence: The cognitiue-developmcntal approach to of socfation theory and resrarch Chicaho: Rand McNally.

Kohlberg, L. A.(1976). Moral stages and moralization: The cogruitine development approach. In T. Likona(Ed). Moral deuelpment and becavior: Theory, research, and social issnes New York: Holt, Rinchart & Winston.

Kohn, M. L.(1977). Class and conformity : A study in value. Chicago : Chicago University Press

Kopp, C. B.(1989). Regulation of distress and negative emotions : A development view

Kopp, C. B.(1987). The growth of selg regulation Caregivers and childen In N. Eisenberg(Ed.). Contemparay topics in developmeutal Psychology. NY: Wiley.

Kopp, C. B., Baker, B. L., & Brown, K. W.(1992). Social skills and their correlates: Preschoolers with developmental delays. *American Journal on Mental Retardation, 96*(4), 357-366.

Krauss, R. M. & Glucksberg, S.(1969). The development of connunication: Competence as a function of age Child Development.

lamb, M. E.(2000). The history of research on father involvement: An overview. *Marriage and Family Review, 29*, 23-42.

Lefancois, G. R.(1986). Of children(5thed.). Calif: Wadswarth Publishing Company.

Letarte, M., Normandeau, S., & Allard, J.(2010). Effectiveness of a parent training program "Incredible Years" in a child protection service. *Child Abuse & Neglect: The International Journal, 34*(4), 253-261.

Lewis, M., & Brooks-Gunn. J.(1978.). Self-knonledge and emotional developrnent. In M. Lewis & L. Rosenbhan(Eds.). The development of affect Cambridge UK: Cambridge

University Press.

Lorenz, K. Z.(1965). Rcolution and the modification of behauior Chicago: University of Chicago Press.

Low, S. M.(2003). Self-regulation in children with and without developmental delays: Roles of cognition, temperament and parenting. Unpublished doctoral Dissertation. The Pennsylvania State University

Lowell, D. I., Carter, A. S., Godoy, L., Paulicin, B., & Briggs-Gowan, M. J.(2011). A randomized controlled trial of child FIRST: A comprehensive home-based intervention translating research into early childhood practice. *Child Development, 82*(1), 193-208.

Maag, J. M.(2006). Social skills training for students with emotional and behavioral disorders: A review of reviews. *Behavioral Disorders, 32*(1), 5-17.

Mahoney, G. & Perales, F.(2003). Using relationship-focused intervention to enhance the social-emotional functioning of young children with autism spectrum disrders. *Topics in Early Childhood Special Education, 23*(3), 77-89.

Mahoney, G.(1999). Family/Child Curriculum: A relationship focused approach to parent education/early intervention. Akron, OH: Family Child Learning Center.

Marrin, C. L., & Halversom. C. F. Jr.(1987). The roles of cognition in sex-roles and sex-typing In D. B. Carter(Ed.). Conceptions of sex-roles and sex-typing: Theory and research NY: Pracger.

Maslow, A. H.(1965). A theory of human motiuation In D. E. Hamachek(Ed). The self in growth, teaking learning New Jersey: Prentice-Hall.

McGilloway, S., Ni Mhaille, G., Bywater, T., Furlong, M., Leckey, Y., Kelly, P.,et al.(2012). A parenting intervention for childhood behavioral problems: A randomized controlled trial in disadvantaged community-based settings. *Journal of Consulting and Clinical Psychology, 80,* 116-127.

McIntyre, L. L.(2008). Adapting webster-stratton's incredible years parent training for children with developmental delay: Findings from a treatment group only study. *Journal of Intellectual Disability Research, 52*(12), 1176-1192.

Montigny, C., & Lacharite, C.(2005). Perceived parental efficacy: Concept analysis. *Journal of Advanced Nursing, 49*(4), 387–396.

Newsweek(2001). 귀여운 우리아기 II: 태어나서 3세까지 부모가 알아야할 모든 것. [You child: birth to three]. 중앙일보 미디어 인터내셔널(뉴스위크 한국판).

Norris, J. A.(1991). Providing developmentally appropriate intervention to infants and young children with handicaps. *Topics in Early Childhood Special Education, 11*, 21–35.

Odom, S. L., & Brown, W. H.(1994). Social interaction skills interventions for young children with disabilities in integrated settings. In C. Peck. S. Odom, & D. Bricker(Eds.), Integrating young children with disabilities into community programs (pp. 39–64). Baltimore, MD: Paul Brookes.

Odom, S. L., & McEvoy, M. A.(1988). Integration of young children with handicaps and normally developing children. In S. Odom and M. Karnes (Eds.), Early intervention for infants and children with handicaps: An empirical base (pp. 89–108) Baltimore : Paul Brooks.

Olson, D.(1977). From utterance to text: The bias of language in speech writing. *Hanard Education Review, 47*(3), 257–258.

Owens, R. E.(1995). Language disorders Needham Heger , MA : Simon & Schu ster Company.

Papalia, D. E., Olds, S. W., & Feldman, R. D.(1993). 인간발달 I: 아동발달[Human development]. (박성연 역). 교육과학사. (원전은 1987년에 출판).

Parke, R. D.. Omstein. P. A., Riser, j. j., & Zahn–Waxler, C.(2004). 발달심리학 거장들의 핵심이론 연구[A Century of developmental psychology]. (이민희, 정태연 공역). 학지사. (원전은 1995년에 출판).

Paul Holinger, & Kalia Doner(2003). 말하기 전 아이가 하는 말– 아이가 보내는 아홉가지 감정 신호[what babies say before they can talk]. (이경아 역). 도서출판 우리가.

Peterson, P., Carta, J., & Greenwood, C.(2005). Teaching Enhanced Milieu Language teaching skills to Parents in multiple risk families. *Journal of Early Intervention, 27*(2), 94–109.

Phillips, D. McCartney, K, & Scarr. S.(1987). Child care-quality and children 's social development. *Developmental Psychology, 25,* 537-543.

Robert D. N.(1999). 프로이트 · 스키너 · 로저스 이영만, 유병관 역. 중앙적성출판사.

Robinson, P. W., Robinson, M. P., & Dunn, T. W.(2003). STEP parenting: A review of the research. *Canadian Journal of Counselling, 37*(4), 270-278.

Rosenberg, S., & Robinson, C.(1988). Interactions of parents with their young handicapped children. In S. Odom & Karnes(Eds). Early intervention for infants and children with handicaps: An empirical base (pp. 241-248) Baltimore: Brookes.

Rubin, K. H., & Asendorpf J. B.(Eds.)(1993). Social withdrawal, inhibition, and slyness in Childhood. H. Hillsdale, NJ : Erlbaum.

Russell, A., & Saebel, J.(1997). Individual differences in parent-child play styles: Their nature and possible consequences. Baltimore, MD: National Information Services Corporation.

Ryff, C. D.(1989). Happiness is everything of is it? Explorations on the meaning of psychological well-being. Journal of Personality and Social Psychology, 57, 1069-1081.

Santrock, J. W.(2006). 아동발달심리학[Child Development]. (곽금주 외 4인 공역). 박학사. (원전은 2004년에 출판).

Santrock, J. W.(2001). *Child Development*. Seoul.

Shaffer, D. R.(2005). *Social and Personality Development,* 5/e.(송길연, 이지연 역). 시그마 프레스.

Shaffer, D. R.(2005). 발달심리학[Childhood & adolescence]. (송길연 외 3인 공역). 시그마 프레스 (원전은 2002년에 출판).

Siegler, R. S., & Alibali, M. W.(2005). 아동사고의 발달[Children's thinking]. (박영신 외 3인 공역). 아카데미프레스. (원전은 2004년에 출판).

Siller, M., & Sigman, M.(2002). The Behaviors of parents of children with autism predict the subsequent development of their children's communication. *Journal of Autism and Developmental Disorders, 32*(2), 77-89.

Smilansky, S., & Shefatya, L.(1990). Facilitating Play: A medium for promoting cognitive, social-emotional, academic development in young children. Gathers burg. MD: Psychosocial and Educational Publications.

Stephenson, J. R., & Dowrick, M.(2000). Parent priorities in communication intervention for young students with severe disabilities. *Education and Training in Mental Retardation and Developmental Disabilities, 35*(1), 25-35.

Teti, D. M., & Gelfand D. M.(1991). Behavioral competence among mothers of infants in the first year: The mediational role of maternal self-efficacy. *Child Development, 62,* 918-929.

Theresa, L. E., & Linnea, F. G.(2000). Valuing families: Social work practice with families from a strengths perspective. *Social Work, 45(2)*, 118-138.

Thomas, A., & Chess, S.(1986). The New York Logitudinal Study. From infancy to early adult life. In R Plomin & J. Dunn (Eds.). Tbe study temperament: Changes, continuities and challenges . Hillscale, NJ, Erlbaum.

Vygotsky, L. S.(1962). *Thought and language*. Cambridge, MA: MTT Press.

Vygotsky, L. S.(1978). Mind of aociety: The developnebt of psychological Processes. Cambridge, MA : Havard University press.

Vygotsky, L. S.(1987). Thinking and speech In The collected Works of L. S. Vygotsky. Vol. 1. Problems of general Psychology(pp. 37-285). New York: Pienum.

Webster-Stratton, C.(2000). The incredible years training series: parents, teachers, and children's training series. Seattle WA: Incredible years, Inc.

Wertsch, J. V.(1985). **비고츠키: 마음의 사회적 형성.** 한양대 사회인지발달연구모임 역. 정민사.

White, S. H.(1992). G. Stanly Hall: From Philosophy to developmental psychology. *Developmetal Psycology, 28*, 25-34.

Wittimer, D. S., & Peterson, S. H.(2011). **영아발달과 반응적 교육: 관계중심접근법** [Infant and toddler development and responsive program planning: a relationship-based approach]. (이승연 외 역). 학지사.

Wortham, S. C.(2001). Assessment in early Childhood education (3rd ed.). Colombus. OH: Merrill Prentice Hall.

Yoder, P. J., Kaiser, A. P., Goldstein, H., Alpert, C., Mousetis, L., Kaczmark, L., & Fischer, R.(1995). A comparison of milieu teaching and responsive interaction in classroom applications. *Journal of Behavioral Education, 19*(3), 151–171.

Zeanah, C. H., Mannen, O., & Lieberman, A.(1993). Disorders of attachment. In C. H. Zeanah, Jr.(Ed.), Handbook of infant mental health (pp.332–349). New York: Guilford Press.

Zigler, E., & Berman, W.(1983). Discerning the future of early childhood intervention. *American Psychologist, 38,* 894–906.

Zins, J., Bloodworth M,. Weissberg, R., & Wallberg, H.(2004). The scientific base linking social and emotional to school In J. Zins. R. Wenberg, M., Wang, & H. J. Wallberg(Eds.), Building academic success on social and emotional learning: What does the research say?, New York : Teachers emotional learning What don the College Press, Columbia University.

찾아보기

[인명]

[내용]

ㄱ

ㅈ

ㅊ

ㅋ

ㅌ

ㅍ

저/자/소/개

■ **김운삼**

홍익대학교 대학원 교육학박사
현) 강동대학교 유아교육과 교수
〈저서〉 정신건강론, 아동권리와 복지 외 다수

■ **김소윤**

숙명여자대학교 대학원 박사수료(아동청소년복지 전공)
현) 경기과학기술대학교 아동영어보육과 교수
〈저서〉 아동권리와 복지, 보육실무 중심의 어린이집운영과 관리 외 다수

■ **김재현**

고려대학교 대학원 교육학박사
현) 호산대학교 휴먼복지학부 교수
〈저서〉 보육과정, 영유아발달 외 다수

■ **양은경**

경희대학교 아동가족학과 박사과정
현) 수원여자대학교 아동보육과 겸임교수, 청뜰어린이집 원장

■ **전대성**

단국대학교 대학원 행정학박사
현) 경북전문대학교 사회복지과 교수
〈저서〉 사회복지법제론, 보육과정 외 다수

영유아교수방법론

1판 1쇄 인쇄 — 2018년 2월 5일
1판 1쇄 발행 — 2018년 2월 8일

저　　자 - 김운삼 · 김소윤 · 김재현 · 양은경 · 전대성
발 행 인 - 강 철 원
발 행 처 - 양 성 원
주　　소 - 경기도 파주시 검산로 173번길 29-20
전　　화 - 031-946-3861(代)
팩　　스 - 031-946-3864
이 메 일 - tnwpub@naver.com
홈페이지 - tnwpub.co.kr
출판등록 - 2015년 8월 31일 제 2015-000211 호

ISBN 979-11-6126-089-1

정가 20,000원